그림과
함께

걸어
다니는

어원
사전

ETYMOLOGICON

그림과 함께 | 걸어 다니는

어원 사전

THE ILLUSTRATED ETYMOLOGICON

일러스트 특별판

모든 영어 단어에는
이야기가 있다

마크 포사이스 지음 › 홍한결 옮김

윌북

추천의 말

책을 읽고 나면 저자처럼 말하고 싶어진다. 그거 알아? 우리가 지금 먹고 있는 빵에서 'lord'랑 'lady'라는 단어가 나왔대. 인도에서 먹는 빵 '난'은 '벌거벗은 빵'이라더라. 안 믿긴다고? 너 의심이 많은 성격이구나. 근데 성격(disposition)이라는 말이 행성의 배치(disposition)에서 나온 말이라는 거 알아? 이렇게 쉴새 없이 말하다 저자처럼 문을 향해 도망가는 친구의 뒷모습을 보게 될지도 모르겠지만, 재미있는 걸 어떡하겠는가.

원래 뭔가 꽂혀 깊이 탐구해본 사람이 열정과 집념, 즐거움을 담아 하는 이야기는 가만히 듣고만 있어도 흥미로운 법이다. 그런데 그 이야기가 단어의 예상치 못한 놀라운 유래에 대한 것이고, 심지어 그 이야기를 하는 사람이 유머러스하다면? 흥미로움은 흥겨움이 된다. 의도치 않게 영어 공부가 되는 건 덤이다.

김겨울_작가, 유튜버

시종일관 능청스럽고 위트 있는 태도로 어원이라는 소재를 요리하는 저자의 이야기는 도통 질리지가 않는다. 말을 야무지게 잘하는 어원 덕후가 옆에서 쉬지 않고 재잘대는 것만 같다.

이 책의 번역은 저자의 매력을 한층 더 즐겁게 보여준다. 책을 읽다 보면 나도 모르게 번역가의 흔적을 더듬어 찾는 사이코메트리 같은 능력을 발휘하게 된다. 이렇게 능청스럽고 귀엽고 뻔뻔한 문장이라니!

황석희_번역가

세상에! 이 중독성 강한 책에 완전히 빠졌다.

《타임스》

양파 같은 어원의 세계를 끝없이 탐구하는 대단한 책.

《데일리 텔레그래프》

재치 있고 박식하다. 알아두면 쓸모없는 신비롭고 유쾌한 교양서.

《인디펜던트》

한 손에는 단어를 들고, 다른 한 손으로는 우리 손을 꼭 붙잡아 캄캄한 역사 속으로 이끈다. 아주 특별한 여행이 될 것이니 마크 포사이스를 따르라.

《이브닝 스탠더드》

강력 추천! 책을 좋아하는 이들을 위한 완벽한 선물. 1년 내내 재미있게 읽을 수 있는 책이다.

《스펙테이터》

일러두기

1. 성경 구절 번역은 공동번역, 개신교 개역개정, 가톨릭 새번역 중 가급적 공동번역을 쓰되, 제시된 영문 구절의 뜻과 특히 잘 일치하는 역본이 있으면 그것을 택했다. 어느 쪽과도 뜻이 다를 때는 세 역본을 참고하여 영문에 맞게 직접 번역했다.

2. 주석의 경우 저자가 붙인 원주는 '원주'라고 표시했다.

“

…자구字句를 엄밀히 따지는 자는
어휘 사전Lexicon으로 상대해주어야 할 것이고,
원한다면 어원 사전Etymologicon까지 동원해야
할 것이며…

존 밀턴 John Milton

옮긴이의 말

처음 『걸어 다니는 어원 사전』의 원서를 받아들고 기분이 묘했던 생각이 납니다. 이 사람 재미있다! 그런데 이걸 번역할 수 있을까? 언어유희가 판치고, 행간에 함축된 문화적 배경 지식이 만만치 않아 보였습니다. 아니나 다를까, 저자의 홈페이지에 가보니 이 책은 "거의 번역 불가(pretty untranslatable)"라고 하더군요. 이런 책의 번역서를 내기로 한 건 출판사의 실수가 틀림없다 싶었지만, 동시에 오기가 생겼습니다. 왠지 꼭 우리말로 독자들에게 전하고 싶었습니다.

번역 스타일에 대한 확신이 없었기에 샘플 번역을 해서 편집부와 논의했습니다. 이 정도로 과감히 의역해도 될지? 다행히 편집부에서는 그런 식으로 해달라고 '그린 라이트'를 주셨습니다. 무엇보다 독자에게 "친절한" 책이 되었으면 좋겠다면서요.

모든 독자가 좋아할지는 알 수 없었지만, 적어도 일부 독자의 마음에 꼭 들게 하고 싶었습니다. 그렇게 뚝심으로 밀고 갔더니 원문에 덜 매이면서 원문을 더 살리는 번역이 될 수 있었던 것 같습니다.

의외로 작업이 잘 풀렸던 것은 오롯이 저자 덕분입니다. 이런저런 소재를 요리조리 꿰어 쉽고 재미있게 풀어가는 저자의 솜씨는 감탄스러웠습니다(생각나는 대로 말하는 것 같지만 사실 꽤 탄탄한 조사를 바탕으로 한 내용이었습니다). 능청스러운 유머는 능청스러운 느낌 그대로 표현하려고 했습니다. 무척 즐거운 작업이었습니다.

정성을 유감없이 쏟았지만, 결국은 웬 영국 아재 덕후의 실없는 횡설수설쯤으로 읽힐지도 모른다고 생각했습니다(어찌 보면 그게 맞기도 하고요). 완전히 망하거나 잘하면 마니아층에서나 호응이 있으려나? 반응은 의외였습니다. 카페나 지하철에서 웃음을 참느라 고생했다는 독자, 저자가 수다 떠는 목소리가 옆에서 들리는 것 같았다는 독자, 영어 어원 책이 이렇게 술술 읽힐 일이냐는 독자, 관심 없는 주제였는데 앉은 자리에서 다 읽었다는 독자…. 상상할 수 있는 최고의 반응이었습니다. 한 분 한 분의 감상과 의견이 고마웠습니다.

까다로운 원고를 독자의 눈에 편하게 매끈하게 다듬고 제작해주신 월북 식구들의 숨은 노고는 물론, 여러 해 동안 출간을 고민하시다가 용단을 내리신 월북 사장님의 안목이 없었다면 세상에 나올 수 없었던 책이었기에 감사한 마음입니다.

독자들의 뜨거운 성원에 힘입어 선보이는 이번 일러스트 판과 함께 『걸어 다니는 어원 사전』의 모험은 계속됩니다. 아름답고 생생한 이미지가 저자의 맛깔나는 입담과 어우러져 머릿속에 오래 남을 것 같습니다. 더욱 '친절한' 책으로 독자에게 다가가 독자를 책 속에 홀딱 빠뜨리려는 또 한 번의 시도겠지요.

그림을 곁들여 더욱 풍성해진 이 책이 독자의 호기심을 한층 북돋워 영단어와 인문과 역사의 미로 속으로 떠나는 즐거운 여행의 지도가 되어주길 바랍니다.

들어가는 글

가끔 제게 단어의 어원을 묻는 실수를 하는 사람이 있습니다. 그런 실수를 두 번 하는 사람은 못 봤지만요. 저는 원래 성격이 꼬장꼬장하고 과묵해서 말 한 번 붙이기도 어려운 사람입니다. 그런데 단어의 기원이나 유래에 관한 이야기만 나오면 눈이 반짝거리고 과묵한 모습은 온데간데없이 사라집니다. 한번은 어떤 친구가 biscuit의 어원이 뭐냐고 묻더군요. 비스킷을 먹다가 문득 궁금했던 모양입니다.

설명해줬습니다. 비스킷은 프랑스어로 '두 번 구웠다'라는 뜻의 biscuit에서 왔다고요. 고맙다고 하더군요. 그래서 보충 설명을 했지요. biscuit의 bi는 bicycle자전거이나 bisexual양성애의, 양성애자에 들어 있는 bi와 똑같은 거라고요. 고개를 끄덕이더군요. 또 생각나서 말해줬습니다. bisexual은 1890년대에 리하르트 폰 크라프트에빙이라는 정신과 의사가 만든, 역사가 그리 길지 않은 단어라고요. 그리고 그 의사가 masochism성적 피학증이란 단어도 만든 것 알았냐고 친구에게 물었습니다.

친구가 '몰랐다'고 힘주어 말하더군요.

그럼 masochism이 자허마조흐Sacher-Masoch라는 소설가 이름을 따서 만든 건 알았냐고 물었지요.

친구는 자허마조흐라는 사람 몰랐고, 알고 싶지도 않고, 지금 자기 소원은 비스킷 좀 마음 편히 먹는 거라고 하더군요.

하지만 이미 때는 늦었습니다. 저는 발동이 걸렸고, 물꼬가 터졌으니까요. 소설가 이름을 딴 단어는 그 밖에도 많다고 알려줬습니다. Kafkaesque카프카적인, 부조리한도 있고 Retifism레티피즘, 신발 성애도 있고….

바로 그때 친구가 문을 향해 냅다 뛰었습니다. 하지만 순순히 보내줄 제가 아니지요. 이미 말릴 수 없는 상태였기에 단어 이야기를 끝도 없이 이어갔습니다. 단어 이야기에 원래 끝이란 없으니까요. 단어에서 단어로 이어지는 연결 고리는 항상 있습니다. 전혀 상관 없어 보이는 두 단어 사이에도 숨은 고리가 있지요. 그래서 그 친구는 두어 시간 후에야 겨우 창문을 통해 탈출에 성공했습니다. 제가 Philip이라는 이름과 hippopotamus하마의 관계를 막 설명하려고 그림을 그리는 틈을 타서 도망갔더군요.

이런 일이 거듭되자 어느 날 제 가족과 친구들이 모여서 진지하게 회의를 했습니다. 그리고 뭔가 조치가 필요하다는 데 모두 동의했습니다. 정신병원에 수용해 치료하는 건 형편상 어렵다는 결론을 내리고 어쩔 수 없이 출판업계에 도움의 손길을 구하기로 했습니다. 출판업계가 사회복지의 구멍을 메워온 역사는 꽤 길지요.

그리하여 런던의 한 출판사와 연락이 닿았고, 이런 계획이 탄생했습니다. 제게 어떤 단어에서 시작해 다른 단어로, 또 다른 단어로 꼬리에 꼬리를 물고 연결하게 하는 겁니다. 그러다 보면 언젠가는 제풀에 지쳐서 두 손 들겠구나 했던 거지요.

괜찮은 생각인 듯했습니다. 책을 내면 두 가지 장점이 있겠다 싶었습니다. 첫째로, 제게 들러붙은 단어 귀신을 털어내고 죄 없는 주변 사람들을 고통에서 구할 수 있겠지요. 둘째로, 책은 저라는 사람과는 달리, 침대 옆이나 화장실에 얌전히 놓아둘 수 있습니다. 보고 싶으면 언제든 펼쳐서 보고, 질릴 때는 덮으면 그만이니까요.

　좋아, 책이란 말이지, 책…. 그러자 갑자기 생각이 꼬리에 꼬리를 물기 시작했습니다.

A Turn-Up for the Books

수지맞은 도박업자

지금 보고 계신 것이 바로 book책입니다. 영어에는 book이 들어간 희한한 표현이 참 많습니다. cook the books라고 하면 책을 구워 익힌다는 것인데 뜻은 '장부를 조작하다'가 됩니다. bring someone to book이라고 하면 누군가를 책 앞으로 끌고 온다는 것이니 '문책하다'가 되고, throw the book at someone은 누군가의 면상에 책을 던지는 것이니 '엄벌을 내리다'가 됩니다. take a leaf out of someone's book은 문자 그대로 따지면 남의 책에서 한 장을 뜯어간다는 것이지만 뜻은 '남을 본뜨다'입니다. 여기까지는 어느 정도 이해가 갑니다. 하지만 '뜻밖의 횡재'를 뜻하는 a turn-up for the books라는 표현은 아무리 뜯어봐도 이해하기가 쉽지 않습니다. 그럴 만하지요. 그 표현은 사실 책과 직접적인 관련이 없거든요. 좀 더 정확히 말하자면 a turn-up for the *bookmakers*가 되어야 합니다.

book이 있는 곳이라면 응

《유토피아Utopia》를 쓴 토머스 모어는 1533년에 "책 만드는 사람들bookmakers은 이제 차고 넘친다"라고 했습니다. 그 발언을 남기고 두어 해가 지나 참수형을 당했으니 출판업계 입장에서는 다행이었는지도 모릅니다.

당 bookmaker가 있기 마련입니다. bookmaker는 원래 '책을 제본하는 업자'를 뜻했습니다. 그런가 하면 '책을 공장에서 물건 찍듯 대량으로 써내는 작가'를 뜻하기도 했습니다.

　bookmaker가 오늘날처럼 '도박업자'를 뜻하게 된 것은 빅토리아 시대 영국의 경마장에서부터입니다. 그곳에선 bookmaker라는 사람이 내기꾼들에게 돈을 받아 큼직한 betting book내기 장부에 죽 기록했습니다. 그리고 turn-up은 옛날에 '뜻밖의 행운', '수지맞은 일'을 뜻했습니다. 1873년에 나온 어느 속어 사전을 보면 이런 정의가 실려 있습니다.

Turn up : an unexpected slice of luck. Among sporting men bookmakers are said to have a turn up when an unbacked horse wins.

turn up이란 '뜻밖의 행운'을 뜻하는 야외 스포츠 용어로, 아무도 돈을 걸지 않은 말이 우승하면 도박업자가 have a turn up, 즉 '수지맞았다'라고 한다.

아무도 돈을 걸지 않는 말은 어떤 말일까요? 배당률이 가장 높은 말입니다. 배당률이 1,000배인 말에 거는 사람은 거의 없습니다.

언뜻 생각하면 이해가 안 가지요? 건 돈의 1,000배를 돌려받을 수 있다면 도박 초보자는 눈이 뒤집힐 겁니다. 하지만 그런 베팅은 절대 성공할 수 없습니다. 숙련된 도박꾼들에게는 상식이지만, 이기는 말은 주로 우승 후보로 꼽히는 말입니다. 물론 배당률은 낮지만요. 도박꾼들은 아예 다른 말보다 월등히 앞서 있어서 shoo휘이 하고 손을 휘젓기만 해도 결승선을 넘어설 만한 말에 돈을 걸려고 합니다. 그런 말을 shoo-in우승이 확실한 후보이라고 하지요.

다시 말해 도박꾼들은 웬만하면 우승 후보로 꼽히는 말에 돈을 겁니다. 이길 가능성이 희박한 말에 걸면 바보지요. 그런데 혹시라도, 아무도 이기리라고 예상치 못한 늙은 말이 쌩쌩 달려서 결승선에 제일 먼저 들어온다면? bookmaker 입장에서는 뜻밖의 횡재도 그런 횡재가 없습니다. 판돈을 고스란히 자기 주머니에 넣을 수 있으니까요. 그야말로 a turn-up for the books입니다.

사실 bookmaker는 특별히 운이 따르지 않아도 항상 돈을 법니다. 도박꾼은 숱하게 파산해도 도박업자가 파산하는 일은 드뭅니다. 도박을 하려면 도박업자를 끼지 않고 제로섬 게임을 하는 게 그나마 낫지요. 참가자들이 돈을 한데 모으고(pool their money) 승자가 다 쓸어가는 겁니다. 이렇게 돈을 pool한다는 것은 프랑스에서 시작되었는데, 여기에서 pool은 swimming pool수영장과는 전혀 관계가 없고, 닭과 유전학과는 관계가 아주 많습니다.

Pooling

20

A Game of Chicken

닭 맞히기 놀이

중세 프랑스에서 도박은 단순했습니다. 친구 몇 명과 단지 하나, 닭한 마리만 있으면 도박을 할 수 있었습니다. 사실 친구가 아니라 원수라도 상관은 없지만, 단지와 닭은 꼭 필요했습니다.

1. 우선 모든 사람이 저마다 단지에 똑같은 액수의 돈을 넣습니다. 그다음 손을 휘저어 닭을 적당히 먼 거리로 쫓아냅니다. 적당히 먼 거리가 얼마쯤이냐고요? 그리 멀 필요는 없습니다. 돌 던지면 닿을 곳(a stone's throw) 정도면 됩니다.

2. 그리고 돌을 집어 듭니다.

3. 돌아가면서 돌을 가엾은 닭에게 던집니다. 닭은 꼬꼬댁 하고 날개를 퍼덕거리면서 도망 다니겠지요. 닭을 제일 먼저 맞히는 사람이 단지 안에 든 돈을 다 가져갑니다. 마지막으로 동물보호협회에 절대 신고하지 않기로 서로 약속하면 도박이 끝납니다.

이게 프랑스 사람들이 즐겨 하던 game of chicken입니다. 그런데 프랑스 사람들은 프랑스어를 쓰니까 닭을 poule('풀')이라고 했고, 그런 놀이를 jeu de poule('죄 드 풀')이라고 했습니다.

그 말이 다른 분야에서도 쓰이면서, 카드 게임 할 때 테이블 가운데에 놓는 돈 단지를 poule이라고 불렀습니다. 17세기 영국 도박꾼들이 그 단어를 자국으로 수입했고, 철자는 pool로 바뀌었지만, 어쨌든 테이블 가운데에 놓는 돈 단지는 pool of money가 되었습니다.

여기서 pool은 물웅덩이를 뜻하는 pool과는 어원적으로 전혀 다릅니다. 다시 말해 swimming pool수영장, rock pool조수 웅덩이, Liverpool 리버풀과는 무관합니다.

다시 도박 이야기로 돌아갈까요. billiards당구가 인기를 끌면서 사람들이 내기 당구를 치기 시작했습니다. 그래서 돈을 걸고 하는 당구의 한 종류도 pool이라 불렀고, shoot pool 하면 '당구를 치다'가 되었습니다. 그렇게 해서 마침내 불쌍한 프랑스 닭을 뜻했던 pool이라는 단어는 음습한 도박의 세계에서 벗어나 밝은 세상으로 진출했습니다.

도박꾼들이 돈을 pool하는 이미지에 착안해, 이제 사람들은 pool their resources자원을 공유하다 하기도 하고, 심지어 pool their cars차를 공유하다 하기도 하는데 이를 car pool카풀이라고 합니다.

급기야는 labour pool인력 풀도 생겨났습니다. 결국 pool은 개인을 넘어 인류 전체를 아우르는 개념으로 뻗어 나갔으니, 1941년에 만들어진 말 gene pool유전자 풀이 바로 그것입니다. 어원적으로 보면, 우리는 모두 닭에서 파생된 셈입니다.

typing pool

Hydrogentlemanly

신사와 수소

gene pool의 gene은 그 어원이 '탄생'을 뜻하는 고대 그리스어 genos 까지 거슬러 올라갑니다. generation발생, regeneration재생, degener-ation퇴보 등의 단어에도 같은 어근이 들어 있습니다. genos와 라틴어 사촌 genus는 영어 단어 속에 숱하게 들어 있는데, 그중엔 의외의 단어도 많습니다.

generous가 그 예입니다. generous의 원래 뜻은 '잘 태어난', 다시 말해 '좋은 집안에서 태어난'이 었습니다. 당시에는 좋은 집안에서 태어난 사람은 도량이 넓고, 가난한 농민들은 쩨쩨 하다고 생각해서 지금처럼 '인심이 후한'이 란 뜻도 갖게 되었습니다. 좋은 집안에서 자란 사람이 gentleman신사입니다. 신사들이란 과연 너그 럽고 온화했는지 거기에서 '부드러운'을 뜻하는 gentle도 나왔습니다. 심지어 몸가짐도 신중했는지, gingerly조심조심라는 단어에 들어 있는 gin도 gen 이 살짝 바뀌어 들어간 것으로 보입니다. 물론 gingerly 는 ginger생강와는 아무런 관계가 없습니다.

genos는 우리가 숨 쉬는 공기 속에도 들어 있습니다. 18세기 말 화학자들은 공기를 이루는 여러 기체 때문에 골머리를 꽤 앓았습니다. 산소, 이산화탄소, 질소는 겉으로 봐선 그냥 똑같거든요. 투명하고, 사실상 무게도 없는 듯합니다. 오로지 작용만 달랐습니다. 산소는 불을 붙이고, 질소는 불을 끄는 역할을 하지요.

과학자들은 오랜 세월 애쓴 끝에 마침내 공기의 여러 성분을 분리해냈고, 이제 각 성분의 이름을 정해야 했습니다. 산소는 '불에 잘 타는 공기', 즉 flammable air 라고 한동안 불렸지만 그 이름은 인기가 없었습니다. 뭔가 과학적인 느낌이 안 들었거든요. 과학 용어는 난해하고 고전적인 어원에서 유래한 말을 써야 제맛이지요. 그래야 '특발성 두개안면 홍반idiopathic craniofacial erythema'(보통 사람들이 쓰는 말로는 '얼굴 빨개짐'-원주)이 자기 얼굴에 생겨도 알지 못하는 무지렁이 대중에게 감탄을 살 수 있었습니다.

그러다가 프랑스 과학자 라부아지에가 뭔가를 연소시켰을 때 물을 생성하는 공기 성분을 water-producer로 부르기로 했습니다. 그런데 라부아지에도 과학자였으니, 멋지게 그리스어를 쓰기로 했습니다. water-producer는 그리스어로 hydro-gen수소입니다. 다른 물질을 산성화시키는 공기 성분은 acid-maker, 즉 그리스어로 oxy-gen산소으로 부르기로 했습니다. 그리고 nitre초석를 만들어내는 공기 성분은 nitro-gen질소이 되었습니다.

(공기의 나머지 주요 성분인 argon아르곤은 당시 알려지지 않았습니다. 비활성 기체여서 아무 물질도 생성하지 않았기 때문입니다. 그래서 나중에

이름도 argon이 되었습니다. argon은 그리스어로 '게으른'이라는 뜻입니다.)

생성이나 생식과 관계된 단어들을 잘 살펴보면 대개 gen이 들어 있습니다. 하지만 그 단어들이 모두 '생성 원리가 동일(homo*gen*ous)'하지는 않아요. 그중엔 '생성된(en *gen*dered)' 방식이 특이한 단어들도 있습니다.

예컨대 생식이 가능한 집단을 *gen*us속, '과'와 '종' 사이에 위치하는 생물 분류 단위라고 하는데요. 한 *gen*us 전체에 대해 무슨 말을 하면 '일반적으로 말하다(speak in *gen*eral)'라고 하지요. 더 나아가 군대를 '전반적으로 지휘하는(in *gen*eral command)' 사람을 *gen*eral장군이라고 합니다. 그 *gen*eral은 휘하의 군대에 *gen*ocide종족학살를 저지르라고 명령할 수도 있는데, 어원적으로 보면 자기가 자기를 죽이는 셈입니다.

물론 general이 genocide를 직접 저지르지는 않습니다. private졸병에게 시키기 마련인데, 그 private은 말 그대로 '사적인' 것, 즉 gonads고환를 완곡하게 표현한 말입니다. 그리고 gonads의 어원 역시 앞에 소개한 생성이나 생식과 관계된 단어들과 같은데, 그 이유는 굳이 설명할 필요 없겠지요.

The Old and New Testicle

성서 속의 고환

gonads는 곧 testicle고환입니다. testicle은 Old Testament구약성서나 New Testament신약성서와 도무지 관계가 없을 것 같지만 관계가 있습니다.

성서의 구약과 신약을 가리키는 Testament는 '하느님의 진리를 증명하는(testify to God's truth)' 것이라서 그런 이름이 되었습니다. 그 어원은 '증인'을 뜻하는 라틴어 testis입니다. testis에서 유래한 영어 단어는 많습니다. 예를 들어 protest(무언가를 위해 증언하다→항의하다), detest(무언가에 반대하는 증언을 하다→혐오하다), contest(경쟁적으로 증언하다→경쟁하다), 그리고 testicle이 있습니다. testicle이 거기 왜 들어가냐고요? 그것이야말로 남성성을 testify, 즉 '증명하는' 물건이니까요!

보통은 이렇게 설명하는데, 사실 한 가지 설이 더 있습니다. 이 설이 더 흥미로운데요. 아주 옛날에는 증인들이 양손으로 자신의 고환을 잡은 채 맹세를 했다고 합니다. 심지어 남의 고환을 잡기도 했다고 해요. 성서의 창세기에 보면 아브라함이 자기 하인에게 가나안 여인과 결혼하지 않겠다는 맹세를 시키는 장면이 있습니다. 킹 제임스 성경King James Version에는 이렇게 번역되어 있습니다.

> Put, I pray thee, thy hand under my thigh: And I will make thee swear by the LORD, the God of heaven, and the God of the earth ...
>
> 청하건대 내 허벅지 밑에 네 손을 넣으라. 내가 너에게 하늘의 하나님, 땅의 하나님이신 여호와를 가리켜 맹세하게 하노니

보시다시피 thigh, 즉 '허벅지'라는 말을 썼는데, 맞는 번역일 수도 혹은 아닐 수도 있습니다. 원전인 히브리어 성경에서는 허벅지라고 쓰지 않고 yarek이라고 했는데요. 대략 '부드러운 부분'이라는 뜻입니다. 옛날 그 시절에 맹세를 어떻게 했는지는 아무도 정확히 모릅니다. 하지만 여러 학자에 따르면 맹세하는 사람이 자기 가슴이나 허벅지에 손을 갖다 댄 것이 아니라, 맹세를 받아주는 사람의 고환에 댔다고 합니다. 그렇게 보면 testis와 testicle의 관련성은 아주 명백해집니다.

testicles, bollocks, balls, nuts, cullions, cojones, goolies, tally-wags, twiddle-diddles, bawbles, trinkets, spermaria…. 고환을 가리키는 단어는 정말 많기도 하고, 우리 주변 곳곳에 퍼져서 점잖은 사람들을 곤혹스럽게 합니다.

아보카도 좋아하세요? 저도 좋아했는데, 그게 아즈텍 문명을 세운 아즈텍족의 고환에서 유래한 말이란 걸 알고 충격을 받은 뒤로는 안 먹습니다. 아즈텍족은 아보카도의 생김새를 보고 영락없는 커다란 녹색 고환이라고 생각했습니다. 그래서 아예 아즈텍 언어에서 고환을 뜻하는 ahuakatl('아후아카틀')로 불렀습니다. 16세기에 스페인 정복자들이 그 발음을 좀 잘못 알아듣고 aguacate라고 불렀고, 영국 사람들은 그 말을 약간 바꿔서 avocado라고 했습니다. 저는 아보카도에 호두 기름을 발라서 맛있게 먹곤 했는데, 그 생각을 하면 왠지 더 민

망합니다.

　정장 상의에 orchid난초를 꽂고 앉아 있는 교수의 모습을 떠올려보
세요. 아무리 근엄한 표정을 짓고 있어도 민망한 광경이 아닐 수 없습
니다. 고환을 옷깃에 달고 앉아 있는 셈이니까요. 난초의 뿌리가 고환
을 닮았다고 해서 그리스어로 고환을 뜻했던 orchis에서 orchid가 유
래했거든요. 심지어 green-winged orchid라는 이름의 자주색 난초는
예전에 Fool's Ballocks, 즉 '바보 불알'이라는 이름으로 불리기도 했
습니다. 그리고 have a lot of balls라고 하면 '배짱이 두둑하다'는 뜻
이지만 실제로 그런 사람을 의학 용어로는 polyorchid다고환증 환자라고
합니다.

　그런가 하면 우리가 살고 있는 지구를 가리킬 때 쓰는 orb구체, 천체

라는 단어도 orchid와 어원이 같을 가능성이 큽니다. 그렇다면 우리는 아주 거대한, 자그마치 6×10의 24승 톤짜리 gonad고환 또는 cod자루, 깍지, 고환를 타고 태양 주위를 도는 셈입니다. cod에서 파생된 말로 cod-philosophy사이비 철학, codswallop터무니없는 소리, codpiece샅보대 같은 것들이 있습니다.

codpiece라고 하면 중세 유럽에서 남자의 사타구니 앞에 씌워 성기를 강조한 덮개를 뜻하지요. 그런데 여러분이 쓰고 있는 컴퓨터 키보드 오른쪽 위쯤에도 codpiece가 두 개 있어요. 그렇게 된 사연이 참 묘합니다.

Parenthetical Codpieces

샅보대와 대괄호

컴퓨터 키보드에 codpiece, 그러니까 '샅보대' 그림이 두 개 들어가게 된 경위는 이렇습니다. 따지고 보면 다 고대 갈리아인 때문이에요. 갈리아인은 지금의 프랑스 땅에 살면서 갈리아어를 쓰던 사람들입니다. 그런데 율리우스 카이사르가 나타나서 갈리아 땅을 세 토막으로 갈라버리는 바람에 갈리아어는 역사 속으로 사라졌습니다. 갈리아어로 바지를 braca 라고 했는데, 로마에서는 남자들이 다 치렁치렁한 toga토가를 입었기 때문에 '바지'라는 말이 없었습니다. 그래서 braca란 말은 살아남게 됩니다.

그 braca에서 역시 바지를 뜻하는 초기 프랑스어 brague ('브라그')가 나왔고, 프랑스인들은 샅보대를 뭐라고 부를까 하다가 '작은 바지'라는 뜻의 braguette('브라게트')라고 부르기로 했습니다. 철자가 baguette와 비슷하지만 혼동하면 안 됩니다. 프랑스어 baguette는 '바게트 빵'을 뜻하기도 하지만 원래 '막대기'라는 뜻입니다. 그러니 프랑스 남자라면 "아,

내 baguette가 너무 커서 braguette에 들어가질 않네" 하며 허풍을 떨 수는 있겠지요. 프랑스인들 허풍은 원래 알아줘야 하니까요. 한마디로 다들 braggart허풍쟁이입니다. 어원적으로 보면 '살보대 자랑하는 사람'이지요.

어쨌든 프랑스어로 braguette, 살보대는 옛날에 꽤 중요했습니다. 특히 갑옷을 입을 때는 필수였지요. 화살이 빗발치는 중세의 전장에서 갑옷 입은 기사는 그 부분을 특별히 보호할 필요가 있었습니다. 예컨대 헨리 8세의 갑옷에 달린 살보대는 그 모양이 참 실용적이면서도 민망했습니다. 어찌나 크고 번쩍거렸는지 적들이 한번 보면 겁먹고 혼비백산 내뺄 만했지요. 그것은 사타구니에서 불룩 튀어나와 거의 배 보호판 앞까지 솟아 있었습니다.

그런데 그게 참 의미심장합니다. 건물 벽면에서 툭 튀어나와 발코니 또는 지붕을 받쳐주는 지지대 있지요? 그걸 뭐라고 부르나요? 16세기까지는 그걸 마땅히 부를 말이 없었습니다. 그런데 어느 날 누군가가 대성당 벽을 가만히 보다가 불현듯 깨달았던 모양입니다. 그 물건이 다름 아닌 헨리 8세의 물건과 똑 닮았던 겁니다.

그래서 건축물에 쓰이는 그런 지지대를 bragget이라고 부르게 되었습니다(오늘날에는 쓰지 않는 단어입니다). 이야기는 이제 포카혼타스로 이어집니다.

PIECE]
....

포카혼타스는 지금의 미국 버지니아 땅에 살던 포우하탄족의 공주였습니다. 물론 포우하탄족은 그곳이 버지니아인 줄 알 턱이 없었지요. 자기들은 '테나코마카'라고 알았습니다. 영국인들은 그 오해를 바로잡아주려고 총을 들고 나타났습니다. 그런데 포우하탄족은 말을 듣지 않았고, 존 스미스라는 영국인을 포로로 잡기에 이르렀습니다. 그를 처형하려는데 추장의 딸인 포카혼타스가 끼어들어 사정했고, 결국 존 스미스는 풀려났습니다. 이야기에 따르면 포카혼타스는 존 스미스와 열렬한 사랑에 빠져 이내 뜨거운 사이가 되었다고 하는데, 당시 포카혼타스의 나이가 고작 열 살이었으니, 더 이상의 내용은 생략하겠습니다.

물론 거짓말일 수도 있습니다. 이야기가 워낙 많이 미화되어서 어디까지가 사실인지 알 수가 없습니다. 어쨌거나 포카혼타스와 존 스미스는 둘 다 실존 인물입니다. 두 사람은 서로 꽤 호감이 있었던 듯합니다. 그러다가 존 스미스가 총기 사고를 치고 영국으로 돌아갔습니다. 그의 동료들은 매정하게도 포카혼타스에게 존 스미스가 죽었다고 했고, 포카혼타스는 그를 영영 잃었다고 생각해 울면서 여위어갔습니다. 사실 존 스미스는 잘 살아 남아 열심히 사전을 쓰고 있었지요.

《뱃사람의 문법 및 사전: 어려운 항해 용어 대백과The Sea-Man's Grammar and Dictionary: Explaining all the Difficult Terms of

Navigation》라는 책인데, 1627년에 발간되었습니다. 선원 지망생을 대상으로 각종 항해 용어를 설명한 책입니다. 어쨌거나 여기서 우리에게 중요한 사실은, 존 스미스가 자기 책에 bragget을 bracket으로 적었다는 겁니다. 그때부터 그 단어의 철자는 그렇게 고착되었습니다.

건축물에 쓰이는 그 지지대는 삽보대를 닮아서 bragget, 이후에는 bracket이 되었습니다. 그런데 위아래로 두 개의 수평면을 한꺼번에 수직면에 고정하는 지지대도 있습니다. double bracket이라고 하는데요, 그건 뭘 닮았을까요? '[' 모양으로 생겼습니다.

벽에 설치된 책장이 주위에 있으면 한번 보세요. 그 안에 박혀 있을 겁니다. 문장부호 '대괄호'는 바로 그걸 닮았다는 이유로 이름이 bracket이 되었습니다.

1711년에 윌리엄 휘스턴이라는 사람이 《원시 기독교 부흥·Primitive Christianity Revived》이라는 책을 썼는데, 그리스어 문헌에서 구절을 많이 인용했습니다. 자기가 번역한 영문을 먼저 적고 그리스어 원문을 대괄호 안에 적었지요. 그 책에서 대괄호를 최초로 bracket이라고 불렀습니다.

이제 여러분이 쓰는 컴퓨터 키보드 엔터 위쪽에 조그만 삽보대 두 개, '['와 ']'가 자리 잡은 게 보이나요? 민망하게도 pants팬티의 머리글자인 P 옆에 사이좋게 놓여 있습니다.

Suffering for my Underwear

성스러운 팬티

전설에 따르면, 옛날 옛적에 Pantaleon판탈레온이라는 사람이 살았습니다. 그는 로마 황제 막시미아누스의 주치의였습니다. 황제는 주치의가 기독교인이라는 걸 알고 화가 잔뜩 나서 처형하기로 했습니다.

그런데 처형하는 게 쉽지가 않았습니다. 산 채로 화형에 처하려 했더니 불이 꺼져버렸습니다. 펄펄 끓는 납물에 던져 넣었는데 납물이 뜨겁지 않고 차가웠습니다. 돌덩어리에 묶어서 바다에 빠뜨렸는데 돌덩어리가 물 위로 떠올랐습니다. 맹수들에게 먹잇감으로 주었는데 맹수들이 가축처럼 온순해졌습니다. 목을 매달아 죽이려고 했더니 밧줄이 끊어져버렸습니다. 칼로 목을 치니 칼이 휘었고, 판탈레온은 사형 집행인을 너그러이 용서해주었습니다.

마지막에 보인 그 너그러움 때문에 그는 Pantaleon이라는 이름으로 불리게 되었습니다. '모든 것에 자비로운(all-compassionate)'이라는 뜻입니다.

결국 Pantaleon은 참수당해 죽었고, 그리스의 megalomartyr, 즉 '위대한 순교자(great martyr)' 중 한 사람으로 추앙받게 되었습니다. 세월이 흘러 10세기 무렵 Pantaleon은 베니스의 수호성인이 되었습니다. 그로 인해 Pantalon은 베니스에서 흔한 이름이 되었지요. 베니

스 사람을 Pantaloni라고 부르기까지 했습니다.

그러다가 16세기에 이탈리아에서 콤메디아 델라르테라는 연극 양식이 유행합니다. 유랑극단이 공연하는 짧은 희극인데, 할리퀸이나 스카라무슈처럼 단골로 등장하는 고정적인 인물들이 있는 게 특징입니다.

그중에는 전형적인 베니스 사람을 상징하는 Pantalone판탈로네라는 인물도 있었습니다. Pantalone는 구두쇠 상인이자 탐욕스러운 노인입니다. 그리고 당시 베니스 사람들이 잘 입던, 상의와 하나로 연결된 바지인 breeches브리치스를 입었습니다. 그래서 Pantalone가 입은 긴 breeches를 영국에서는 pantaloons라고 불렀습니다. pantaloons가 줄어 pants가 되었고, 속옷 아랫도리는 underpants라고 불렀습니다. 그러다가 그 underpants를 다시 pants로 줄여서 불렀습니다(미국에서는 pants라고 하면 바지를 뜻하지만요).

따라서 pants팬티는 어원적으로 '모든 것에 자비로운' 성인聖人입니다. 우리가 입고 있는 속옷 이름은 초기 기독교 순교자의 이름에서 따온 것입니다.

Pans

'pan'은 모든 곳에

그렇다면 pants팬티나 panties여성용 팬티의 기원이 된 순교자, St Pantaleon성 판탈레온으로 돌아가 봅시다. St Pantaleon은 어원적으로 역시 순교자인 St Pancras성 팽크라스, 그리고 Pandora판도라와 친척뻘입니다. pan은 '모든'이라는 뜻이니 Pancras는 '모든 것을 가진 사람', Pandora는 '모든 것을 선물로 받은 사람'을 뜻합니다(선물이 담긴 상자를 열지 말라고 했는데 기어이 열었지요).

pan도 여기저기서 참 많이 찾아볼 수 있습니다. 모든 곳에 존재하니 'pan-present'한다고 해도 될 것 같습니다. 예를 들면 사진이나 영화를 찍을 때 카메라를 수평으로 회전시키는 것을 panning패닝이라고 하지요. panning은 1868년에 특허를 받은 Panoramic Camera라는 카메라 이름에서 따온 말입니다. 그 이름은 물론 panorama파노라마, 넓은조망에서 왔지요. '모든 것이 보이다'라는 뜻입니다.

사전에는 pan이 들어가는 뭔가 음침한 말들이 수두룩합니다. 예를 들어 pantophobia범공포증는 '세상 모든 것에 대한 공포'이니 모든 공포증의 조상이라고 할 수 있습니다. pantophobia가 있는 사람이라면

'악마가 온 세상을 지배하고 있다'는 pandiabolism을 믿을지도 모릅니다. 하지만 경미한 pantophobia라면 그건 일종의 panpathy일지도 모르지요. '누구나 때때로 느끼는 감정'입니다.

그런데 pan이 언제나 '모든'을 뜻하지는 않습니다. 어원은 절대적인 규칙이라는 게 없습니다. '모든 경우에 적용되는' panapplicable한 규칙은 없다고나 할까요. 가령 주방에서 쓰는 pan팬은 panorama라든지 pan-Africanism범아프리카주의 등과 전혀 관계가 없습니다. panic도 모든 것에 대한 공포는 아니지요. 그리스 신화에 나오는 숲의 신 Pan판이 깜깜한 숲속을 지나가는 나그네에게 공포를 유발하는 재주가 있었던 데서 유래했습니다. 그 Pan이라는 신의 이름이 어디서 나왔는지는 알 수 없습니다. 다만 Pan은 pan-pipes팬파이프라는 관악기를 잘 불었다고 합니다.

기원전 27년 로마의 마르쿠스 아그리파라는 장수가 로마 변두리에 거대한 신전을 지었는데, 신전을 특정 신에게 바치지 않고 모든 신에게 바치기로 했습니다. 신전은 600년 후에도 멀쩡히 남아 있었고, 교황이

panacea만병통치약는 어떤 병이든 척척 치료할 수 있는 약입니다. pandemic전 세계적 유행병이 돌고 있을 때 아주 유용한 약이겠지요. pandemic은 epidemic유행병보다 심각합니다. epidemic은 그냥 '사람들' 사이에 유행하는 병이고, pandemic은 '전 세계 모든 사람' 사이에 유행하는 병이니까요.

이를 보고는 가톨릭 성당으로 개축해 성모 마리아와 순교자들에게 헌정했습니다. 그로부터 다시 1400년이 지난 오늘날까지 그 건축물은 남아 있습니다. 지붕은 처음 지어진 그대로이지요. 현재 이 건축물의 공식 이름은 '성모 마리아 성당Church of Saint Mary'이지만, 관광객들이 부르는 이름은 원래 이름인 Pantheon판테온입니다. '모든 신'이라는 뜻이지요.

　Pantheon의 반대말도 있습니다. 문자 그대로 '모든 악마가 있는 곳'을 뜻하는 Pandemonium판데모니움입니다. 지금은 pandemonium이라고 하면 그냥 '난장판', '아수라장' 정도의 뜻으로 쓰지만 원래는 지옥에 있는 어떤 궁전을 가리켰습니다. 영국의 시인 존 밀턴이 만들어낸 영어 단어가 수백 개는 되는데, Pandemonium도 그중 하나입니다.

PANTHEON

Miltonic Meanders

밀턴의 장황함

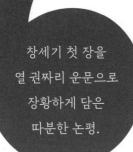

창세기 첫 장을
열 권짜리 운문으로
장황하게 담은
따분한 논평.

볼테르가 존 밀턴의 대서사시《실낙원Paradise Lost》
에 내린 평가입니다. 물론 볼테르의 지적은 틀렸
습니다.《실낙원》은 주로 아담과 이브의 이야기
인데, 아담과 이브는 창세기 둘째 장에 가서야 등
장하거든요.

《실낙원》은 천국에서 추방된 사탄의 이야기와 에덴동
산에서 놋의 땅으로 떨어진 인류의 이야기를 그리고 있습니다. 전체
적으로 볼 때 꽤 우울한 시이지만, 그래도 영어로 쓰인 서사시 중 가
장 위대한 작품입니다. 그런데 그럴 수밖에 없습니다. 영어로 쓰인 서
사시라는 게 이것 말고는 거의 없고, 그중에서 한 사람이라도 읽어본
서사시는 이게 유일하거든요. 그리고 Pandemonium이라는 말이 유
래한 작품이기도 합니다.

작품 속에서 사탄은 천국에서 쫓겨나 지옥에 떨어지자 우선 자기
가 살 집을 장만하기로 합니다. 그래서 타락한 천사들을 불러 모아 거
대하고 흉측한 궁전을 짓게 했습니다. Pantheon이 '모든 신'의 신전
이라는 데에서 착안했는지, 자신의 새집 이름을 '모든 악마'라는 뜻의
Pandemonium이라고 붙였습니다.

밀턴은 단어 만들기를 무척 좋아했습니다. 적절한 단어가 없다 싶으면 만들어 썼습니다. 몇 개만 예를 들면 다음과 같습니다.

> impassive고통을 느끼지 않는; 감정이 없는, obtrusive눈에 거슬리는, jubilant환희에 찬, loquacious수다스러운, unconvincing설득력이 없는, satanic악마 같은, persona인물; 가면, 페르소나, fragrance향기, beleaguered포위된, sensuous감각적인, undesirable달갑지 않은, disregard무시하다, damp축축한, criticise비판하다, irresponsible무책임한, lovelorn실연당한, exhilarating짜릿한, sectarian종파의, unaccountable설명 불가능한, incidental부수적인, cooking요리하기.

이게 다 밀턴이 만든 말입니다. 가히 wording단어 사용의 귀재라고 할 만합니다. 아, wording이란 말도 밀턴이 만들었습니다.

놀랍지 않나요? 이럴 때 쓰는 말이 awestruck경이에 찬이겠지요. 그 말도 밀턴이 만들었습니다. stunning깜짝 놀랄과 terrific무시무시한; 굉장한도 밀턴이 만들었고요.

또한 밀턴은 독실한 청교도였기에 자기 마음에 들지 않는 온갖 나쁜 개념에 대한 단어도 만들었습니다. 그가 없었다면 debauchery방탕, depravity타락, extravagance방종; 사치도 없었으니, 세상에 enjoyable즐길 만한한 것이 하나도 없을 뻔했지요(전부 밀턴이 만든 말들입니다).

설교가가 무엇을 하지 말라고 하면 사람들은 더 하려고 드는 경향이 있으니, 참 아이러니합니다. 나쁘다고 하면 더 좋아하는 사람들이 항상 있지요. 이런 걸 unintended consequences예기치 않은 결과라고 합니다. 아, 그러고 보니 밀턴이 unintended라는 말도 만들었군요. 하지만 자기가 만든 모호한 말이 지금 여러분이 보는 책의 제목이 될 줄은 꿈에도 몰랐을 겁니다. 이 책의 원제로 삼은 단어 etymologicon은 '어원 사전'이라는 뜻입니다. 밀턴이 결혼의 무효성을 주제로 쓴 평론에 처음 등장한 단어입니다.

be all ears열심히 귀 기울이다와 trip the light fantastic춤추다 같은 어구도 밀턴의 시 〈쾌활한 사람L'Allegro〉과 희곡《코무스Comus》등에서 유래했습니다. 테니스 경기에서 듀스에 이어 한쪽이 1점 앞선 상황을 advantage라고 하는 것도 밀턴이 처음 생각해낸 용법입니다. all hell breaks loose아수라장이 되다도《실낙원》에서 나온 표현입니다. 지옥에서 탈출해 에덴동산으로 온 사탄에게 호기심 많은 천사가 이렇게 묻습니다.

66 Wherefore with thee Came not all Hell broke loose?
    어찌하여 그대와 함께 지옥 만물이 탈주하여 오지 않았는가?

그 밖에도 밀턴이 만든 말들이 요긴하게 쓰이고 있습니다. 밀턴이 아니었으면 space travel우주여행도 없었습니다. 말만 놓고 보면 그렇습니다. 물론 space라는 단어는 밀턴이 태어나기 수백 년 전부터 있었지만, 별들 사이의 광활한 공간을 가리키는 데 그 단어를 쓴 건 밀턴이 처음이었거든요. 사탄이 타락한 천사들을 위로하면서 비록 자기들은 천국에서 쫓겨났지만 좋은 일이 있을 거라고 말하는 장면이 나옵니다.

66 Space may produce new worlds
    우주가 새 세상을 낳을 수도 있으니

그 덕분에 우리는 outer space우주 공간, space station우주 정거장, space ship우주선 같은 말을 쓸 수 있게 되었습니다. 그리고 스탠리 큐브릭의 영화 〈2001: A Space Odyssey〉와 그 제목을 패러디한 데이비드 보위의 노래 〈Space Oddity〉도 나오게 되었습니다. 기왕 말이 나왔으니, 존 밀턴이 만약 살아 있었다면 저작권료를 쓸어 담고 있을 겁니다. 영국 뮤지션 제프 벡의 〈Hi Ho Silver Lining〉 같은 노래 때문에 말이지요(호주 뮤지션 닉 케이브의 〈Red Right Hand〉도 《실낙원》에서 '분노한 하느님의 손'을 표현한 어구이니 밀턴에게 저작권료를 내야 합니다 - 원주). silver lining구름의 은빛 테두리, 절망 속의 희망이라는 말도 밀턴이 만들었거든요.

66 Was I deceived or did a sable cloud

Turn forth her **silver lining** on the night?

내가 현혹된 것인가 아니면 칠흑 같은 구름이

밤중에 **은빛 테두리**를 드러낸 것인가?

역시 밀턴이 만들었지만, 인기를 못 얻고 잊힌 단어를 빌리면, 이 꼭지는 너무 quotationist남의 글을 습관적으로 인용하는 사람스러워진 감이 있네요. 그럼 이제 pastures new새 풀밭, 새로운 장로 나아가 봅시다. 마지막으로 하나만 더 인용하고요.

At last he rose and twitched his mantle blue, Tomorrow to fresh woods and **pastures new**. 마침내 그는 일어나 파란 망토를 휙 젖혔네. 내일은 새 숲과 **새 풀밭**으로. 이제 silver lining은 잊고, cloud구름에 한번 주목해봅시다.

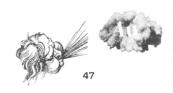

Bloody Typical Semantic Shifts

슬그머니 뜻이 바뀐 단어들

구름과 하늘이 어떻게 다른지 아나요? 안다고요? 부럽습니다. 영국에선 구름이 하늘이고 하늘이 구름이거든요. 구름 가장자리가 은빛으로 빛나고 그런 거 없습니다. 영국은 예나 지금이나 날씨가 늘 칙칙합니다.

sky는 바이킹들의 '구름'이라는 말에서 유래했습니다. 하지만 영국에서는 구름이나 하늘이나 차이가 없습니다. 하늘이 온통 구름이니 뜻이 '하늘'로 바뀌어버렸지요.

어원을 연구하다 보면 확실히 알 수 있는 하나가, 세상은 참 암울하다는 겁니다. 더 나은 미래를 꿈꾸지만 알고 보면 영어 단어 dream 꿈은 '행복'을 뜻하는 고대 영어에서 왔습니다. 그게 뭘 의미하겠습니까?

세상이 그렇죠, 뭐. 날씨는 구질구질하고, 행복은 그저 꿈이고, 사람들은 게으르고…. 저만 봐도 진짜 게으릅니다. 누가 저보고 설거지하라느니, 세금 신고하라느니 재촉하면 저는 항상 in five minutes, 5분 후에 하겠다고 합니다.

그러면 대개는 영원히 안 하겠다는 뜻입니다.

뭔가 생존을 위해 꼭 해야 하는 일이 있으면 in a minute, 1분 후에

하겠다고 합니다. 그러면 보통 한 시간 안에 하겠다는 뜻인데, 그것도 장담은 못 합니다.

저만 그런 게 아닙니다. moment라고 하면 '순간', 즉 눈 깜짝할 시간 아닌가요? 그런데 라디오나 TV를 틀어놓고 있어 보세요. 진행자가 꼭 이런 말을 합니다.

"In a moment we'll be showing X, but first the news and weather."
"잠시 후에 X를 시청하시겠습니다. 그전에 뉴스와 날씨 먼저 듣고 가겠습니다."

옛날에 더 스미스라는 밴드가 부른 〈How Soon is Now?〉라는 노래가 있었습니다. 그 곡을 쓴 사람들은 저보다도 더 게을렀던 모양입니다. 아무 어원 사전이나 펴보면 알 수 있는데, soon은 고대 영어에서 뜻이 'now'였습니다.

그런데 사람들이 한 1000년쯤 "I'll do that soon" 하다 보니 soon이 약발이 떨어져서 '곧' 정도에 불과하게 된 겁니다.

이제는 '지금 당장'이라고 하고 싶으면 now로도 모자라 꼭 right

now라고 말합니다. soon과 같은 신세가 된 말 중에 anon머지않아도 있습니다. 원래 형태는 고대 영어의 'on an'이었고 그 뜻은 'on one하나로' 또는 'instantly즉시'였습니다. 그런데 인간은 '즉시' 행동하는 법이 없습니다. 말로만 그런다고 하지요. 그러니 instantly란 단어도 아직은 약발이 있지만 결국 다른 말들과 똑같은 신세가 될 게 뻔합니다.

게다가 인간은 늘 남을 헐뜯고 비방하지요. 누가 조금만 잘못해도 곱게 넘어가질 않습니다. 셰익스피어의 《리어 왕King Lear》을 보면, 글로스터 백작이 자기 눈을 도려내려는 리건 공주에게 "naughty lady짓궂은 여인"라고 부르는 훈훈한 장면이 있습니다.

아, naughty는 지금은 '못된, 짓궂은' 정도의 뜻이지만 그때는 훨씬 더 심한 말이었습니다. 부모들이 자녀를 naughty하다고 하도 많이 야단치다 보니까 뜻이 점점 밋밋해진 거죠. 옛날에는 naughty하다고 하면 no-human, 즉 '인간이 아닌'이라는 뜻이었습니다. nought무無, 영零와 nothing 같은 말들도 같은 어원에서 왔습니다.

단어의 어원을 훑어가다 보면 인간의 단점이란 단점이 죄다 적나라하게 드러납니다. 인간의 특성을 가장 적나라하게 보여주는 단어가 아마도 '아마', 즉 probably일 겁니다. 그 기원은 2000년 전 로마인들이 쓰던 라틴어 probabilis입니다. 뭔가가 probabilis하다고 하면, 다시 라틴어로 풀어서 probare할 수 있다, 즉 '검증(prove by experiment)' 할 수 있다는 뜻이었습니다. 짐작하셨겠지만 prove증명하다도 여기서 나왔습니다.

인간은 매사를 너무 확신하는 경향이 있으니, 로마인들도 예외가 아니었습니다. 로마의 변호사는 뭔가를 주장할 때마다 걸핏하면 'probabilis한 주장'이라고 했고, 로마의 점성술사는 뭔가를 예측할 때마다 툭하면 'probabilis한 예측'이라고 했습니다. 제정신인 로마인이라면 태양이 지구 주위를 돈다는 것도 당연히 probabilis하다고 말했겠지요. 그래서 1387년 영어 문헌에 probably가 처음 등장했을 때 안타깝게도 이미 그 단어는 힘이 다 빠져서 '아마' 정도의 뜻에 불과했습니다.

　어쨌든 probable은 prove와 어원이 같습니다. 그럼 the proof of the pudding is in the eating물건의 진가는 써봐야 알 수 있다이라는 속담은 어떻게 생겨난 건지 짐작이 가나요?

The Proof of the Pudding
푸딩의 증명

앞에서 보았듯이 probable과 prove는 둘 다 probare라는 라틴어에서 나왔습니다. 그런데 probable은 너무 남용되다 보니 뜻이 많이 약해진 데 비해 prove는 세월을 버티면서 오히려 뜻이 더 강해졌습니다. 그렇지만 prove가 들어간 어구 중에는 지금 따져보면 뭔가 말이 되지 않아서 prove의 미천한 태생을 짐작하게 하는 것들이 있습니다.

the exception proves the rule이라는 말이 있습니다. 문자 그대로 해석하면 '예외가 규칙을 증명한다'인데, 이게 도대체 말이 되나요? 어쩌다가 '교정보는 사람'을 proofreader로 부르게 되었을까요? proving ground는 왜 '성능 시험장'이 되었을까요? 심지어 the proof of the pudding이라는 말은 어디서 나온 건가요? 도대체 푸딩을 증명할 일이 있나요?

이 미스터리를 풀려면 prove의 어원인 라틴어 probare로 돌아가야 합니다. prove는 오늘날 '증명하다'의 뜻이지만, probare는 앞에서 본 것처럼 그 의미가 살짝 달라서 '검사하다, 검증하다'라는 뜻이었습니다. 이론 같은 것을 증명하려면 그 전에 꼭 거쳐야 할 과정이지요.

책을 교정보는 proofreader가 하는 일도 마찬가지입니다. proof-reader는 proof copy교정쇄를 찬찬히 '검사'하면서 오자나 잘못 들어간

부호를 바로잡습니다.

　'예외가 규칙을 prove 한다'고 하는 이유도 그 때문입니다. 예외야말로 규칙을 '검증'하는 수단입니다. 검증이 실패하면 규칙은 파기해야 할 것이고, 검증이 성공하면 규칙은 계속 살아남겠지요.

　마찬가지로 신개발 무기를 proving ground로 가져가는 이유는, 뭔가를 증명하기 위해서가 아니라 무기의 성능을 '검사'하기 위해서입니다.

　디저트가 맛있는지 검사하려면? 당연히 먹어봐야겠지요. 푸딩도 맛있는지 검사하려면 먹어보는 수밖에 없습니다. 즉, the proof of the pudding is in the eating이지요. prove의 옛날 뜻입니다.

　하지만 요즘 사람에게 옛날 푸딩을 'prove'해보라고 하면 두 손 들지도 모르겠습니다. pudding이란 원래 동물의 내장에 그 살코기와 기름을 채워 넣고 삶아서 보관했다가 먹는 음식이었습니다. pudding이란 말이 문헌에 등장하기 시작할 즈음인 1450년에 기록된, Porpoise Pudding쇠돌고래 푸딩 요리법을 한번 볼까요.

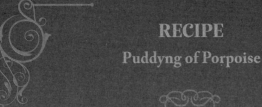

RECIPE

Puddyng of Porpoise

'Take the Blode of hym,
& the grece of hym self,
& Oatmeal, & Salt, & Pepir, & Gyngere,
& melle [mix] these togetherys wel,
& then put this in the Gut of the Porpoise,
& then lat it seethe [boil] esyli,
& not hard, a good while;
& then take hym up,
& broyle hym a lytil,
& then serve forth.'

쇠돌고래 푸딩 만들기:

쇠돌고래의 피와 기름,

귀리가루, 소금, 후추, 생강을

잘 섞어서 쇠돌고래 내장에 넣고

푹 삶은 다음 살짝 구워서 낸다.

이렇게 만든 porpoise pudding은
과연 먹어보지 않고는 맛을 알 수 없겠지요.
pudding은 이렇게 괴상한 sausage소시지의
일종이었습니다.

그럼 다음 단어로 넘어가기 전에
수수께끼 하나 내겠습니다.
멋지고 우아한 사람들이 sausage poison소시지 독을
얼굴에 주입하는 이유는 뭘까요?

Sausage Poison in Your Face

인기 많은 소시지 독

라틴어로 소시지를 botulus라고 불렀습니다. 거기서 유래한 영어 단어 두 개가 있습니다. 하나는 botuliform으로, '소시지 모양의'라는 뜻입니다. 이래 봬도 꽤 쓸모 있는 단어랍니다. 나머지 하나는 botulism입니다.

소시지는 맛은 좋지만 그 내용물까지 자세히 알려고 들지 않는 게 좋습니다. 너무 많이 알려고 하면 다친다는 뜻의 옛말로 "curiosity killed the cat", 즉 '호기심 많은 고양이가 죽었다'고 하는데 그 고양이는 어떻게 된 걸까요? 바로 소시지 제조업자가 처리했습니다. 19세기 미국에서는 개고기로 소시지를 만든다는 소문이 워낙 많아서 소시지를 아예 hotdog로 부르기 시작했습니다. 물론 소시지는 대개 돼지고기로 만들지만, 안심은 금물입니다. 잘못 먹었다가는 죽을 수 있거든요.

19세기 독일에 유스티누스 케르너라는 사람이 살았습니다. 케르너는 시인이자 의사였는데, 상당히 음울한 시를 썼습니다. 그래서인지 시를 기억하는 사람이 없지만, 그가 남긴 의학적 업적은 지금까지 인정받고 있습니다. 케르너는 환자들의 목숨을 앗아간 신종 질병의 원인을 밝혀냈습니다. 걸리면 전신이 서서히 마비되면서 결국 심

tOXic

장이 멎고 마는 끔찍한 병이었습니다. 케르너가 이 병으로 죽은 환자들을 조사해 보니 모두 죽기 전에 싸구려 소시지를 먹은 것으로 드러났습니다. 그래서 케르너는 이 병의 이름을 '소시지 병'이라는 뜻으로 botulism보툴리눔 중독증이라고 붙였습니다. 그리고 상한 소시지에 독소가 들어 있었다는 올바른 결론을 내리고, 그 독소를 botulinum toxin보툴리눔 독소이라고 불렀습니다.

그 후 1895년, 벨기에의 한 장례식장에서 조문객들에게 햄을 대접했습니다. 그런데 햄을 먹은 세 사람이 그 자리에서 즉사했습니다. 덕분에 장의사는 신바람이 났고, 남은 햄은 대학 연구실로 바로 가져가 검사해볼 수 있었습니다. 현미경으로 보니 작은 세균이 보였고, 그 모양까지 공교롭게도 소시지와 닮았더랬지요. 오늘날 그 세균은 Clostridium botulinum보툴리눔 균이라는 이름으로 불립니다.

세균이 발견된 덕분에 이제는 botulinum toxin을 실험실에서 제조할 수 있게 되었습니다. 아니, 그걸 제조해서 뭐 하느냐고요? 약이 아니라 독인데? 맞습니다. 게다가 엄청난 맹독이어서 백만분의 일 그램만 복용해도 온몸이 마비되어 즉사합니다. 그런데 마비라는 게 좋을 때도 있습니다. 가령 안면 경련 환자의 얼굴에 botulinum toxin을 아주, 아주 극미량 주입하는 겁니다. 그러면 마비가 일시적으로 살짝 일어나면서 경련이 치료됩니다. 놀랍지요.

그게 botulinum toxin을 제조한 원래 이유입니다. 그런데 금방 새로운 현상이 발견됐습니다. 마비된 환자의 얼굴을 보니, 좀 젊어 보이는 겁니다. 물론 어딘가 어색하고 표정을 잘 못 짓긴 했지만, 몇 년이 나 노화를 되돌릴 수 있는데 그게 뭐 대수겠습니까?

그래서 별안간 소시지 독이 주목받게 되었습니다. 돈 있고 유명한 사람들은 소시지 독을 더 맞지 못해 안달했습니다. 할리우드 배우들은 배우 수명을 여러 해 연장할 수 있었습니다. 노인이 중년으로 돌아갈 수 있었으니까요! 소시지 독을 주입하는 시술은 성형수술과 비슷했지만 고통이 적고 효과가 영구적이지 않았습니다. 소시지 독은 할리우드의 최고 인기 품목으로 떠올랐습니다.

물론 지금은 이것을 sausage poison이라고 부르지 않습니다. 소시지 독이라니, 그건 우아하지 않지요. botulinum toxin이라고도 부르지 않습니다. toxin독소이 몸에 나쁘다는 걸 모르는 사람은 없으니까요. botulinum toxin은 인기를 얻고 나서부터 Botox보톡스라고 불립니다.

그럼 Botox가 소시지 독이고, toxicology가 독성학이고, intoxication이 중독이라면, toxophilite는 대체 무슨 뜻일까요? philite는 '좋아하는 사람'을 뜻합니다만…

toxophilite

BOTULUS

Bows and Arrows and Cats

활쏘기와 고양이

toxophilite는 '활쏘기를 좋아하는 사람'을 뜻합니다. 왜냐하면 toxin 은 '활'을 뜻하는 그리스어 toxon에서 왔고, toxic은 '활쏘기와 관련된' 을 뜻하는 그리스어 toxikos에서 왔거든요. 옛날에는 전쟁할 때 화살 촉을 독에 담가서 쓰는 게 보통이었습니다. 고대 그리스인들에게 활 과 독은 서로 뗄 수 없는 개념이었고, 그래서 결국 그리스어 toxon이 '독'을 뜻하는 영어의 toxin이 된 겁니다.

　archery활쏘기는 옛날에 정말 많이 했습니다. 전화번호부에 Archer 궁수, Fletcher화살 만드는 사람, Bowyer활 만드는 사람라는 성이 많은 건 그 때문입니다. 1363년에 잉글랜드 국왕 에드워드 3세는 14세 이상 60세 미만의 남자는 의무적으로 활쏘기를 일주일에 한 번씩 해야 한 다는 법을 통과시키기도 했습니다. 당시에는 스포츠보다는 사람 죽이 는 수단에 더 가까웠지만요. 그 법은 오랜 세월 폐지되지 않고 죽 이 어졌습니다.

　그래서 영어에는 활쏘기에서 유래한 말들이 곳곳에 숨어 있습니다. 예를 들면 upshot최종 결과 같은 단어입니다. upshot은 활쏘기 대회의 우승자를 결정하는 마지막 shot발을 뜻했습니다. 문헌에는 헨리 8세 가 1531년에 활쏘기 내기에서 돈을 잃은 일도 기록되어 있습니다.

BLANK

> To the three Cotons, for
> three sets which the King lost
> to them in Greenwich Park £20,
> and for one **upshot** won of the King.

그리니치 수렵장에서 코턴가의 세 사람이 왕을 세 판 이긴 것에

20파운드 지불, 그리고 **마지막 발**을 왕에게 이긴 것에….

튜더 왕조(1485~1603) 시대의 활쏘기는 그리 유쾌한 오락이 아니었습니다. 공간이 비좁을 때 not enough room to swing a cat이라는 말을 하지요. 문자 그대로 고양이 휘두를 공간도 없다는 말인데요, 그 표현의 기원을 두고 두 가지 설이 있습니다. 한 가지 설은 여기서 cat이 cat-o'-nine-tails라고 하는 아홉 가닥짜리 채찍을 뜻하며, 비좁은 공간에서는 채찍질하기 어렵다는 데서 유래한 표현이라는 것입니다. 다른 한 가지 설은 궁술과 관계된 것입니다.

튜더 왕족들에게 움직이지 않는 표적을 맞히는 건 너무 쉬웠습니다. 그래서 최고의 궁수들은 자기 실력을 시험하기 위해 고양이를 넣은 자루를 나뭇가지에 매달았습니다. 그러면 고양이가 바둥거리면서

자루가 마구 흔들리겠지요. 이루 말할 수 없는 동물 학대입니다. 어쨌든 그렇게 해서 명사수들은 연습감을 얻었고 영어에는 새로운 표현이 생겼습니다.

참고로 그 이야기는 let the cat out of the bag이라는 표현과는 아무 관계가 없습니다. 그 표현은 사실 고양이보다는 돼지와 관계가 있습니다. 중세의 시장에서는 새끼 돼지를 자루에 담아 팔았습니다. 그래야 농부가 집으로 들고 가기가 편했거든요. 그야말로 a pig in a poke자루에 든 돼지(무턱대고 산 물건)였습니다. 당시에 가장 흔한 사기가 값나가는 돼지 대신 쓸모없는 고양이나 개를 자루에 넣고 파는 것이었습니다. 그럼 그걸 산 사람은 be sold a pup강아지를 사다(쓸데없는 물건을 떠안다)한 게 됩니다. 아니면 계략을 눈치채고 let the cat out of the bag고양이를 자루에서 나오게 하다(비밀을 누설하다)할 수도 있겠지요. 왠지 곧이곧대로 들리지 않는 이야기인데, 그래도 거의 모든 유럽어에 비슷한 표현들이 있습니다.

어쨌든 활쏘기 명사수들 이야기로 다시 돌아가서, point-blank바로 앞에 대고, 직격탄으로라는 이상한 표현을 살펴보지 않을 수 없네요. 여기서 blank는 영어 단어 blank의 일반적인 뜻인 '텅 빈'과는 다른 뜻입니다. 아주 다른 것은 아니지만요. point-blank의 blank는 '흰색'을 뜻하는 프랑스어 'blanc'와 같은 말입니다. 구체적으로 말하자면 '과녁 정중앙의 흰색 점'을 가리킵니다. 물론 지금은 bullseye라고 부르지만, 그 말은 19세기나 되어야 등장하고 그전에는 그냥 blank라고 했습니다.

활쏘기는 재미있는 게, 어떤 표적을 맞히려면 그 표적을 겨누면 안 됩니다. 중력이란 게 있어서 표적을 정확히 겨누어 쏘면 화살은 그 아래에 가서 꽂힙니다. 다시 말해, blank를 맞히려면 중력으로 인한 낙하를 고려해 그 위 어딘가를 겨누어야 합니다. 그래서 aim high높이 겨누다(높은 뜻을 품다)라는 말도 나왔습니다. '높이 겨누라'고 하는 건 높은 곳을 맞히기 위해서가 아니라 제대로 맞히기 위한 거죠.

하지만 예외적인 상황도 있습니다. 과녁이 그야말로 코앞에 있을 때지요. 그럴 때는 그냥 정중앙의 흰색 점을 겨누면 됩니다.

즉, 'point blank'하면 됩니다. 그렇게 과녁에 가까이 있는 경우를 가리켜 at point-blank range직사거리에 있는라고 합니다.

Black and White

흑과 백

어원을 연구하다 보면 참 골치 아픈 게, 검은색과 흰색을 구분하는 일입니다. 검은색과 흰색이 어떻게 헷갈릴 수 있냐고요? 중세 잉글랜드 사람들 머릿속에서는 그게 굉장히 헷갈렸던 것 같습니다. 그때 사람들은 커피를 도대체 어떻게 주문했을까요. 《옥스퍼드 영어 사전The Oxford English Dictionary》도 겸연쩍게 고백합니다.

> "중세 영어에서는 blac, blak, blacke이 '검은, 어두운'의 뜻인지 '창백한, 무색의, 파리한, 핏기 없는'의 뜻인지 분명치 않은 경우가 많다."

체스 한 판을 두려고 해도 굉장히 헷갈렸을 겁니다. 반면 인종차별은 하려고 해도 할 수가 없었을 테니 그건 좋았겠지요.

이 희한한 현상에 대해서 두 가지 그럴듯한 설이 있습니다. 안타깝게도 둘 중 어떤 게 맞는지 모르니, 둘 다 알려드리겠습니다.

아주 옛날에 게르만어로 '불에 탄'을 뜻하는 black이라는 단어가 있었습니다. 정확히 똑같진 않아도 대강 비슷한 철자였습니다. 그런데 옛날 게르만인들은 '불에 탄다'는 것이 색깔로 말하면 검은색이냐 흰색이냐를 놓고 도통 합의를 보지 못했습니다. 어떤 사람은 불에 타면 눈부신 밝은 빛이 된다고 했고, 또 어떤 사람은 검은색이 된다고 했습니다.

그런 판국이니 누구나 검은색과 흰색이 헷갈렸습니다. 게르만인들은 고민하다가 지긋지긋해진 나머지 로마에 쳐들어가 약탈을 벌였습니다. 결국 잉글랜드 사람들이 black이라는 이 모호한 단어를 넘겨받았는데, black은 처음엔 '창백한'이란 뜻도 되고 '어두운'이란 뜻도 됐지만 서서히 '어두운' 쪽으로 굳어졌습니다. 한편 프랑스 사람들도 이 쓸모없는 단어를 가져가서는 가운데에 n자를 넣더니 나중에 잉글랜드에 'blank'로 역수출했습니다. 결국 영어에서는 black과 blank가 태생은 같되 뜻은 반대가 되었다는 이야기입니다.

또 다른 설은 비교적 신빙성이 떨어지지만 그래도 꽤 재미있습니다. 고대 게르만어의 black이란 단어가 원래 '맨숭맨숭한, 횡한, 텅 빈'을 뜻했다는 겁니다. 색이 사라져서 횡해지면 어떻게 될까요?

생각보다 어려운 문제입니다. 눈을 감으면 눈앞이 깜깜해지지요. 하지만 깨끗한 종이는 보통 하얗습니다. 이 설에 따르면, 영어에서도 black의 원래 의미는 '텅 빈'이었는데 그걸 사람에 따라 검은색으로도 해석하고, 흰색으로도 해석해서 혼동이 빚어진 거라고 합니다.

혼동은 여기서 그치지 않습니다. 역시 같은 어원에서 나온 bleach는 '하얗게 탈색하다'라는 뜻도 되고, '까맣게 만드는 물질'이라는 뜻도 됩니다. 하나 더 있습니다. bleak암울한, 암담한는 bleach의 또 다른 형태에서 나왔을 가능성이 크고 옛날에는 '하얀'이라는 뜻이었습니다.

영어 단어를 잘 따져보면 이런 말도 안 되는 현상이 생각보다 참 많습니다. down이 어찌 보면 up이라는 것도 아나요? down은 원래 '언덕'이었습니다. 지금도 그런 뜻으로도 쓰이고요. 그런데 언덕은 '위로' 솟은 것 아닌가요? 잉글랜드에는 Sussex Downs라는 언덕 지대가 있습니다. 여기에서 언덕을 오르면 'climb up a down'하게 됩니다.

'아래로'라는 뜻의 down은 원래 off-down이었습니다. 즉 '언덕을 벗어나'라는 뜻이었지요. 그래서 고대 영어에서는 언덕에서 떨어지거나 언덕을 내려갈 때 fall off-down이라든지 go off-down이라고 했는데, 언제부턴가 귀찮아서 off를 슬쩍 빼기 시작했습니다. 그 결과 오늘날 우리는 'down이 up으로 솟은' 황당한 세상에 살게 되었습니다. 그리고 go downhill내리막길을 가다이라고 하면 go downdown 한다는 이상한 말이 됩니다.

어쨌거나 이야기를 다시 blank로 돌려서 lottery복권 이야기를 해봅시다.

옛날에는 복권 추첨을 이런 식으로 했습니다. 복권 구매자가 복권에 자기 이름을 적어서 유리 단지에 넣습니다. 복권이 다 팔리면 운영자가 다른 유리 단지에 복권을 같은 수만큼 넣습니다. 그중 일부에는 상금이 적혀 있습니다.

그런 다음 운영자가 두 단지에서 복권을 한 장씩 뽑아서 추첨했습니다. 1653년 어느 문헌에서는 제임스 1세의 궁정을 다음과 같이 묘사했습니다.

> **"** A kind of Lotterie, where men that venture much may draw a **Blank**, and such as have little may get the Prize.
>
> 복권 추첨과 비슷해서, 많은 것을 거는 자가 **백지**를 뽑기도 하고 가진 것이 없는 자가 상을 타기도 한다.

그래서 blank lottery ticket, 즉 '백지 복권'은 휴지 조각이나 마찬가지입니다. blank cheque(영국식 철자) 또는 blank check(미국식 철자), 즉 '백지 수표'와는 가치가 정반대입니다. 그런데 둘 중에서 더 오래된 철자는 어느 쪽일까요? 놀랍게도 미국식입니다.

Hat Cheque Point Charlie

궁지에 몰린 왕

영어 단어는 대부분 shah샤에서 나왔다고 해도 과언이 아닙니다.

옛날 페르시아에서는 왕을 shah라고 했습니다. 그리고 거동이 불편하거나 죽은 왕을 shat mat라고 했습니다. shah는 아랍어로도 shah가 되었습니다. 그리고 통속 라틴어Vulgar Latin로 가서는 scaccus가 되었습니다. 그게 고대 프랑스어로 가서 eschec가 되었고, 복수형인 esches가 영어로 들어와 chess가 되었습니다. 물론 체스 게임은 '왕 놀이'이니까 그렇게 부를 만했습니다. 체스에서 제일 중요한 말은 당연히 왕이지요. 그럼 shat mat는 어떻게 되었냐고요? 체스에서 왕이 옴짝달싹 못 하는 상황을 지금도 checkmate외통장군라고 부릅니다.

체스를 두는 판은 chessboard체스판입니다. chessboard는 그 위에 물건들을 정렬해놓을 수 있는 편리한 장점이 있습니다. 예컨대 헨리 2세는 회계 작업을 할 때 다음과 같은 판을 이용했다고 합니다.

> 66 길이 10피트, 너비 5피트 정도의 사각형 판을 놓고 테이블처럼 주위에 둘러앉았다. 판의 모든 테두리에는 손가락 네 개 정도 높이로 벽이 세

워져 있어 판 위에 올린 물건들이 떨어질 염려가 없다. 또한 이 '으시케 escheker' 위에 깔아놓은 것은 여느 천이 아니라 부활절 기간에 구입한, 검은색 바탕에 줄무늬가 있는 천이며 줄무늬 사이의 간격은 1피트 또는 한 뼘 정도이다. 그리고 줄무늬 사이의 구획 위에 계산용 패를 올려 적절한 값을 나타낸다.

《재무재판소 회담록Dialogus de Scaccario》

영락없는 체스판 모양입니다. 헨리 2세는 프랑스어를 썼기에 체스판을 'escheker'라고 불렀습니다. 영국에서는 이 말이 기원이 되어서 재무장관을 지금도 Chancellor of the Exchequer라고 부릅니다(s가 x로 바뀐 것은 오해와 무지의 소산입니다).

그런데 체스와 페르시아 왕의 이야기는 여기서 끝나지 않습니다. endgame체스 게임의 종반, 막판은 아직 저 멀리에 있습니다. 그럼 continue unchecked거침없이 계속하다 해볼까요.

체스를 두다가 상대방이 check체크, 장군를 부르면서 put you in check장군하다면 할 수 있는 일이 별로 없지요. 그럴 때 get out of check멍군하다 하지 않으면 checkmate가 되어 게임이 끝나버립니다. hold someone in check가 '통제하다, 억제하다'의 뜻이 된 것은 그 때문입니다. 다시 말해 check한다는 것은 '막고 저지하는' 것이지요.

그래서 아이스하키에서 상대 선수를 몸으로 저지하는 동작을 body check보디체크라고 합니다. 정부도 checks and balances견제와 균형의 원리에 의해 held ....

in check견제받는 상태입니다.

　차츰 check 또는 cheque는 '문제를 막는 사람'이라는 뜻으로 쓰이게 되었습니다. 한 예로 17세기 영국의 행정관리 새뮤얼 피프스가 쓴 일기에는 Clerk of the Cheque라는 직책을 맡은 사람이 나옵니다. 왕실 조선소의 회계 장부를 관리하면서 사기를 방지하는 일을 하던 사람입니다.

　그러다 보니 이제 check는 '부정행위를 막는 수단'이 되었습니다. 사람들은 hatcheck휴대품 보관소에 모자를 맡기고 check보관증를 받곤 했지요. bank check수표는 원래 약속어음을 대신해 도입된 수단이었는데, check fraud사기를 방지하다하는 효과가 있어서 그런 이름이 붙었습니다.

　bank check는 영국에서나 미국에서나 처음엔 '-ck'로 적었습니다. 그런데 영국에서는 언제부턴가 cheque로 철자를 바꾸었습니다. 결과적으로 영국에서 blank cheque는 'check 없는 cheque제약 없는 수표'가 되었습니다.

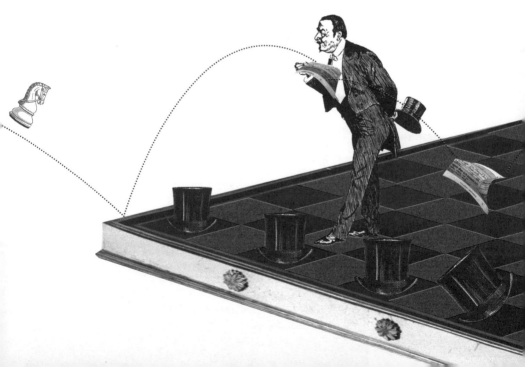

어쨌든 이런 용법에서 '점검하다, 확인하다'라는 뜻이 파생되어 check off확인 표시를 하다, check up문제가 없는지 확인하다 같은 표현들이 생겨났습니다. 이윽고 라이트 형제가 비행기를 발명하자 비행사들은 비행 중 자기 위치를 확인하기 위한 지상의 기준점을 checkpoint확인 점라고 불렀습니다. 그러다가 제2차 세계대전이 일어났고, 조종사들은 훈련을 거쳐 조종술을 점검받는 checkout이라는 시험을 보았습니다. 곧 가게에도 checkout계산대이 생겼고, 길 위의 '검문소'도 check-point라고 부르기 시작했습니다. 병원에 가면 checkup건강 검진을 받고, 호텔 투숙객은 checked shirt체크무늬 셔츠를 입고 check-in체크인에서 check in체크인하다하고 check out체크아웃하다하게 되었습니다. 이게 다 옛날 페르시아 왕, shah 때문입니다.

이 모든 것은 Czech Republic체코 공화국과는 아무런 관계가 없습니다. 체코의 수반은 shah가 아니라 대통령이지요. 물론 체코 출신 테니스 선수 이반 렌들은 그의 아내 입장에서 보면 '체크메이트', 즉 Czech mate체코인 배우자가 되겠습니다만⋯

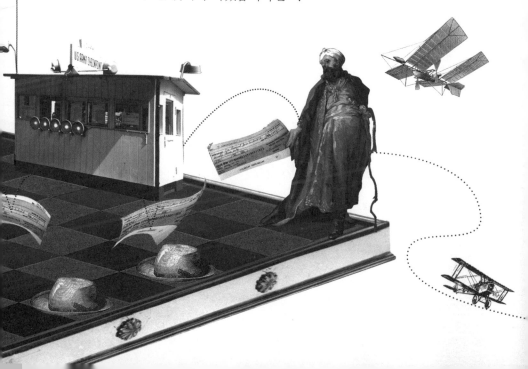

Sex and Bread

섹스와 빵

지그문트 프로이트는 모든 것이 은밀하게 성性과 연관되어 있다고 했지만, 어원학자들은 성이 은밀하게 음식과 연관되어 있다는 사실을 잘 알고 있습니다.

한 예로, mating짝짓기은 원래 'meat를 나눠 먹는 것'이었습니다 (meat는 옛날에 고기뿐만이 아니라 모든 종류의 음식을 뜻했습니다). 그런가 하면 companion벗도 '빵을 나눠 먹는 사람'입니다(라틴어로 '빵'이 panis였습니다).

고대 영어에서는 '빵'이 hlaf였습니다. loaf빵 덩어리도 거기에서 나온 말입니다. 그 시절에는 여자는 빵을 만들고 남자는 만든 빵을 지켰습니다. 그래서 여자는 hlaf-dige, 남자는 hlaf-ward라고 불렀습니다. 두 단어는 다음과 같은 변화를 거쳤습니다.

Hlafward and Hlafdige

Hlaford and Hlafdi

Lavord and Lavedi

Lord and Lady

바깥주인, 귀족   안주인, 숙녀

그리고 인도 빵은 '벌거벗은' 음식인데, 그걸 설명하려면 먼저 세계 언어의 절반이 어떻게 생겨났는지를 설명해야 합니다. 현재 가장 유력한 설은 이렇습니다.

옛날 아주 먼 옛날 그러니까 기원전 4000년경에, 흑해와 카스피해 사이 땅에 살던 사람들이 있었습니다. 이들은 죽은 사람을 구덩이에 묻는 풍습이 있어서 '쿠르간 매장 문화권'이라는 이름으로 불리는데, 신석기인들답게 특이한 토기도 만들고 온갖 시시껄렁한 잡동사니도 만들었습니다.

물론 '쿠르간'은 현대에 와서 붙인 이름이고, 그 사람들이 자기들을 뭐라고 불렀는지는 아무도 모릅니다. 그때는 문자가 발명되기 전이고 인터넷조차 없던 시절이라 어떤 언어를 썼는지 알 길이 없지만 이런저런 근거로 추정해볼 수는 있습니다. 그렇게 학자들이 추정하여 재구성한 언어를 '원시 인도유럽어Proto-Indo-European'라고 합니다.

쿠르간인들은 전차를 발명했던 것 같고, 그 전차를 타고 이웃 지역을 침략한 듯합니다. 그런데 말이 좋아 침략이지 영 오합지졸이었습니다. 똘똘 뭉쳐서 한곳을 집중적으로 치지 않고, 갈라져서 여기저기 사방을 쳤습니다. 그러다가 일부는 인도 북부로 흘러갔고, 또 일부는 페르시아로 흘러갔습니다. 춥고 비 많이 오는 발트해 지역까지 간 무리도 있었고, 그리스로 가서 그리스인의 조상이 된 무리도 있었습니다. 또 일부는 길을 잃고 이탈리아 땅으로 흘러가서 그쪽 동네를 시끌벅적하게 만들었습니다.

이들이 가는 곳마다 구덩이에 토기 등 유물을 묻어놓았기에 이동 경로를 추적할 수 있습니다. 하지만 우리의 관심은 토기가 아니라 그들이 사용했던 언어입니다. 쿠르간인은 자기들의 언어, 즉 원시 인도유럽어를 유럽과 아시아 전역에 퍼뜨린 장본인들이거든요.

그렇다면 바벨탑의 정반대 효과가 일어나지 않았을까 싶기도 한데, 그렇지 않았습니다. 여러 집단으로 갈라진 쿠르간인들의 언어는 저마다 독특한 형태로 변했고, 결국 집단 간에 말이 통하지 않게 되었습니다. 수백 년쯤 지난 후에는 이미 인도 북부의 쿠르간인과 이탈리아의 쿠르간인은 전혀 소통이 되지 않았을 겁니다. 뭐 영국 글래스고 같은 곳은 한 도시 안에서도 사투리가 다양하니 놀랄 일은 아니지요.

그래서 아버지를 고대 인도인들은 pitar라고 했고, 고대 그리스인들은 pater라고 했으며, 고대 로마인들도 pater라고 했습니다. 다만 고대 게르만인들은 p를 어째서인지 f 비슷하게 발음했고, 아버지를 fater라고 했습니다. 영어는 고대 게르만어에서 나온 언어이므로 영어에서는 아버지를 father라고 부릅니다.

또 원시 인도유럽어의 seks란 단어는 독일어의 sechs, 영어의 six, 라틴어의 sex, 산스크리트어의 sas, 그리스어의 hex가 되었습니다. 그리스인들은 s를 희한하게 발음했거든요.

이렇게 독일어의 P-F, 그리스어의 S-H처럼 발음이 변화하는 원칙이 몇 가지 있어서 여러 나라 단어의 공통 조상이 되는 단어를 추적해볼 수 있습니다. 그렇게 학자들은 원시 인도유럽어의 모습을 재구성하고 있습니다. 하지만 그 과정이 간단치는 않습니다.

'아버지'라든지 숫자처럼 불변의 개념에 대해서는 발음의 변화만 짚어 가면 되지만, 단어의 의미까지 변하는 경우가 많습니다. 가령 원시 인도유럽어의 neogw라는 단어를 볼까요. 그 뜻은 '옷을 입지 않은' 이었습니다.

게르만어에서 갈라져 나온 영어와 독일어 등에서는 neogw가 naked나 그와 비슷한 형태가 되었고, 라틴어에서 갈라져 나온 이탈리아어, 프랑스어, 스페인어 등에서는 neogw가 nude와 비슷한 형태가 되었습니다. 그런데 페르시아에서는 그 단어가 음식 이름이 되어버렸습니다.

고대 페르시아인들은 고기를 뜨거운 재 속에 넣어서 익혔습니다. 하지만 빵은 화덕에서 '아무것도 입히지 않고' 구웠습니다. 원시 인도유럽어에서 온 neogw를 아직 쓰고 있었으므로, 그렇게 구운 '빵'을 nan이라고 했습니다.

nan은 힌디어로 넘어가 naan이 되었습니다. 그러니 인도 음식점에 가면 나오는 부드러우면서 쫀득한 빵 naan난은 어원적으로 '벌거벗은' 음식이 됩니다.

빵 이름으로 말할 것 같으면 더 이상한 것들도 있습니다. 이탈리아 빵 ciabatta치아바타는 '슬리퍼'라는 뜻이고, 유대인들이 유월절에 먹는 빵 matzoh무교병는 '물이 쫙 빠진'이라는 뜻입니다. 독일인들이 즐기는 빵 pumpernickel품퍼니켈은 '방귀 요괴'라는 뜻입니다.

그렇다면 pumpernickel과 partridge자고새는 어떤 관계일까요?

Concealed Farts

사라진 방귀

영국 전기 작가 존 오브리의 《소전기집 Brief Lives》에는
17세기 어느 귀족의 슬픈 이야기가 나옵니다.

옥스퍼드 백작이 어느 날 엘리자베스 여왕에게
엎드려 절하는데 그만 방귀가 나오고 말았다.
그는 너무나 민망하고 부끄러운 나머지 해외여행을
떠나 7년간 돌아오지 않았다. 그가 마침내 귀국하자
여왕은 그를 맞아들이고는 이렇게 말했다.
"세상에, 그 방귀를 그동안 까맣게
잊고 있었네."

방귀fart는 빠르게 배출되고 서서히 잊히지만, 영어에서 방귀가 잊히는 데는 7년이 훨씬 넘는 긴 세월이 걸렸습니다. 단어의 의미에서 방귀 냄새는 서서히 사라져갑니다.

가령 '서서히 사라지다'를 뜻하는 peter out이라는 표현을 볼까요. 그 표현의 기원은 확실치 않지만, 가장 유력한 설은 '방귀'를 뜻하는 중세 프랑스어 peter에서 왔다는 것입니다. peter에서 영어의 petard가 나온 것은 분명합니다. 옛날에 성문, 성벽 따위를 폭파하는 데 쓰던 '폭약'이지요.

그래서 be hoist with one's own petard제 꾀에 제가 빠지다라는 표현의 기원이 된 햄릿의 말, "'Tis sport to have the engineer hoist with his own petard폭약수가 자기가 놓은 폭약에 자기가 날아가는 꼴은 볼만하지요"에서 petard는 '방귀'가 아닙니다. 물론 자기가 뀐 방귀의 추진력에 공중으로 날아가는 모습이라면 더 볼만했을 것 같긴 합니다만, 셰익스피어 시절에는 이미 petard에서 방귀 냄새가 걷히고 없었습니다.

fizzle out흐지부지되다이라는 표현도 같은 과정을 거쳤습니다. 원래는 '방귀 뀌다'라는 뜻이었지요. 어느 19세기 사전에서는 품격 있게 "an escape backwards", 즉 "후방으로의 누출"이라고 정의하기도 했습니다. fice성질 사나운 잡종개라는 단어도 비슷합니다. 역시 같은 사전에 실린 정의를 한번 볼까요.

> A small windy escape backwards, more obvious to the nose than ears; frequently by old ladies charged on their lap-dogs.
>
> 후방으로 공기를 살짝 누출하는 것으로, 소리보다는 냄새가 두드러지는 경우. 흔히 노부인들은 무릎에 앉힌 강아지 탓으로 돌리곤 한다.

　fice도 중세 영어에서 '방귀'를 뜻했던 fist에서 왔습니다. 16세기 후반 엘리자베스 시대에는 '냄새나는 개'를 fisting cur라고 했습니다. 그러다가 18세기에 들어서는 조그만 개를 다 feist라고 했습니다. 거기서 오늘날 많이 쓰는 단어 feisty괄괄한, 성깔 있는가 나왔습니다. 조그만 개는 무엇이든 보면 짖어대지요. 영화 소개에서 간혹 여자 주인공을 feisty heroine이라고 지칭할 때 그 feisty의 어원이 '방귀 뀌는 개'라는 것을 떠올려보면 재미있습니다.

　방귀는 사라져도 자취는 남습니다.

　partridge자고새는 고대 프랑스어 pertis에서 왔습니다. 그 기원은 라틴어 perdix, 그리스어 perdix, 그리고 '방귀 뀌다'를 뜻하는 그리스어 동사 perdesthai로 거슬러 올라갑니다. 자고새가 푸다닥 날개 치는 소리가 장내 가스를 시원하게 배출할 때 나는 소리와 비슷하다고 해서 그렇게 됐습니다.

장내 가스 배출을 일으키는 음식을 가리키는 데 쓸 만한 고상한 단어가 있습니다. carminative장내 가스를 배출하는입니다. 예전에는 방귀 뀌는 게 건강에 좋다고 믿었으므로 carminative medicine구풍제이라는 약도 있었습니다. 이런 동요도 있었지요.

66 Beans, beans, they're good for the heart

The more you eat, the more you fart;

The more you fart, the better you feel;

So let's have beans for every meal.

콩, 콩, 심장에 좋은 콩

많이 먹을수록 방귀가 많이 나오고

방귀가 많이 나올수록 건강에 좋아요.

우리 끼니마다 콩을 먹읍시다.

이런 믿음은 체액설에서 기인했습니다. 옛날에는 인간의 몸이 몇 가지 체액으로 차 있고 체액 사이의 균형이 흐트러지면 병이 생긴다고 믿었습니다. 방귀는 양털을 빗으로 빗어서 엉킨 곳을 풀어주는 것과 같다고 생각했지요. 그런 용도로 쓰는 빗 모양의 기구를 wool card소모기라고 하는데, 라틴어로는 carmen이라고 했습니다. 그런 작업을 carding소모이라고 하고, 다른 말로 heckling이라고도 합니다.

Wool

양털

오늘날 heckle은 '(연설·공연하는 사람에게) 질문 공세를 퍼붓다', 더 나아가 '야유하다'라는 뜻으로 주로 쓰입니다. 하지만 heckling은 한때 양털을 빗어 엉킨 부분을 풀어주는 과정을 뜻했습니다. 양이 평소 자기 털 관리를 알아서 하면 좋겠지만 그러지 않으니 양털로 옷을 만들려면 우선 잘 빗어주어야 합니다.

'빗으로 이 잡듯 샅샅이 훑는다'라는 이미지에서 '누군가의 연설을 꼬치꼬치 따진다'라는 뜻이 나왔다고 보면 쉽게 수긍이 갑니다. 하지만 두 개념 사이엔 더 직접적인 연결 고리가 있습니다.

스코틀랜드의 던디는 18세기에 매우 급속히 발전하는 도시였습니다. 모직 산업이 활황이었기에 양털을 가지런히 고르는 heckling을 직업적으로 하는 heckler들이 넘쳐났습니다.

이 heckler들은 대단히 급진적인 노동자들이었습니다. 오늘날로 치면 일종의 노동조합 같은 것을 결성하고 단체교섭을 벌여 급여와 수당을 올려 받았습니다. 물론 수당은 주로 술로 받았습니다.

그리고 이들은 상당히 정치적이었습니다. 아침마다 다 같이 모여서 heckling 작업을 하는 동안 한 명은 일어서서 그날 신문에 실린 뉴스를 동료들에게 큰 소리로 읽어 주곤 했습니다. 그래서 이들은 시사 문제에 두루 식견이 있었고 정치인이나 고관들이 와서 연설하면 마치 양털을 빗으로 훑듯이 철저히 따졌습니다. 그래서 heckle의 뜻이 확장되었습니다.

양털은 그 밖에도 영어 단어 곳곳에 도사리고 있습니다. 휴대전화로 주고받는 '문자 메시지'나 지금 독자 여러분이 읽고 있는 '책'이나 성서의 '짧은 구절'이나 일반적인 '글'을 다 text라고 하지요. 그 text는 사실 양털로 짠 것입니다. text와 textile직물의 관계를 궁금해한 적 있다면 그 이유를 눈치챘을지도 모르겠네요.

그 기원은 로마의 웅변가 퀸틸리아누스로 거슬러 올라갑니다. 퀸틸리아누스는 당대의 엄청난 달변가였습니다. 그래서 도미티아누스 황제는 후계자로 점찍은 조카 손자 두 명을 가르치는 가정교사로 그를 임명하기도 했습니다. 퀸틸리아누스가 황제의 두 조카 손자에게 무엇을 가르쳤는지는 모르지만, 얼마 후 황제는 그 둘을 유배 보내버립니다.

퀸틸리아누스는《웅변교육론Institutio Oratorico》이라는 총 12권에 달하는 방대한 교과서를 썼는데, 수사학의 모든 것을 망라한 책이었습니다. 거기에 우리의 관심을 끄는 문장이 두 줄 나옵니다. 퀸틸리아누스는 단어를 고른 다음에는 그것을 직물로 짜내어(in textu iungantur) 섬세하고 매끄러운 짜임새(textum tenue atque rasum)를 만들어내야 한다고 했습니다. 여기서 '직물' 또는 '짜임새'를 뜻하는 라틴어 textus가 text글, texture짜임새, textile직물의 기원이 되었습니다.

현대 영어에서도 이런 식의 비유는 낯설지 않습니다. '이야기를 짜낸다(weave a story)'라고 하고, 이야기를 재미있게 꾸민다는 뜻으로 '이야기를 수놓는다(embroider a story)'라고 하고 '이야기의 가닥(thread of a story)'이라고 하지요. 퀸틸리아누스가 썼던 비유가 계속 애용되는 셈입니다. 글은 그렇게 양털로 직물 짜듯 짜서, 양피지에 썼습니다.

중국에서는 약 2000년 전에 종이가 발명되었지만 서양에는 14세기나 되어서야 전해졌습니다. 아니, 그때도 종이라고 하면 동양에서 건너온 희한한 물건 정도로만 취급되었고, 영국에는 1588년이 되어서야 처음으로 제지소가 세워졌습니다.

종이가 나오기 전에는 책을 만드는 방법이 두 가지뿐이었습니다.

하나는 이집트에서 풍부하게 자라는 파피루스 풀을 쓰는 것이었습니다. 파피루스를 으깨면 종이와 꽤 비슷한 것이 나왔기 때문에 papyrus라는 단어에서 paper종이도 나왔습니다.

안타깝게도 옛날 영국에는 파피루스가 거의 없었으므로 양피지를 썼습니다. 물론 지금도 언제든 쓸 수 있습니다. 여기 그 방법을 소개합니다.

양을 한 마리 고릅니다.

양을 잡고, 가죽을 벗깁니다 (순서를 바꾸면 안 됨).

피를 물에 씻어내고 맥주에 이틀쯤 담가 털이 빠지게 합니다.

tenter라고 하는 나무틀에 넣어 말립니다. 이때 tenterhook이라는 갈고리를 여러 개 써서 가죽을 팽팽하게 펴 고정합니다.

이틀 정도 말리면 직사각형 비슷한 모양에 다리 부분이 네 군데 삐죽 튀어나온 슬픈 형태가 됩니다.

다리를 잘라서 버립니다.

직사각형 모양으로 다듬습니다.

반으로 접습니다.

네 면짜리 양피지가 됩니다(양면 인쇄 기준). 크기는 대략 요즘 대형 지도책 정도입니다. 이것을 '폴리오folio, 2절판'라고 합니다. 면 수를 더 늘리려면 양을 더 잡기만 하면 됩니다.

이것을 다시 반으로 접으면 여덟 면이 되고, 크기는 대략 요즘 백과사전 정도가 됩니다. 다만 상단이 붙어 있어서 그곳을 칼로 째야 책장을 넘길 수 있습니다. 이것을 '쿼토quarto, 4절판'라고 합니다.

다시 한번 접습니다.

처음 잡은 양의 덩치가 중세 때 평균 수준이었다면, 이제 양장본 소설책 정도의 크기가 됩니다. 이것을 '옥타보octavo, 8절판'라고 합니다.

다시 한번 접습니다.

문고판 페이퍼백이 됩니다.

15세기 영국에서 윌리엄 캑스턴은 처음 인쇄기를 제작하면서 종이가 아닌 양피지를 사용하도록 기계를 설계했습니다. 나중에 종이가 보급되었을 때도 사람들은 기존 인쇄기 크기에 맞게 종이를 만들어 썼습니다. 결국 여러분이 읽고 있는 '글text'은 양에서 나왔을 뿐 아니라, 글이 실린 책의 크기도 양의 크기와 밀접한 관련이 있습니다.

물론 전자책으로 이 글을 읽고 있는 독자도 있겠지만, 전자책 단말기도 종이책 크기와 비슷하게 만든 것이니 결국 양과의 관련성에서 벗어날 수 없습니다.

양털은 세상의 많은 언어 속에 숨어 있습니다. 이슬람교의 신비주의자를 Sufi수피라고 하는 이유는 아랍어로 양털을 뜻하는 suf로 만든 옷을 입었기 때문입니다. Burlesque벌레스크, 해학촌극는 '하찮은 짓, 허튼소리'를 뜻하는 라틴어 burra에서 왔고, 그 말은 원래 '양털 뭉치'를 뜻했습니다. 옛날엔 모직 천을 책상에 깔아 썼으므로 burra에서 bureau책상, 사무소가 나왔고, 이어서 bureaucracy관료제가 나왔습니다.

영어에서 wool울, 모섬유은 주로 양털을 가리키지만 양에서만 얻는 것은 아닙니다. 산양털인 cashmere캐시미어는 인도 서북부 지역 Kashmir카슈미르에서 유래했고, 토끼털인 angora앙고라털는 터키의 수도 Ankara앙카라에서 유래했습니다.

그런데 나라 이름 터키Turkey와 크리스마스에 먹는 칠면조turkey는 무슨 관련이 있을까요?

Turkey

칠면조

아메리카 대륙에 발을 들여놓은 탐험가들의 눈에 띈 새가 있었으니, 바로 목련 숲속에서 까르르륵 하고 우는 칠면조들이었습니다. 칠면조는 아메리카 대륙의 토착 동물이거든요. 아즈텍족들도 가축으로 키워 잡아먹었다고 합니다. 그런데 이 새의 이름이 어째서 소아시아에 있는 나라 이름과 똑같은 turkey가 되었을까요? 이해하기 쉬운 이야기는 아니지만 설명은 가능합니다.

동물 이름이 엉터리로 지어지는 일은 다반사입니다. 예를 들어 기니피그guinea pig는 이름과 달리 돼지도 아니고, 아프리카의 기니 Guinea에서 유래하지도 않았습니다. 원래 남아메리카의 가이아나 Guyana라는 나라에서 유래했는데, 발음을 좀 잘못하다 보니 원산지가 그만 대서양 건너편 나라로 바뀌고 말았습니다. '피그'가 된 이유는 도통 알 수가 없습니다.

'투구 쓴 기니 새'라는 뜻의 helmeted guinea fowl뿔닭도 똑같습니다. 이 새는 원래 마다가스카르 토착종이었고, 역시 기니가 원산지는 아닙니다. 특징이라면 대단히 못생겼는데, 대가리에 큰 혹 비슷한 게 달려 있습니다. 투구를 썼다는 이름도 여기서 유래했지요. 의외로 맛은 좋습니다.

이 뿔닭을 마다가스카르에서 유럽으로 들여왔는데, 그 일을 주로 한 사람들이 터키 상인들이었기에 새 이름이 자연스럽게 turkey가 되었습니다. 그런데 지금 우리가 크리스마스에 먹는 칠면조는 그 새가 아닙니다. 뿔닭은 학명이 *Numidia meleagris*로 닭목 뿔닭과에 속하고, 칠면조는 학명이 *Meleagris gallopavo*로 닭목 꿩과에 속합니다. 물론 칠면조도 뿔닭처럼 맛은 좋지요.

목련 숲에서 뛰노는 칠면조를 발견해 유럽으로 들여온 사람들은 중남미를 침략했던 스페인 정복자들이었습니다. 칠면조는 스페인에서 인기를 끌었고 뒤이어 북아프리카에서도 사랑을 받았습니다. 뿔닭과는 엄연히 다른 종이지만 생김새는 사실 뿔닭과 굉장히 비슷합니다.

사람들은 아리송했습니다. 칠면조는 뿔닭과 암만 봐도 비슷한 데다가 맛도 비슷했고, 어디 바다를 건너온 먹거리라는 것도 똑같았습니다. 그래서 같은 건가 보다 하고 아메리카에서 수입된 새도 turkey라고 불렀습니다. 애초에 터키산이라고 착각했던 새와 같은 새라고 이중으로 착각한 것이지요.

물론 터키에서는 그런 착각을 하지 않았습니다. 자기 동네에서 난 새가 아니라는 것쯤은 당연히 알았지요. 터키에서는 그 새가 인도산이라고 착각하여 hindi라고 불렀습니다. 프랑스에서도 똑같이 착각해 지금까지도 칠면조를 dindon이라고 부릅니다. 그 어원은 d'Inde, 즉 '인도에서 온'입니다. 이래저래 혼란스러운 새입니다만, 어쨌든 맛하나는 좋습니다.

아닌 게 아니라 어찌나 맛이 끝내줬는지, 칠면조가 영국에 처음 들어온 게 1520~1530년대였는데 1570년대에 이미 크리스마스 표준 메뉴로 정착했습니다. 그런데 talk turkey라는 표현으로 가면 또 아리송해집니다. 그게 어째서 '진지하게 까놓고 말하다'라는 뜻이 된 걸까요? 그 표현은 오래된 농담에서 기원했다고 합니다. 미리 말씀드리지만 재미는 별로 없습니다.

칠면조와 대머리수리가 등장하는 이야기인데요, 대머리수리 고기는 먹으려면 먹을 수야 있겠지만 식당에서 파는 걸 본 적이 없으니 맛이 어지간히 없을 것으로 짐작됩니다. 그래서 생겨난 이야기입니다.

66 옛날에 백인과 아메리카 원주민이 같이 사냥을 나갔습니다. 둘이서 칠면조 한 마리와 대머리수리 한 마리를 잡았습니다. 백인이 이렇게 말했습니다.

"네가 대머리수리 가지면 내가 칠면조 가질게. 아니면 내가 칠면조 가질테니 네가 대머리수리를 갖든지(You take the buzzard and I'll take the turkey, or, if you prefer, I can take the turkey and you can take the buzzard)."

그러자 아메리카 원주민이 이랬다고 합니다.

"You don't talk turkey at all너 나한테 칠면조 얘기는 안 하니?."

이 농담은 19세기 미국에서 얼마나 인기가 있었는지 의회에서도 누가 인용했다고 합니다. 다만 웃은 사람이 있었는지는 기록된 바 없

90

key

어 알 수 없습니다. 어쨌든 유명한 이야기였기에 여기서 또 두 개의 표현이 파생되었습니다.

1919년 무렵에는 talk turkey의 가운데에 cold가 들어가기 시작했습니다. talk cold turkey한다고 하면 더 강력하게 talk turkey한다는 뜻이 됐습니다. 즉, 쓸데없는 말 빼고 단칼에 요점으로 들어가는 겁니다.

그러다가 몇 년 후인 1921년경, 이제는 cold turkey가 '마약을 단칼에 딱 끊는 일'을 뜻하게 됐습니다.

그래서 go cold turkey라는 말은 크리스마스가 지나고 꾸역꾸역 처리해야 하는 '식은 칠면조'와는 관계가 없습니다. 여기서 cold turkey는 꼭 음식 같지만, 칼같이 핵심을 짚거나 칼같이 마약을 끊는 행위를 말하니까요.

그런데 give someone the cold shoulder누군가에게 쌀쌀맞게 대하다한다고 할 때 cold shoulder는 뭘까요? 그건 음식 맞습니다.

Insulting Foods

굴욕적인 음식

반가운 손님이 있는 반면 반갑지 않은 손님도 있습니다. 주인이 손님에게 어느 쪽이라고 말은 못 해도 언질은 줄 수 있습니다. 저녁상을 따끈하게 잘 차려주면 반갑다는 뜻이겠죠. 어제 먹다 남은 음식을 내주면 어떤 뜻일까요? 가령 양고기의 식은 어깻살cold shoulder을 내놓는다면요? 당연히 반가운 손님은 아니겠죠.

그런데 그것도 감지덕지할지 모릅니다. 더 심하게는 eat humble pie잘못을 달게 인정하다해야 할 수도 있어요. humble pie는 '변변찮은 파이'쯤 될 것 같지만 원래는 그런 뜻이 아니고, 사슴의 umble, 그러니까 내장으로 만든 파이였습니다. 1736년에 나온 네이선 베일리의《가정 사전Dictionarium Domesticum》에는 사슴 내장 파이 요리법이 실려 있습니다.

물론 사슴 고기에서 내장은 최하품이었습니다. 부자들은 사슴 사냥을 종일 힘들게 하고 집에 들어오면 맛있는 사슴 고기로 만찬을 즐기고, 하인들은 계단 밑에서 맛없는 umble pie, 즉 변변찮은 humble pie로 배를 채웠지요.

사슴 내장 파이 요리법

사슴 한 마리 내장을 매우 연해질 때까지
삶아서 식힌 다음, 파이 속에 넣을 만한
크기로 잘게 다진다. 여기에 같은 양의 쇠고기
지방, 큰 사과 여섯 개, 건포도 1/2파운드를
썰어 넣고, 같은 양의 설탕을 넣는다. 소금,
후추, 정향, 육두구로 기호에 맞게 양념한다.
모두 잘 섞은 다음 백포도주 1/2파인트,
오렌지 한 개와 레몬 두 개의 즙을 내서 넣고
파이 반죽에 올린다. 파이를 덮고 구워서
뜨겁게 낸다.

Folk Etymology
민간어원

이렇게 umble 앞에 h가 붙은 것은 이른바 '민간어원'의 영향입니다. umble이 뭔지 모르는 사람이 umble pie라는 말을 보고 이게 대체 뭔가 하다가 상당히 '변변찮은' 음식이란 걸 알고 아, 누가 h를 빼먹었구나 하고 넣어준 겁니다. 그래서 umble pie가 humble pie가 되었는데, 이런 게 바로 민간어원입니다.

단어 끝에 '-ling'을 붙이면 작거나 어린 무언가를 뜻하게 되지요. duckling은 아기 오리duck이고, gosling은 아기 거위goose, darling은 '자기dear'를 귀엽게 부르는 말이니까요. 같은 원리로, 상전 옆(side)에서 시중드는 아이를 옛날에는 sideling이라고 불렀습니다.

그런데 그 sideling의 어원이 점차 잊히면서, 17세기 사람들은 그게 eating, sleeping처럼 동사에 '-ing'가 붙은 꼴이라고 생각했습니다. 하지만 문제가 있었습니다. 그런 동사는 없었던 겁니다. 그래서 만들었습니다. sideling은 'sidle하는 사람'이 되고, sidle은 '옆걸음질 치다'라는 동사가 되었습니다. 오늘날은 옛날처럼 '시중드는 아이'가 없으니 sideling이라는 명사는 사라지고, sidle이라는 동사만 남았습니다. 이렇게 민간어원으로 인해 단어가 backformation역형성된 덕분에 우리는 sidle away슬그머니 자리를 뜨다 하고, sidle up to someone누군가에게

슬그머니 다가가다 할 수 있게 되었습니다.

　단어의 철자가 좀 이상하거나 낯설다 싶으면 말을 적당히 바꿔버리기도 합니다. 예를 들어 겨울잠을 오래 자기로 유명한 겨울잠쥐라는 설치류가 있습니다. 예전 프랑스에서는 그 녀석을 '잠자는 여자'라는 뜻의 dormeuse라고 불렀습니다. dormeur의 여성형이지요. 그런데 영어에서는 엉뚱하게도 dormouse라고 합니다. 녀석은 엄밀히 말해 쥐mouse도 아니고, 문door을 특별히 좋아한 적도 없는데 말이죠. 이유는 물론 영어에 들쥐field mouse, 시골쥐country mouse 같은 말이 있으니 어떤 영국 사람이 dormeuse라는 단어를 보고는 '누가 철자를 이 모양으로 썼어?' 하고 맞게 고쳐놓은 것이지요.

　요정fairy도 민간어원의 굴욕을 피하지 못했습니다. 옛날에는 사람들이 요정을 정말로 믿었습니다. 그 시절 요정은 정원이 아니라 숲속에 살면서 온갖 기이한 장난을 쳤습니다. 한밤중에 젖소의 젖을 짜기도 하고, 꽃 속이나

나무 밑에 숨기도 했습니다. 그 밖에도 지금 우리가 하면 경찰에 잡혀가는 일들을 태연하게 하고 다녔지요. 이런 요정들을 그냥 '사람들'이라는 뜻으로 Folks라고 불렀습니다. 요정들은 추워지면 장갑을 끼곤 했는데, 이 '요정 장갑'처럼 생긴 꽃을 folks' glove라고 불렀습니다.

그런데 요정들이 다 죽었는지 아니면 감쪽같이 숨어버렸는지 언젠가부터 사라져버렸고, 요정을 가리키는 Folks라는 말도 안 쓰게 되었습니다. 그렇게 folks' glove라는 꽃 이름은 점점 이상한 이름이 되었습니다. 그러다가 어떤 천재가 "folks' glove가 아니라 fox-glove겠지! 여우 발이 얼마나 작고 깜찍한데!"라고 생각한 뒤부터 그렇게 굳어버렸습니다. 그래서 foxglove디기탈리스라는 꽃은 그때부터 죽 foxglove로 불렸고, 앞으로 천재가 더 나타나지 않는 한 계속 foxglove로 불릴 것 같습니다.

역시 비슷한 과정을 거쳐 crevis라는 옛 단어는 crayfish가재가 되었습니다. 가재가 족보에 없는 fish물고기가 되어버린 이유입니다. 스페인어의 cucaracha는 cockroach바퀴벌레가 되었고, 인도어의 mangus는 무려 mongoose몽구스, 즉 goose거위가 됐습니다! 털이 북슬북슬하고 뱀을 잡아먹는 포유류인데 말이죠.

그런데 이런 민간어원의 예외가 butterfly나비입니다. butterfly는 진짜로 butter버터와 관계가 있습니다. 다만 정확히 무슨 관계인지는 잘 모릅니다. 우유통과 버터 젓는 통 주변을 날아다녀서 그렇게 됐는지도 모릅니다. 아니면 노란색 나비가 많다 보니 붙은 이름인지도 모릅니다. 여기까진 괜찮은데, 좀 유쾌하지 않은 설이 하나 있습니다. 나비도 응가를 하는데요, 그 똥 색깔이 노르스름한 게 꼭 버터 색입니다.

물론 이렇게 물을 수도 있습니다. 도대체 어떤 할 일 없는 사람이 나비 꽁무니를 쫓아다니면서 똥을 관찰하고 똥 색깔로 이름을 지었냐고요. 그게 말이죠, 네덜란드 사람들 소행인 것 같습니다. 나비를 뜻하는 옛날 네덜란드 말로 봐서 그렇습니다. boterschijte라고 했는데, butter+shitter, 즉 '버터 똥싸개'라는 뜻입니다.

뭐, poppycock허튼소리이라고 말한다면 할 수 없지만, poppycock도 네덜란드어의 pappe-cack에서 왔는데 '부드러운 똥'을 뜻한다는 건 알아둬야겠죠. ……

다음 이야기로 넘어가기 전에, 나비와 pasta파스타의 관계, 그리고 나비와 psychiatry정신의학의 관계를 알아볼까요? 혹시 짐작이 가나요?

Butterflies of the World

세계의 나비

왠지는 몰라도, 세상의 많은 언어가 나비를 가리키는 이름에는 다른 동식물보다 유난히 신경을 더 씁니다. 노르웨이어에서 말레이어에 이르기까지 그 이름들이 다 범상치 않습니다.

말레이어에서는 단어를 복수로 만드는 방법이 영어와 다릅니다. 영어에서는 단어 끝에 s만 붙이면 되지만, 말레이어에서는 명사를 반복해 복수를 만듭니다. 가령 '의자'의 복수는 '의자 의자'라는 식입니다. 말이 되지요. 단어가 둘 이상이면 사물도 둘 이상이라는 거니까요.

완벽한 방법이지만 문제가 될 때가 있습니다. 원래의 단수 명사가 이미 중첩된 단어일 때인데, 나비가 바로 그런 경우입니다. 말레이어로 butterfly는 rama-rama이므로 복수형인 butterflies는 rama-rama rama-rama가 됩니다. 문제는 여기서 그치지 않습니다. 말레이어는

동사를 반복하여 그 뜻을 강조합니다. 가령 really like는 like like처럼 표현하므로 suka suka가 됩니다. 영어에서도 "I've got to, got to see that film나 그 영화 꼭, 꼭 볼 거야."처럼 말할 때가 있죠. 어쨌든 그래서 말레이어로 I love butterflies는 이렇게 됩니다.

Saya suka suka rama-rama rama-rama

이탈리아에서는 나비를 farfalla(복수형 farfalle)라고 하고, 마트에 가면 볼 수 있는 나비 모양으로 생긴 파스타도 farfalle파르팔레라고 하므로 영어에서도 그렇게 부르게 되었습니다. 하지만 이탈리아 밖에서는 그 파스타가 '나비 파스타'라는 걸 잘 모릅니다. 미국에서는 숫제 어원을 무시하고 그 파스타를 bow-ties나비넥타이라고 부릅니다. 뭐 사실 나비가 bow-tie와 닮긴 했지요. 유사시에는 bow-tie 대용으로 써도 큰 문제없을 정도입니다.

그 점을 러시아인들도 귀신같이 눈치채고는 bow-tie를 그냥 '나비'라고 부릅니다. 그런데 러시아어에서 나비를 뜻하는 단어는 '소녀'를 뜻하기도 합니다. bow-tie와 나비와 소녀가 다 babochka('바보치카')가 되어버린 것이지요.

노르웨이는 겨울 날씨가 워낙 을씨년스러워서 겨울에는 나비가 전혀 없습니다. 그래서 조금 덜 을씨년스러운 여름에 나비가 번데기를 벗고 나오면 '여름 새'라는 뜻의 sommerfugl('솜메르푸글')이라는 이름으로 부릅니다.

프랑스에서는 되게 따분하게 라틴어 papilio를 그대로 받아들여서 나비를 papillon('파피용')이라고 했습니다. 그러고 나서 갑자기 재미있는 발상을 했습니다. 마상馬上 시합 같은 것을 할 때 왕이 안에 앉아서 구경하는 큰 천막이 꼭 나비 날개처럼 생겼다는 것입니다. 그래서 그런 천막을 papillon이라고 했고, 이것이 영어에서 pavilion파빌리온이 되었습니다. pavilion은 야외 행사에서 사용하는 큰 천막, 박람회의 전시관, 크리켓 경기장에서 선수들이 대기하는 건물을 모두 의미하게 되었으니, 그것들이 다 어원상으로 보면 '나비'인 셈입니다.

왜 이렇게 나비 이름을 다 길고 멋지게 지었을까요? 미천한 fly파리는 날아다니니까 그냥 fly라고 짓고서는 말이죠. beetle딱정벌레은 '무는 놈'이란 뜻이고, bee벌는 '떠는 놈'이란 뜻입니다. louse이는 이름부터 참 lousy허접한고요. butterfly만은 왠지 특별 대우하는 느낌입니다.

서로 연관이 없는 여러 문화권에서 저마다 나비를 인간의 영혼으로 생각하는 경우가 많은데, 그 때문인지도 모르겠습니다. 인간의 넋이 이 세상의 고난을 벗고 아름다운 내세에 다시 태어나 행복하게 팔랑팔랑 날아다니는 존재가 바로 나비라는 믿음이 있었던 겁니다.

뉴질랜드의 마오리족도 그리 생각했고, 아즈텍족도 그리 생각했습니다. 아즈텍 신화에 나오는 이츠파팔로틀은 '흑요석 나비'의 형체를 한 여신이었습니다. 돌에 갇힌 그 영혼은, 역시 발음하기가 만만치 않은 테스카틀리포카라는 신의 힘으로만 자유를 찾을 수 있다고 했습니다.

고대 그리스인도 그리 믿은 흔적이 있습니다. 나비를 뜻하는 그리스어는 psyche였는데, Psyche프시케는 '영혼의 여신'이기도 했습니다. 그리고 Psyche는 영혼을 연구하는 psychoanalysis정신분석의 어원이 되었습니다.

Psychoanalysis and
the Release of the Butterfly

나비 놓아주기와 정신분석

뭔가를 새롭게 만들면 좋은 점 하나는 이름을 지을 수 있다는 겁니다. 애를 낳으면 먹이고 씻기고 키우느라 고생은 하지만, 한 인간에게 평생 달고 다닐 이름을 지어줄 수 있으니 그거 하나는 꽤 재미있습니다.

지그문트 프로이트도 빈의 서재에 앉아 뭔가의 이름을 골똘히 고민했습니다. 그러다가 문득 영혼의 여신이자 신비로운 나비, 프시케(Psyche)를 떠올렸습니다. 그리고 결정했습니다. 그래, 이건 '영혼을 분석'하는 일이니 psychoanalysis라고 하자. analysis는 그리스어로 '풀어주기, 놓아주기'라는 뜻이었습니다. 그러니 그가 창안한 신종 기법은 문자 그대로 보면 '나비 놓아주기'가 됩니다. 이름 한번 잘 지었지요! 프로이트는 만족감에 너무 도취했는지 그러고 나서는 게으름을 피운 것 같습니다. 그 밖의 psychology심리학 용어 태반은 융이 만들었거든요.

카를 융은 프로이트의 제자였습니다. 그런데 어느 날 섹스와 관계가 없는 꿈을 꾸었습니다. 너무 부끄러워서 이걸 스승님에게 말해야 하나 고민하다가 결국 털어놓았습니다. 정신분석가에게 순수한 꿈을 꿨다고 고백하는 건 할머니에게 야한 꿈을 꿨다고 고백하는 것과 비숫합니다. 프로이트는 노발대발했습니다. 아니 어떤 미친놈이 야하지 않은 꿈을 다 꾸느냐고 했습니다. 말도 안 되는 얘기였습니다. 프로이트는 융이 머리가 돈 게 틀림없다, 야한 꿈을 꾸고도 내숭을 떨고 있다고 여겼습니다.

융은 맹세코 섹스와 관계없는 꿈이었다, 자기 꿈은 할아버지 할머니가 지하실에 갇혀 있는 꿈이었다고 주장했습니다. 그러고는 프로이트의 범성욕주의를 거부하고 뛰쳐나가서 융 학파를 창설했습니다.

융은 자기 나름의 정신분석 이론을 제창했고, 이제 이런저런 이름을 마음대로 지을 수 있게 되었습니다. 그래서 프로이트도 생각하지 못한 complex콤플렉스라는 말을 만들고, introvert내향적인와 extrovert외향적인라는 말도 만들었습니다. 그러더니 점점 이름 짓기에 도가 튼 나머지 synchronicity공시성와 ambivalence양가감정 같은 긴말도 만들었습니다. 거기까지 하고 나자 융은 성공에 만족하며 쉬면서 지하에 계신 할아버지 할머니 생각에 젖었습니다.

그러나 심리학 용어 만들기의 끝판왕은 프로이트도 아니고 융도 아니었으니, 프로이트나 융 못지않게 중요한 업적을 남겼음에도 오늘날 잘 알려지지 않은 그의 이름은 리하르트 폰 크라프트에빙이었습니다.

크라프트에빙은 프로이트보다 16년, 융보다 35년 먼저 태어난 사람이었습니다. 그의 업적은 한마디로, 성적 행동이 범상치 않은 사람들의 사례를 의사로서 처음 기록한 것이었습니다.

그렇게 해서 1886년에 나온 책이 《성적 정신병질Psychopathia Sexualis》입니다. 그런데 내용이 워낙 망측했기에 대중이 음란한 호기심에 접근하는 것을 막으려고 상당 부분을 라틴어로 썼습니다. 라틴어를 읽을 만큼 똑똑한 사람이라면 적어도 변태는 아닐 거라는 생각에서였지요(로마 황제 중에 변태가 많았던 건 어떻게 설명해야 할지…).

그리고 워낙 선구적인 연구를 하다 보니 용어를 일일이 새로 만들어야 했습니다. 성적 일탈을 꾸짖어온 인류 역사는 유구하지만, 그걸 착실히 분류할 생각은 아무도 못 했거든요. 그래서 라틴어로 된 《성적 정신병질》이 영어로 번역되면서 영어에 새로운 말이 많이 도입되었습니다. homosexual동성애자, heterosexual이성애자, necrophilia시체성애증, frotteur마찰도착증, anilingus항문 애무, exhibitionism노출증, sadism성적 가학증, masochism성적 피학증 모두 이때 처음 들어왔습니다.

사실 sadism은 프랑스에서 꽤 오래전부터 쓰였던 말입니다. '사드 후작(Marquis de Sade)'으로 불리던 도나시앵 알퐁스 프랑수아라는 프랑스 작가가 있었는데, 사람들이 침대에서 괴상망측한 짓을 서로 즐기는 내용의 해괴한 소설을 써서 유명해졌습니다. 《소돔의 120일The One Hundred and Twenty Days of Sodom》처럼 시선을 끄는 제목만 봐도 어느 정도 짐작이 갑니다. 하지만 사드의 소설이 얼마나

적나라했는지를 더 잘 보여주는 일화가 있습니다. 1930년대에
사드를 연구하던 제프리 고러라는 학자가 대영박물관에 가서
그곳에 소장된 사드의 작품을 읽으려고 했습니다. 그런데 박물관
관계자가 하는 말이, 사드의 책은 규정상 캔터베리 대주교와 두 명의
관리자가 입회한 자리에서만 읽을 수 있다는 것입니다.

이렇게 명성이 자자한 사드였으니, 그가 가장 즐겼던 행위를
프랑스어로 sadism이라고 부르게 되었습니다. 하지만 리하르트
폰 크라프트에빙은 sadism의 반대말도 필요했습니다. 그래서
생각해낸 말이 masochism입니다.

masochism이라는 말의 기원이 된 레오폴트 폰 자허마조흐Leopold
von Sacher-Masoch라는 인물에 대해 아는 사람은 그리 많지 않습니다.
그럴 만도 하지요. 사드 후작이 《소돔의 120일》 양장본을 들고 활개
치고 다니며 명성의 여신 엉덩이를 철썩철썩 때릴 때, 자허마조흐는
꾀죄죄한 지하실에서 변태 복장을 한 채 《모피를 입은
비너스Venus in Furs》를 놓고 낑낑거리고 있었으니 기억하는
사람이 없을 수밖에요.

1870년에 나온 소설 《모피를 입은 비너스》는
자허마조흐의 역작입니다. 주인공인 제페린이라는 남자는
어느 여성과 계약을 맺습니다. 자신이 노예가 되어 그녀를
주인으로 섬긴다는 내용이었습니다.

주인은 노예가 아무리 사소한 실수나 잘못을 저질렀다 해도 뜻에 따
라 어떠한 처벌이든 내릴 권한이 있을 뿐 아니라, 기분 내키는 대로,
또는 소일거리 삼아서 그에게 신체적 고통을 가할 권리를 갖는다.

네, 맞습니다. 독서 토론 모임에서 읽기에도 좋고 세례 선물로도 안성맞춤인 책이지요. 이런 걸작인데도 오늘날은 록밴드 벨벳 언더그라운드의 노래 제목으로 더 잘 알려져 있습니다. 가사에 제페린이란 이름이 나오는 것 말고는 원작 소설과 별로 관계가 없는 노래지만요.

《모피를 입은 비너스》는 자허마조흐 자신의 삶을 상당 부분 기초로 한 소설입니다. 그는 파니 피스토어라는 여성을 만나 실제로 위와 비슷한 계약을 맺고 피렌체로 함께 여행을 떠났는데, 그녀의 하인 역할을 하며 다녔다고 합니다. 그녀가 얼마나, 어떻게 그를 기분 내키는 대로 다루었는지에 대해서는 기록을 찾을 수 없는데, 우리가 군이 알아야 할 필요도 없을 것 같습니다.

1883년에 크라프트에빙은 자기가 새로 분류한 성도착증의 이름을 어떻게 지을까 고민하다가 자허마조흐의 소설을 떠올렸습니다. 《성적 정신병질》에는 이런 대목이 나옵니다.

내가 이러한 성적 이상을 '마조히즘'이라 부르는 것은 그럴 만한 충분한 근거가 있다고 생각한다. 작가 자허마조흐가 그전까지는 학계에 거의 알려지지 않았던 이 도착증을 빈번히 작품 소재로 삼았기 때문이다. (…) 그는 재능이 뛰어난 작가이므로, 만약 정상적인 성적 감정을 원동력으로 삼았다면 실로 위대한 업적을 이룰 수 있었을 것이다.

안타깝게도, 크라프트에빙이 자허마조흐의 이름을 무단으로 사용해 심리적 질환의 이름으로 삼은 것은 자허마조흐가 아직 살아 있을 때였습니다. 자허마조흐는 이에 심기가 불편했던 듯합니다. 하지만 그 굴욕감을 혹시 속으로 즐겼던 것은 아닐는지…

The Villains of the Language

영어 속의 악당

역사는 승자에 의해 쓰입니다. 엘리자베스 시대 시인 존 해링턴 경이 쓴 시에는 이런 구절이 있습니다.

> **❝** Treason doth never prosper: what's the reason?
>
> Why, if it prosper, none dare call it Treason.
>
> 반역은 결코 성공하지 못할지니 그 이유가 무엇인가?
>
> 성공하면 아무도 감히 반역이라 부르지 못함이라.

그래도 역사는 언어에 비하면 많이 공정한 편입니다. 언어는 사람 이름을 여기저기 아무 데나 갖다 붙이거든요. 하지만 언어도 공정할 때가 있긴 있습니다. quisling매국노, 부역자이라는 단어가 그런 예입니다.

Vidkun Quisling비드쿤 크비슬링은 노르웨이의 수학 신동이었고 자신의 종교를 창설하기까지 했습니다. 그리고 제2차 세계대전 중에 나라를 나치의 손에 넘기고 자기는 괴뢰 정권의 총리가 되려고 했습니다. 그의 계획은 결국 성공했고, 그가 총리로 임명되고 두어 달 후《타임스The Times》는 이런 기사를 실었습니다.

66 크비슬링 소령 덕분에 영어는 새 단어를 얻었다. 글 쓰는 이들에게 Quisling이라는 단어는 하늘에서 떨어진 선물이 아닐 수 없다. 설령 반역자를 뜻하는 단어를 새로 만들라고 위에서 누가 시켰다 해도 (…) 이보다 더 훌륭한 문자 조합을 생각해내기는 어려웠을 것이다. 청각적으로는 뭔가 교활하면서slippery 배배 꼬인tortuous 느낌이 동시에 든다. 시각적으로는 Q로 시작한다는 엄청난 장점이 있다. Q라는 글자는 영국인의 인식 속에 오랜 세월 동안 (존엄한 예외 하나를 제외하고) 뭔가 비뚤어지고 미심쩍고 떳떳지 못한 느낌으로 각인되지 않았는가. 뭔가 questionable수상쩍은하고 querulous불만에 찬한 느낌, quaking요동하는 quagmire진흙수렁나 quivering흔들리는 quicksand모래수렁처럼 quavering부들거리는한 느낌 또는 quibble투덜댐과 quarrel말다툼, queasiness메스꺼움와 quackery사기꾼 같은 짓, qualms께름칙함와 quilp('퀼프')(찰스 디킨스의《오래된 골동품 상점The Old Curiosity Shop》에 나오는 저열한 악인의 이름입니다)를 연상시키는 글자이니 말이다.

자업자득이지요. 그러나 언어가 항상 정의의 편인 것은 아닙니다. 그 밖에 또 영어 속에 이름을 남긴 세 사람, Guillotine, Derrick, Jack Robinson을 살펴볼까요. 그중 가장 흉악한 사람은 누구였을까요?

Two Executioners and a Doctor
사형집행인 둘, 의사 하나

옛날엔 무슨 죄를 짓든 대개 교수형에 처해졌습니다. 엘리자베스 시대의 위대한 시인 벤 존슨도 살인 혐의로 사형 선고를 받았습니다. 그러나 자기가 글을 읽을 수 있다는 것을 증명하고 당시 법에 따라 교회재판소에서 재판을 받은 덕분에 감형을 받을 수 있었습니다. 그는 사형을 면했고, 대신 엄지손가락에 'T'자 낙인이 찍히고 단단히 경고를 받은 후 풀려났습니다.

그 T자는 교수형이 주로 집행되었던 Tyburn티번이라는 마을의 머리글자였습니다. 그리고 그곳의 교수형 집행인은 Thomas Derrick토머스 데릭이라는 사람이었습니다.

Derrick은 흉악한 자였습니다. 당시 사형집행인을 하겠다는 사람은 찾기가 어려웠습니다. 그래서 에섹스 백작이 한 강간범을 사면해주는 대신 그 일을 시켰는데, 그가 바로 Derrick이었습니다.

Derrick은 일이 적성에 잘 맞았는지 일을 잘했습니다. 교수형 기술에 혁신을 도입하기까지 했습니다. 밧

...Jack

줄을 가로대에 걸쳐서 당기는 단순한 방법 대신, 도르래와 밧줄로 이루어진 복잡한 장치를 발명했습니다. 1601년에는 에섹스 백작마저 처형했습니다. 다만 그는 귀족이었으므로 교수형이 아닌 참수형으로 죽는 영예가 주어졌다고 합니다.

뭔가 교훈이 있는 듯 없는 듯 아리송합니다. Derrick은 이름을 후세에 남기고 에섹스 백작은 그러지 못한 것도 묘합니다. Derrick이 발명한 장치는 부두에서 배에 짐을 실을 때 사용되었고, 그래서 오늘날도 비슷한 형태의 기중기를 derrick이라 부르고 있습니다. 강간범이자 사형집행인의 이름이 붙은 것이지요. 이런 씁쓸한 경우가 또 있습니다. 바로 Jack Robinson잭 로빈슨입니다.

before you can say Jack Robinson이 도대체 왜 '눈 깜짝할 사이에'란 뜻이 되었는지에 대해서는 설이 세 가지 정도 있습니다. 첫 번째 설은, 옛날에 프랑스에서 '우산'을 Robinson이라고 불렀다는 겁니다. 소설《로빈슨 크루소Robinson Crusoe》에서 주인공이 우산 말고는 가진게 거의 없었다는 데서 유래했다고 합니다. 그리고 프랑스에서 하인을 보통 Jacques('자크')라고 불렀다고 합니다. 그래서 프랑스 부자들

112

Robins

이 영국에 와서 갑자기 소나기를 만나면 "Jacques, robinson!"이라고 외쳤다나요. 그런데 이 설은 근거가 전혀 없습니다.

두 번째 설은 19세기 런던에 어떤 괴짜가 살았는데, 파티에 왔다가 아무 말도 없이 쓱 빠져나가곤 했답니다. 미처 이름을 부를 새도 없이 사라지곤 했는데, 그 사람 이름이 Jack Robinson이었다고요. 하지만 이 신비로운 Jack Robinson이란 인물이 존재했다는 당대의 증거는 없습니다. 그래서 이 설도 첫 번째 설처럼 곧이곧대로 듣기는 어렵습니다.

세 번째 설이 가장 그럴듯한데, 1660년부터 1679년까지 런던탑의 관리소장이었던 실존 인물 Jack Robinson에서 유래한 표현이라는 겁니다. 런던탑은 당시 감옥으로 쓰이면서 처형이 집행된 곳이었고, Jack Robinson은 처형 집행관 임무를 맡고 있었는데 엄숙함 따위는 신경 쓰지 않는 능률 지상주의자였습니다. 죄수를 끌고 나와 집행대에 엎드리게 하고, 마지막 말을 남기거나 울고불고할 시간도 없이 신속하게 형을 집행했습니다. 워낙 순식간이라 사형수는 집행관에게 뭐라 사정할 시간도 없었습니다. 그야말로 'Jack Robinson이라는 이름을 부를 새도 없이(before he could say Jack Robinson)' 참수당한 것이 지요.

다시 말해 영어에서 '기중기'와 '눈 깜짝할 시간'은 둘 다 잔인무도한 사형집행인의 이름에서 유래했습니다. 그런데 그 반대도 있습니다. 단두대, 즉 guillotine기요틴은 착한 사람의 이름입니다.

Joseph-Ignace Guillotin조세프 이냐스 기요탱이라는 프랑스 의사는 guillotine 발명과는 전혀 관련이 없었습니다. 그는 오히려 사형제도에 반대한 사람이었습니다. 최초의 guillotine을 설계한 사람은 누군지 확실치 않지만, 그 제작자는 토비아스 슈미트라는 독일의 하프시코드(피아노 전신) 제작자였습니다.

그 기구의 이름이 guillotine이 된 것은 Guillotin의 배려 때문이었습니다. 혁명 전 프랑스에서는 가난한 평민은 교수형에 처해졌지만, 귀족은 참수형에 처해질 권리가 있었습니다. 당시는 참수형이 교수형보다 덜 고통스럽다는 게 상식이었습니다(그걸 어떻게 알았는지는 모르겠지만). 그래서 프랑스 민중들이 혁명을 일으키고 나서 내건 요구 중 하나는 참수당할 권리였습니다.

Guillotin은 사형 집행 방식을 개선하기 위한 위원회에 참가하고 있었습니다. 그는 교수형은 너무 잔혹하고, 도끼로 목을 치는 것은 비능률적이라고 생각했습니다. 마침 독일에서 새로 개발된 장치가 그나마 고통이 적고 인도적인 수단이라고 주장했습니다. 사형을 굳이 꼭 집행해야 한다면 그 장치로 하는 것이 최선이라고 했습니다.

그런데 그 후 1789년 12월 1일에 있었던 토론에서, Guillotin은 어리석은 발언을 하고 맙니다.

파리 시민들은 이 발언을 엄청 재미있어 했습니다. 거기에 대한 우스개 노래까지 만들어 불렀습니다. 그러다 보니 Guillotin(영어 발음으로는 '길러틴')이 그 유명한 사형 집행 기구의 이름이 되어버린 것이지요. 정작 잔혹한 냉혈한이었던 토머스 데릭과 잭 로빈슨은 영예롭지는 않아도 나쁠 것 없는 단어로 이름을 남겼습니다. 그러나 가엾은 Guillotin 가문은 수치스러운 나머지 성姓을 바꾸고 말았습니다. 세상 참 불공평하지요.

이렇게 사람 이름이 붙은 발명품의 경우 사람이 먼저인지, 발명품이 먼저인지 애매할 때가 있습니다. crapper변기를 발명한 Thomas Crapper토머스 크래퍼가 바로 그런 예입니다.

Thomas Crapper

시의적절한 이름의 사나이

crap똥이란 말이 수세식 변기를 발명한 Thomas Crapper의 이름에서 유래했다는 속설이 있습니다. 그런가 하면 crap은 Thomas Crapper의 이름에서 유래하지 않았다는 속설도 있습니다. 어느 설이 맞을까요? 영국이냐 미국이냐에 따라 다릅니다. 어떻게 그럴 수가 있냐고요? 그러게요. crap이란 것이 원래 좀 깔끔하지가 않습니다. 그래도 제가 독자 여러분을 위해 용감히 파보겠습니다.

일단 오해 하나부터 바로잡고 가야겠습니다. Thomas Crapper (1836~1910)는 수세식 변기를 발명한 사람이 아닙니다. 수세식 변기를 최초로 발명한 사람은 엘리자베스 시대의 시인 존 해링턴 경이었습니다(몇 페이지 앞에서 인용한 '반역'에 대한 시구를 쓴 사람입니다).

해링턴 경은 직접 발명한 수세식 변기를 자신의 저택에 설치해놓았는데, 엘리자베스 여왕까지 와서 친히 사용했다고 합니다. 해링턴 경은 어찌나 뿌듯했던지 그것에 관한 책까지 써냈는데, 제목이 《구린 주제에 관한 새로운 담론: 변소의 변신 A New Discourse Upon a Stale Subject: The Metamorphosis of Ajax》이었습니다. Ajax('에이잭스')란 당시 'a jakes'를 익살스럽게 이르는 말이었습니다. jakes는 '변소, 변기'를 뜻하는 속어였고요. 그 시절 영국 사람들의 배변 문화를 음미해볼 수 있는 책입니다.

미국에서는 '화장실에 간다'고 할 때 go to the john이라는 말을 잘 쓰는데, 이 말이 바로 존 해링턴의 이름에서 유래했다고 하는 사람도 있지만, 그건 아닌 듯합니다. john을 화장실의 의미로 쓴 기록은 해링턴 사후 100년도 더 되어서야 처음 등장합니다. 그렇지만 앞에 말한 jakes가 변형되어 john이 되었을 가능성은 있습니다. 그것도 아니면, 영국에서나 미국에서나 냄새가 고약한 곳에는 남자아이 이름을 붙이는 게 제격이라고 생각했는지도 모르지요.

해링턴의 발명품은 인기를 끌지 못했습니다. 상수도와 하수도가 없던 시절에 수세식 변기란 대중에 보급될 만한 물건이 아니었습니다. 전기가 안 들어오면 전등이 무슨 소용이고, 하얀 눈이 없으면 스키가 무슨 소용이겠습니까.

상수도와 하수도는 19세기 중엽에야 영국에 도입되었고, 1852년 에드워드 제닝스가 오늘날 우리가 알고 있는 수세식 변기 비슷한 장치에 대한 특허를 얻었습니다.

그럼 Thomas Crapper는 도대체 누구일까요? 그는 1836년 요크 셔에서 태어났습니다. 제닝스가 특허를 획득한 이듬해인 1853년, Crapper는 런던에 상경해 배관공이 되려고 도제 교육을 받기 시작했습니다. 그런데 일을 엄청나게 잘했습니다. 그리고 1850년대는 변기 산업의 황금기였습니다. 하수도 설비가 보급되면서 누구나 부끄럽고 구린 배출물을 물로 씻어내릴 수 있게 되었고, 변기는 불티나게 팔렸습니다.

Crapper는 Thomas Crapper&Co.라는 회사를 차리고 자체 제품

을 개발했습니다. 부자(뜨개) 장치를 발명해 물이 자동으로 알맞게 채워지게 했고, 물을 내린 후 오수가 역류하지 않게 막아주는 장치를 추가로 달았습니다. 그야말로 배관 기술의 정점이라 할 만한 탁월한 변기였습니다.

Crapper의 수세식 변기는 왕세자인 웨일스 공의 저택에도, 웨스트민스터 사원에도 채택되었습니다. 웨스트민스터 사원에 가보면 지금도 맨홀 뚜껑에 Crapper라는 이름이 새겨진 것을 볼 수 있습니다. Crapper라는 상표명은 영국 곳곳에서 볼 수 있게 되었습니다. 하지만 crap의 역사는 그보다 훨씬 깁니다.

어느 사전을 봐도 crap이란 단어는 1840년대에 처음 등장했다고 하는데, 사실 그보다 훨씬 앞선 1801년에 J. 처칠이라는 사람이 쓴 시에 등장합니다. 시의 내용은 실화를 바탕으로 했다고 합니다. 생리현상이 급했던 한 육군 중위에 관한 이야기입니다. 부리나케 옥외 변소로 달려갔지만 이미 소령이 그곳을 차지하고 있었기에 중위는 기다려야 했습니다. 도저히 못 참을 지경인데 그때 대위가 나타나서 새치기하려 했습니다. 중위의 고통은 절정에 달합니다. 그 대목에서 crap이란 단어가 나옵니다('소변'을 뜻하는 number one이라는 표현도 여기서 최초로 등장합니다. 권위 있는 문헌에는 20세기에 만들어진 말이라고 나와 있습니다 – 원주).

이 아름다운 시는 Thomas Crapper가 태어나기 35년 전에 쓰였습니다. 그러니 crap이 Crapper의 이름에서 유래하지 않은 것은 분명합니다. 그럼 어떻게 된 걸까요? 직업이 이름을 따라간다는 말이 있는데, 이 경우를 두고 하는 말이 아닌가 싶습니다. 하고많은 이름 중에 하필이면 Crapper라는 이름으로 태어났는데 그럼 어쩌겠습니까. 그쪽 일을 하라는 운명인가 하고 받아들일 수밖에 없지 않겠습니까?

Crapper가 설사 crap의 기원이 아니라고는 해도, crap과 긴밀한 관련을 맺은 것만은 분명합니다. 그가 만든 변기는 회사명 'Thomas Crapper&Co.'가 유려한 장식체로 새겨진 채 영국 방방곡곡에 설치되었습니다. 하지만 미국 사람들은 Crapper라는 사람도, crap이란 단어도 그때까지 들어본 적이 없었습니다.

19세기 내내 미국 문헌에선 crap이란 단어가 전혀 등장하지 않습니다. 그러다가 제1차 세계대전이 일어났습니다. 1917년 미국은 독일에 선전포고를 하고 280만 병력을 유럽에 파병합니다. 거기서 미군들이 화장실 변기마다 쓰여 있는 Thomas Crapper&Co.를 못 보고 지나쳤을 리가 없겠지요.

제1차 세계대전이 끝나고 나서야 crap, crapper변기, crap around허튼짓하다, crap about헛소리하다 같은 말들이 미국에서 등장하기 시작합니다. 그렇다면 영국 영어에서는 crap이 Crapper에서 유래하지 않았지만, 미국 영어에서는 그렇게 된 것이라고도 할 수 있겠습니다. Crapper는 crap이란 말을 만들어내지는 않았지만 널리 퍼뜨리는 데 공을 세운 셈입니다.

Mythical Acronyms

두문자어로 오해받는 단어들

이런 주제로 한 번만 더 가도 될까요? 짚고 넘어가야 할 말들이 또 있거든요. shit과 fuck입니다.

shit과 fuck이 각각 SHIT과 FUCK이라는 두문자어acronym(머리글자를 따서 만든 말)에서 왔다는 이야기를 들어본 적이 있을 겁니다. 다 헛소리입니다.

두엄(manure, 가축의 배설물을 썩힌 거름)에서는 메탄가스가 나온다고 합니다. 거기까진 맞습니다. 그 이유로 두엄을 배에 실어 보낼 때는 화물 제일 꼭대기에 실어야지, 그렇지 않으면 화물칸에 메탄가스가 쌓여서 폭발할 위험이 있다는 겁니다. 그래서 배에 실을 두엄 자루에는 Store High In Transit, 그러니까 '운송 중 높은 곳에 적재하시오'라는 글자를 찍었다고 합니다. 그러다가 약자로 S.H.I.T.라고 적게 되었고, 거기에서 shit이란 말이 나왔다는 이야기입니다.

누가 생각해냈는지 참 기발한 이야기이긴 한데 안타깝게도 구린 거짓말입니다. shit의 어원은 고대 영어의 scitan이라는 동사로 거슬러 올라갑니다(그 뜻은 지금의 뜻과 정확히 똑같았습니다). 더 올라가면 원시 게르만어에 skit이 있었고(이것이 현대 독일어에서는 scheisse가 되었습니다), 거기서 더 올라가면 기원전 4000년경 원시 인도유럽어에

skhei가 있었는데, 그 뜻은 '가르다, 떼다'였습니다. 아마 대변은 몸에서 '떼어내는' 것이라는 발상이었던 듯합니다. 현대 영어의 shed떨어뜨리다와 schism분열도 같은 어원에서 온 말들입니다.

그런데 묘하게도 원시 인도유럽어를 쓰는 사람들이 이탈리아 반도에 가서는 skhei를 '가르다, 구별하다'라는 뜻으로 쓰기 시작했습니다. 구별할 수 있으면 곧 '아는' 것이지요. 그래서 라틴어에서 '알다'는 scire가 되었습니다. 거기서 '앎'을 뜻하는 라틴어 scientia가 나왔고, 그 말이 영어의 science과학 가 되었습니다. 다시 말해 어원적으로 science 는 곧 shit입니다. '알 만큼 안다'고 할 때 I know my shit이라고 하지요. 어원적으로 보면 '과학을 안다'는 얘기니 말이 됩니다.

또 conscience양심, 거리낌도 같은 어원에서 온 말이니, '조금도 신경 쓰지 않는다'라고 할 때 I don't give a shit이라고 하는 것도 알고 보면 그럴싸합니다.

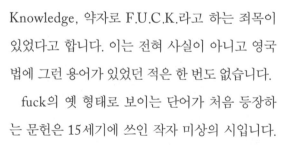

한편 fuck이 두문자어이면서 법률 용어라는 속설도 바로잡고 가야겠습니다. 속설에 따르면 옛날에 섹스를 함부로 하면 잡혀가던 시절, '불법적인 육체관계'라는 뜻의 For Unlawful Carnal Knowledge, 약자로 F.U.C.K.라고 하는 죄목이 있었다고 합니다. 이는 전혀 사실이 아니고 영국 법에 그런 용어가 있었던 적은 한 번도 없습니다.

fuck의 옛 형태로 보이는 단어가 처음 등장하는 문헌은 15세기에 쓰인 작자 미상의 시입니다.

그 주인공은 놀랍게도 수도사였습니다. 잉글랜드의 일리라는 도시에 수도원이 있었는데, 그곳 수도사들이 못된 버릇을 배운 것 같다고 넌지시 언급하는 대목이 나옵니다. 묘하게도 라틴어와 영어를 섞어서 쓴 시입니다. 문제의 대목은 다음과 같습니다.

> **"** Non sunt in celi
>
>   Qui fuccant wivys in Heli

현대 영어로 번역하면 이런 뜻인 듯합니다.

> **"** They are not in heaven
>
>   Who fuck wives in Ely
>
>   하늘나라에 있지 않도다
>
>   일리에서 부인들을 범하는 자들은

fuck이 지금과 같은 철자로 처음 등장한 것은 1535년인데, 이번에는 또 그 주인공이 공교롭게도 주교들입니다. 당시 쓰인 문헌에 주교들은 '섹스를 원 없이 하고 결혼은 안 해도 된다(may fuck their fill and be unmarried)'는 언급이 나옵니다. 그리고 위의 두 시점 사이에 옥스퍼드대학교 브레이즈노스 칼리지 학장이 "오입하는 수도원장(fuckin

Abbot)"이라고 짧게 언급한 것이 있습니다. 중세 교회 성직자들은 어째 꽤 자유분방했나 봅니다.

일부 학자는 fuck이란 단어의 기원이 더 오래전으로 거슬러 올라간다고 봅니다. 어원학자 칼 벅은 무려 John Le Fucker라는 이름을 가진 사람이 1278년에 살았다고 주장했습니다. 하지만 그가 말한 문헌은 결국 발견되지 않았고, 학자들은 칼 벅이 장난으로 지어낸 이름이라고 보기도 합니다. 그런 사람이 실제로 존재했다고 하더라도, 정확한 이름은 아마 John Le Fulcher였을 듯합니다(Fulcher는 '군인'이라는 뜻입니다).

두문자어에 관한 속설은 대체로 오해일 때가 많습니다. posh고급스러운가 영국과 인도를 오가는 여객선에서 부자 승객에게 항상 해가 안 드는 쪽의 객실을 배정한다는 뜻의 Port Out Starboard Home갈 때는 좌현, 올 때는 우현에서 유래했다거나 wog'유색인'을 경멸적으로 지칭하는 말가 Wily Oriental Gentleman약삭빠른 동양 양반의 약자라거나 하는 설은 다 사실이 아닙니다. Clifford, Arlington, Buckingham, Ashley, Lauderdale이라는 사람들로 이루어진 유명한 cabal도당徒黨이 찰스 2세에 맞서 음모를 꾸몄던 건 사실입니다만, 그건 우연의 일치로 맞아떨어졌을 뿐입니다. cabal이란 단어는 당시에 이미 수백 년 전부터 쓰이고 있었습니다.

그렇다고 두문자어로 이루어진 단어가 전혀 없는 건 아닙니다. 생각지 못했던 곳에 숨어 있을 뿐이지요. 음악 속에서 한번 찾아봅시다.

John the Baptist and *The Sound of Music*

세례자 요한과 '사운드 오브 뮤직'

약 2000년 전에 엘리사벳이라는 정숙한 부인이 갑자기 아이를 뱄고, 그 남편은 목소리를 잃었다가 아이가 태어나고 나서야 다시 말할 수 있게 되었습니다. 아이의 이름은 요한John이었습니다. 요한은 자라서 사람들에게 회개하라면서 강물에 자꾸 빠뜨렸습니다. 지금 같으면 바로 경찰에 잡혀갔겠지만 요한은 오히려 성자로 존경받았고, 사람들은 그를 세례자 요한이라고 불렀습니다.

그로부터 몇백 년이 흐른 후, 파울루스 디아코누스라는 이탈리아 사람이 목소리를 잃었는지 아니면 목감기에 걸렸는지 알 수 없지만 다음과 같이 세례자 요한에게 올리는 기도문을 썼습니다.

Ut queant laxis
　resonare fibris
Mira gestorum
　famuli tuorum,
Solve polluti
　labii reatum,
Sancte Iohannes.

당신의 종들이 목청껏
당신이 행한 경이를 노래할 수 있도록
입술의 죄를 씻어주소서
성 요한이여.

그로부터 400년이 지난 14세기에 누군가가 이 시에 소박하게 곡을
붙였습니다. 그런데 멜로디가 점점 상승하는 곡이어서 매 행의 첫 음
이 한 음씩 계속 높아졌습니다. 그러다가 마지막 행 Sancte Iohannes
에서 다시 음이 낮아지면서 곡이 끝났습니다.

즉 가장 첫 음은 Ut에 떨어졌고, 그다음 행 첫 음은 한 음이 높아지
면서 resonare의 re에 떨어졌고, 그다음은 또 한 음이 높아진 Mira의
Mi, 그다음은 fa, Sol, la… 이렇게 되었습니다.

이 점에 착안하여 귀도 다레초라는 사람이 일곱 개의 계이름을 만
들었습니다. 일곱 번째 음은 마지막 행 Sancte Iohannes의 머리글자
를 따서 Si라고 했습니다.

Ut Re Mi Fa Sol La Si

그런데 Ut('우트')는 소리가 짧게 끊어져서 길게 늘여 부르기 어려운 문제가 있다 보니 Do로 바뀌어버립니다('주님'을 뜻하는 Dominus 에서 딴 듯한데 확실치는 않습니다).

Do Re Mi Fa Sol La Si

그러다가 Sol도 S로 시작하고 Si도 S로 시작하니 더 확실히 구분되게 하고자 영어권 한정으로 Si가 Ti로 바뀌었습니다. Sol도 이왕이면 모음으로 끝나게 통일하려고 So가 되었습니다.

Do Re Mi Fa So La Ti

'도는 하얀 도라지, 레는 둥근 레코드…' 아니, '도는 사슴 중 암사슴, 레는 금빛 햇살 한 방울(Doe, a deer, a female deer, Ray, a drop of golden sun)' 아니냐고요? 네, 아닙니다. 그건 〈사운드 오브 뮤직〉의 마리아가 순진한 애들을 속여 먹은 겁니다.

비운의 Ut는 사라질 뻔하다가 겨우 명맥을 유지했습니다. 한 음계의 가장 낮은 음을 그리스 문자 이름인 gamma감마라고도 하고 ut라고도 했습니다. 그러다가 한 음계 전체를 gamma-ut라고 부르게 되었습니다. 그래서 '온갖 것을 망라한다'라고 할 때 지금도 run the gamut 이라고 합니다. 다 교회 음악에서 나온 표현이지요. 교회에서 연주하는 organ에서 심지어 조폭들의 organised crime도 유래했습니다.

Organic, Organised, Organs

유기농, 조직범죄, 오르간

organ오르간으로 키운 식품이 organic food유기농 식품입니다. organist 오르간 연주자가 저지른 범죄가 organised crime조직범죄이고요. 어원적 으로 보면 그렇다는 얘기입니다.

옛날 고대 그리스어에 organon이란 단어가 있었습니다. '가지고 뭔 가를 할 수 있는 것(something you work with)'이란 뜻이었습니다. 그 래서 '도구, 기구'를 뜻하기도 하고, '악기'를 뜻하기도 하고, 몸의 '기 관'을 뜻하기도 했습니다. 일단은 '악기'라는 의미에 집중해볼까요.

원래 organ은 종류와 관계없이 그냥 악기를 가리키는 말이었습 니다. 9세기에 모든 교회에 pipe organ을 놓는 게 유행이었을 때도 organ의 뜻은 그냥 악기였습니다.

그러다가 pipe organ을 간단히 organ이라고 부르기 시작했고, 다 른 악기는 organ이 아니게 되었습니다(유일한 예외는 mouth organ, 즉 하모니카). organ이라고 하면 지금처럼 교회나 성당에서 볼 수 있는 파이프 오르간만을 가리키게 되었습니다. 17세기 영국 시인 존 드라 이든이 "그 어떤 인간의 목소리가 신성한 오르간의 찬송에 비할 수 있 겠는가?(What human voice can reach the sacred organ's praise?)"라고 읊었을 때의 organ도 바로 그 뜻입니다.

그럼 다시 그리스어 어원으로 돌아가 봅시다. organ은 여전히 '뭔가를 하기 위한 도구'란 뜻이 있었고, 그래서 '신체 기관'을 뜻하기도 했으니까요. 이런 옛날 농담도 있지요. "바흐가 아이를 스무 명이나 낳은 이유는? 오르간에 스톱이 없었으니까(Why did Bach have twenty children? Because he had no stops on his organ)."

오르간에는 '스톱'이라고 하는, 파이프로 들어가는 바람의 입구를 여닫는 장치가 있습니다. 하지만 이 말은 '연장을 쉴 새 없이 놀렸다'는 뜻도 되지요.

A.

B.

C.

그런 organ이 모여서 하나의 organism유기체이 됩니다. organism이 만들어내는 것은 organic유기적인한 것이지요. 20세기에 들어 화학비료를 밭에 뿌려대면서 그런 것을 쓰지 않는다는 뜻으로 organic farming유기 농법이나 organic food유기농 식품 같은 말이 쓰이기 시작했습니다.

인간의 몸은 그 짜임새가 정교하고 치밀합니다. 모든 organ이 저마다 어떤 기능을 합니다. 가령 손으로는 잔을 들고, 입으로는 마시고, 배는 마신 것을 채우고, 간은 독소를 처리하는 식이지요. 심장, 머리, 폐, 간, 신장 등이 모두 맡은 일을 해주는 덕분에 우리가 존재할 수 있습니다.

사람들을 모아서 각자에게 할 일을 맡기는 것은 몸의 organ들과 같은 구실을 하게 하는 것이지요. 그럴 때 사람들을 organise조직하다 한다고 합니다. 그 결과가 organisation조직이고요. 이렇게 의미가 옮겨간 것은 16세기, 국가를 하나의 몸과 같은 것으로 보아 이른바 body politic정치체으로 바라보는 관점이 유행하면서였습니다.

하지만 organised crime조직범죄이란 표현은 1929년에야 등장합니다. 마피아 두목 알 카포네가 시카고에서 한창 위세를 떨칠 때지요. 마피아 같은 조직 폭력단을 가리켜 '폭도, 군중'을 뜻하는 mob이라고 흔히 부르는데, mob은 라틴어 mobile vulgus, 즉 '변덕스러운 평민'을 줄여서 만든 말입니다.

Clipping

축약

이렇게 mobile vulgus의 일부만 따서 mob이라는 단어가 만들어지는 현상을 언어학에서는 '축약Clipping'이라고 합니다. 축약으로 이루어진 단어는 생각보다 꽤 많습니다.

Taxi cab = Taximeter cabriolet
택시   미터기   카브리올레(2륜 마차의 일종)

Fan = Fanatic
팬   광신자

Wilco = Will comply
윌코(무선통신 용어로 '그리하겠음')

Van = Caravan
밴   대상(사막을 건너다니는 상인 무리)

Sleuth = Sleuthhound
탐정   슬루스하운드(탐지견의 일종)

Butch = Butcher
(여자가) 남자 같은   도축업자

Cute = Acute
약삭빠른, 귀여운   예리한

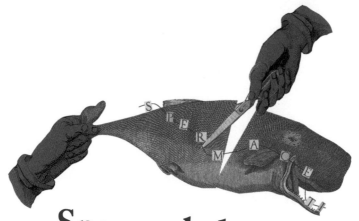

Sperm whale = Spermaceti whale
향고래   경랍(고래의 머리에서 얻는 기름 덩어리)

Bus = Voiture omnibus
버스   (프랑스어로 '만인을 위한 탈것')

Film buff = Buffalo
영화광   버펄로(아메리카들소)

Buffalo

버펄로

buffalo에서 어떻게 '영화광(film buff)', '음악광(music buff)' 등의 '광'을 뜻하는 buff가 나왔을까요?

그걸 이해하려면 우선 알아야 할 것이, buffalo는 사실 buffalo가 아니라는 것입니다. buffalo는 영어 단어 중에서도 손가락에 꼽을 만큼 희한한 단어입니다.

고대 그리스어의 boubalos('보우발로스')는 아프리카 영양의 일종을 가리키는 말이었습니다. 그 boubalos가 buffalo로 모양이 바뀌면서 각종 소를 가리키게 되었습니다. 그 뜻은 지금도 water buffalo물소 같은 말에 남아 있지요(물소의 학명은 *Bubalus bubalis*입니다). 유럽에서는 한때 소 종류를 다 buffalo라고 했습니다.

그러다가 buffalo도 앞에 나왔던 turkey와 같은 운명을 겪고 말았습니다. 북아메리카 땅에 당도한 탐험가들은 아메리카들소 bison('바이슨')을 보고는 유럽에 있는 소와 똑같은 종이겠거니 생각했습니다. 그런데 둘은 전혀 다른 종이었습니다. 지금도 생물학자들은 bison을 buffalo라고 부르면 굉장히 싫어합니다. 어쨌거나 bison은 buffalo라 불리고 말았습니다.

그럼 다시 유럽 소 이야기로 돌아가 봅시다. buffalo라는 이름은

buff로 줄여 부를 때가 많았습니다. buffalo를 잡아서 가죽을 얻으면 그 가죽을 buff 또는 buffe leather라고 불렀습니다.

그런데 그 가죽은 물건을 반질반질하게 닦는 데 아주 좋았습니다. 지금도 손톱이나 구두 따위를 '윤나게 닦는다'라는 의미로 buff라는 동사를 씁니다. 윤나게 닦으면 보기 좋아집니다. 그래서 체육관에 죽 치고 살면서 근육을 빵빵하게 키우는 사람들을 buff_{근육질인, 몸짱인}라는 형용사로 지칭하기도 합니다.

buff leather, 그러니까 소가죽의 특징은 색이 상당히 엷어서 꼭 백인 피부와 비슷해 보인다는 겁니다. 그래서 in the buff라고 하면 소가죽을 입었다는 것이니 '알몸인, 벌거숭이인'이라는 뜻이 되었습니다.

buff leather는 튼튼하고 질겼으므로 실제로 입고 다니는 사람들도 있었습니다. 가령 19세기 뉴욕 소방관들은 소가죽으로 된 유니폼을 입어서 그들을 buffs라고 부르기도 했습니다.

뉴욕 소방관들은 영웅이었습니다. 불구경을 싫어하는 사람은 없지요. 뉴욕의 건물에 불이 나서 buffs가 출동하면 뉴욕 시민들은 구름같이 몰려들어 응원했습니다. 근처에 있던 사람뿐만 아니라 뉴욕시 곳곳에서 불구경을 하러 사람들이 찾아왔습니다. 남자아이들은 buffs의 불 끄는 기술에 매료되어 팬이 되기도 했습니다. 그래서 뉴욕 소방관의 열렬한 팬들을 buff라고 부르게 되었지요. 1903년《뉴욕 선New York Sun》에 실린 기사에는 이런 구절이 나옵니다.

The *buffs* are men and boys whose love of fire, fire-fighting and firemen is a predominant characteristic.

'버프'란 불을 좋아하고 소방 작업과 소방관을 애호하는 성향이 두드러지는 남자 어른이나 아이를 가리키는 말이다.

그래서 오늘날도 film buff니 history buff니 하는 온갖 buffalo들이
전문성을 뽐내게 되었습니다.

그런가 하면 뉴욕주 끄트머리 나이아가라강 근처에는 Buffalo라는
이름의 도시가 있습니다. 그쪽 동네에는 버펄로(정확히는 바이슨)가
살지 않고 옛날에도 산 적이 없으니 참 묘한 이름입니다. 아마
나이아가라강의 경관이 빼어나기 때문에 '아름다운 강'
을 뜻하는 프랑스어 beau fleuve('보 플뢰브')가 변형
된 것으로 짐작됩니다. 하지만 만약 버펄로에 버
펄로가 산다면 어떻게 될까요. 런던에 사는
비둘기는 London pigeon입니다.

캘리포니아에 사는 소녀는 California girl이지요. 마찬가지로 버펄로에 사는 버펄로는 Buffalo buffalo입니다.

버펄로는 덩치가 큰 짐승이니 괜히 시비 걸면 좋지 않습니다. 아마그래서 미국 속어로 buffalo라는 동사가 '괴롭히다(bully)'라는 뜻을 갖게 되었을 겁니다. 따라서 누가 만약 버펄로에 사는 버펄로를 괴롭힌다면, 'buffalo Buffalo buffalo'하는 게 됩니다.

하지만 여기까지는 아무것도 아닙니다. 버펄로대학교University of Buffalo의 한 언어학자가 잘 생각해보니, 버펄로에 사는 바이슨이 그도시의 다른 바이슨에게 괴롭힘을 당하고 나서 또 다른 바이슨에게 분풀이하는 사태가 벌어진다면 이렇게 말해야 한다는 결론이 나왔습니다.

Buffalo buffalo Buffalo buffalo buffalo buffalo Buffalo buffalo.

무슨 말인지 모르겠다고요? 이렇게 풀어 적으면 문장 구조가 이해될 겁니다.

Buffalo bison (whom) Buffalo bison bully (then) bully Buffalo bison.

이 문장은 영어에서 한 단어만을 반복해서 만들 수 있는 가장 긴 문장입니다. word buff단어광들이 아주 좋아하는 문장이지요.

Buffalo
Buffalo Buffalo
Buffalo Buffalo Buffalo
Buffalo beau fleuve Buffalo beautiful river Buffalo beautiful riv

Antanaclasis

환의법

Buffalo buffalo Buffalo buffalo buffalo buffalo Buffalo buffalo 같은
문장에 쓰인 수사법을 환의법antanaclasis이라고 합니다. 한 구절이나
문장에서 한 단어의 의미를 바꿔가며 연달아 사용하는 것을 뜻합니
다. 환의법의 역사는 언어의 역사만큼이나 깁니다. 고대 로마인들은
라틴어로 이런 문장을 생각해냈습니다.

Malo malo malo malo.

뜻은 다음과 같습니다. '나는 말썽 피우는 못된 아이가 되느니 사과
나무에 올라가 있겠다.'
하지만 로마인도, 버펄로에 사는 바이슨도, 중국어는 도저히 따라
갈 수 없습니다. 중국어에는 성조가 있어서 소리의 높낮이에 따라 단
어의 뜻이 달라집니다. 그 장점을 잘 살리면 환의법으로 엄청나게 긴
글을 만들어낼 수 있습니다. 한 예로, 어느 중국계 미국인 언어학자가
쓴 시를 봅시다. 로마자로 표기하면 다음과 같습니다.

Shíshì shīshì Shī Shì, shì shī, shì shí shí shī.

Shì shíshí shì shì shì shī.

Shí shí, shì shí shī shì shì.

Shì shí, shì Shī Shì shì shì.

Shì shì shì shí shī, shì shī shì, shī shì shí shī shìshì.

Shì shí shì shí shī shī, shì shíshì.

Shíshì shī, Shì shī shì shì shíshì.

Shíshì shì, Shì shī shì shí shì shí shī.

Shí shí, shī shí shì shí shī, shí shí shí shī shī.

Shì shì shì shì.

이 시의 제목은 〈Shī shì shí shī shi施氏食獅史, 시씨식사사〉이고,
내용을 번역하면 다음과 같습니다.

석실에 사는 시인 시 씨가 있었는데,
사자를 좋아하여 사자 열 마리를 먹겠다고 맹세했다.
그는 때때로 시장에 나가 사자가 있는지 보곤 했다.
정확히 열 시에 사자 열 마리가 시장에 나타났는데
마침 시 씨 역시 시장에 도착하였다.
시 씨는 열 마리 사자를 보고 활을 쏘아 세상을 뜨게 했다.
그는 열 마리 사자의 사체를 수습해 석실로 돌아갔는데
석실 안이 습해서 시 씨는 시종을 시켜 석실을 닦게 했다.
석실을 닦고, 시 씨가 열 마리 사자를 비로소 먹어보려 하는데,
먹으려는 순간, 그 열 마리 사자 사체가 사실은
돌이라는 것을 비로소 깨달았다.
이 일을 해석해보라.

굉장하지요. 하지만 이것도 앞서 예를
든 buffalo 문장처럼, 중국인이라 해도
설명 없이 이해하기는 어렵습니다.

紙老虎

China

중국

서양 사람들은 중국어 발음을 엄청나게 어려워합니다. 마찬가지로 중국 사람들은 서양 언어 발음을 어려워합니다. 19세기에 영국 상인들이 중국에 와서 아편을 팔려고 할 때 중국인들은 business라는 말을 제대로 발음하지 못해 pidgin이라고 했습니다. 그래서 지금도 영어와 다른 언어가 섞여서 만들어진 이상한 언어를 pidgin English피진 영어라고 합니다.

영어권 사람들도 중국어 발음에 워낙 자신이 없다 보니 중국어 단어를 수입할 때는 프랑스어처럼 그대로 가져오지 않고 그냥 뜻을 옮겨서 가져와버립니다. 이를테면 'xi nao洗腦'를 발음하려면 막막하니까 그냥 번역해서 brainwashing세뇌으로 들여왔습니다. 'tiu lien丟臉'을 굳이 발음하려고 하다 체면을 구길 필요 없이 그냥 번역해서 lose face체면을 구기다라고 했습니다. 마오쩌둥이 말한 'tsuh lao fu紙老虎'는 간단히 paper tiger종이호랑이라고 했습니다.

하지만 중국어 단어가 그대로 영어로 들어온 일도 없진 않습니다.

TSUH

LAO

FU

金橘

주로 맛있는 음식이 그랬는데요. 대개는 그렇게 된 게 다행입니다. 물론 kumquat금귤의 뜻이 'golden orange'라는 걸 영어권 사람들이 알면 더 잘 팔릴지도 모르고, dim sum딤섬(點心, 보통 만두 등 가벼운 음식을 찜통에 쪄 먹는 것을 가리키지만 원래는 '마음에 점을 찍는다'라는 뜻으로 아침과 저녁 사이 간단하게 요기하는 음식을 뜻하며, 한국어의 '점심'도 같은 어원입니다)의 뜻이 'touch the heart'라는 걸 알면 더 감동하면서 먹을지도 모르겠습니다. 하지만 'fish brine생선 액젓'보다는 아무래도 발음을 따와서 ketchup케첩(꾸에찌 압羹汁에서 유래했습니다)이라고 한 게 백배 낫지요. 'odds and ends잡탕'보다는 chop suey찹 수이가 뭔가 훨씬 있어 보입니다. 또 tofu두부가 'rotten beans썩힌 콩'를 뜻한다는 걸 알면 아무도 안 먹을지도 모릅니다.

이렇듯 중국어는 서양 사람들의 귀에 희한하게 들리지만, 그렇게 천양지차로 다른 언어 사이에 연결되는 접점이 있습니다. 언어 간에 역사적으로 친족 관계가 있어서 그런 것이 아니라, 인간이 언어를 만드는 방식에 공통점이 있기 때문입니다. 예를 들어 소리를 흉내 내어 단어를 만든다거나 하는 것입니다. 영어에서 고양이 우는 소리를 meow('미아우')라고 하지요. 중국어에서 고양이는 miau(貓, 고양이 묘)입니다.

더 신기한 것도 있습니다. 중국어로 pay지불하다는 pei(賠, 물어줄 배)입니다.

Coincidences and Patterns

우연의 일치와 규칙적 패턴

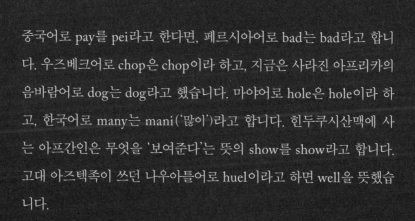

중국어로 pay를 pei라고 한다면, 페르시아어로 bad는 bad라고 합니다. 우즈베크어로 chop은 chop이라 하고, 지금은 사라진 아프리카의 음바람어로 dog는 dog라고 했습니다. 마야어로 hole은 hole이라 하고, 한국어로 many는 mani('많이')라고 합니다. 힌두쿠시산맥에 사는 아프간인은 무엇을 '보여준다'는 뜻의 show를 show라고 합니다. 고대 아즈텍족이 쓰던 나우아틀어로 huel이라고 하면 well을 뜻했습니다.

세계의 모든 언어는 다 친족 관계구나 하고 생각하기 쉽지만, 조금만 생각해보면 이게 우연이라는 걸 알 수 있습니다. 세상에는 언어도 많고 단어도 많지만, 인간이 낼 수 있는 소리의 가짓수는 한정되어 있습니다. 가끔 우연의 일치가 일어나는 건 필연입니다.

어떤 두 언어가 친족 관계임을 보이려면 변화의 패턴, 즉 규칙성을 말할 수 있어야 합니다. 라틴어의 collis에 l이 두 개 들어 있고 영어의 hill도 그렇다고 하는 것만으로는 부족합니다. 그것만으론 아무 증거가 되지 못합니다. 하지만 collis처럼 /k/로 소리가 나는 c로 시작하는 라틴어 단어 수백 개를 관찰해보면 독일어와 영어의 h로 시작하는 단어에 대응된다는 것을 알 수 있습니다. 그리고 collis와 hill은 나머지 자음들이 거의 비슷합니다. 그런 식으로 라틴어의 cornu는 고대 게르만어와 고대 영어의 horn과 연관된다는 것을 알 수 있습니다. 이렇게 변화의 패턴을 밝힐 수 있다면, 두 언어 사이에는 친족 관계가 있다고 거의 확신할 수 있습니다. 예를 한번 들어볼까요.

영어의 horn of hounds사냥개의 뿔는 라틴어로 cornu canum이 되고, horn of a hundred hounds사냥개 백 마리의 뿔는 cornu centum canum이 되고, hundred-headed hound with horns머리 백 개와 뿔이 달린 사냥개는 canis centum capitum cum cornibus가 되고….

뭐 이런 식입니다.

이렇게 라틴어의 c가 게르만어의 h에 대응하는 관계 등을 밝힌 '그림의 법칙Grimm's Law'이 있습니다. 그 법칙을 제창한 야코프 그림은 동화 수집가로 유명한 그림 형제 중 형입니다.

그림의 법칙은 물론 그것이 전부는 아닙니다. 예를 들면 라틴어의 p가 게르만어로 가면 f가 됩니다. 그 결과는 영어로도 전해졌지요. 가령 라틴어의 paternal pisces는 영어로 fatherly fishes아버지다운 물고기가 되었습니다.

왜 이런 변화가 생기는지는 지금 일어나는 현상만 봐도 쉽게 알 수 있습니다. 런던 동부의 이스트엔드 지역 사람들은 h 발음을 하지 않는데, 그렇게 한 지 적어도 100년은 됐습니다. 그래서 그 사람들에게 house of a hundred hounds in Hackney를 읽어보라고 하면 '아우스 어브 언 언드레드 아운즈 인 애크니'라고 발음합니다. 게다가 현재분사 끝의 g도 발음하지 않아서, humming and hawing미적미적하는을 '어민 앤드 오인'이라고 합니다.

이런 현상이 일관되게 일어난다는 점이 중요합니다. hip hop을 'ip hop'이라고 발음하거나 'hip op'이라고 발음하는 사람은 없습니다. h를 발음하거나, 하지 않거나 둘 중 하나입니다. 한번 h 소리가 사라지기 시작하면 어느 단어에서나 다 사라집니다.

물론 런던 동부 지역 영어도 영어임은 틀림없습니다. 아직은 그렇습니다. 하지만 누가 이스트엔드 주위에 담장을 높게 쳐서 수백 년간 아무도 드나들지 못하게 한다면, 그 안에 사는 사람들의 언어는 점점 바뀌어서 결국은 세계의 다른 영어 사용자와 말이 전혀 통하지 않게 될 겁니다.

과연 그런 일이 일어날 수 있을까요?

교통수단과 커뮤니케이션 수단의 발달이 앞으로 언어 분화에 어떤 영향을 미칠지는 예측하기 어렵습니다. 언뜻 생각하면 다들 TV의 영향을 받으니까 지역 고유의 말씨가 계속 발달하지는 않을 것 같지요. 그런데 꼭 그렇지가 않은 것 같습니다. 예를 들어 미국에는 '북부 도시 모음 추이Northern Cities Vowel Shift'라는 현상이 있습니다. 디트로이트와 버펄로 지역에서 block을 black처럼 발음하고 cot을 cat처럼 발음하기 시작한 겁니다. 그러다 보니 a는 소리를 더 쥐어짜 cat을 cee-at('키앳')처럼 발음합니다. 즉 디트로이트 사람들은 그림책 제목《The Cat in the Hat》을 'The Cee-at in the Hee-at'처럼 발음합니다.

그리고 말씨는 종잡을 수 없는 방향으로 바뀌곤 합니다. 자메이카 영어에서는 h 소리를 빼는 게 아니라 오히려 덧붙입니다. 모음으로 시작하는 단어는 죄다 앞에 h를 넣어서 발음하는 경향이 있습니다. 뉴질랜드에서는 e를 i처럼 발음합니다. 그래서 그 사람들은 sex를 하지 않고 'six'를 한다고 합니다. 영국에서는 medal메달을 당연히 metal

금속로 만드는데, 미국에서는 medal을 'medal'이라고 발음되는 재료로 만든다고 말합니다.

이런 법칙들은 꼭 절대적이지는 않지만, 그래도 생각보다는 상당히 규칙적입니다. 그리고 단어는 의미가 바뀌기도 하고 축약되기도 합니다. 그래서 영어 단어에 뭔가 법칙을 적용해서 변환한다고 완벽한 이탈리아어 단어가 뚝딱 나오는 건 아니지만, 유럽어들은 모두 꽤 가까운 친족 관계입니다. 가령 father, eyes, heart 같은 기본적인 단어들은 어느 유럽어에서나 생김새가 대략 비슷합니다.

유럽은 프랑크어Frankish를 쓰는 프랑크족Franks 등 이민족들의 침략을 숱하게 받았는데, 그런데도 비슷한 걸 보면 참 신기합니다.

Frankly, My Dear Frankfurter

우린 자유롭고 솔직해

옛날 아주 먼 옛날, 프랑크족(*Franks*)이라고 하는 민족이 살았습니다. 프랑크족은 갈리아 땅을 침략해 손에 넣었고, 그 땅은 후에 프랑스(*France*)가 되었습니다.

프랑크족은 갈리아인을 매우 핍박하며 자유를 억압했습니다. 오로지 프랑크족만 자유를 누릴 수 있었습니다. 언제나 자신들만 '자유로운(en*franch*ised)' 상태였고, 자신들만 '솔직하게(*frank*ly)' 발언할 수 있었고, 자신들만 '승인 도장을 찍어서(by *frank*ing something)' 승인할 수 있었습니다. 하지만 그들을 제외한 다른 민족은 '권리를 박탈당한(disen*franch*ised)' 상태였습니다.

프랑크족이 어떻게 프랑스 땅을 찾아갔느냐고요? 가는 길에 마인 강the Main이 가로놓여 있다는 게 문제였지만 간단히 해결했습니다. 강바닥이 얕은 여울ford을 찾아 그곳으로 건넌 것이지요. 그곳은 '마

인강의 프랑크 여울(Frank-ford on the Main)'이란 뜻에서 Frankfurt am Main프랑크푸르트 암 마인이라 불리게 되었습니다. 오늘날 간단히 줄여서 Frankfurt프랑크푸르트로 불리기도 하는 도시입니다.

Frankfurt는 오늘날 독일의 경제 중심지로 유명하지만, 살짝 싸구려 같은 소시지 Frankfurter프랑크푸르터(한국에서 말하는 '후랑크 소시지'라는 이름도 여기에서 나왔습니다)의 본고장이기도 합니다. 이와 비슷하게 hamburger햄버거는 Hamburg함부르크에서 유래했으므로 ham햄과는 관계가 없습니다. 또 Berlin베를린에서 유래한 berliner베를리너라는 도넛도 있지요.

다시 옛날 프랑스로 돌아가서, 그곳에서는 '향incense'이 주요한 수출 품목이었기에 frankincense유향라는 이름이 나왔습니다. 또 미국 건국의 아버지 Benjamin Franklin벤저민 프랭클린의 조상은 아마 프랑크족 중에서 '땅을 가진 자유민'이었을 겁니다. franklin이 고대 프랑스어에서는 그런 뜻이었습니다.

이쯤 되면 뭔가 패턴이 보이시나요? 맞습니다. 프랑크족은 frankincense라든지 frankly처럼 좋은 것에는 다 자기들 이름을 갖다 붙였습니다. 그런가 하면 반대로, '나쁜 것에는 다 외국 이름을 붙인다'라는 게 모든 언어의 철칙입니다.

Beastly Foreigners

미개한 외국인들

지금은 네덜란드 사람 하면 착하고 정감 있는 느낌이지만, 옛날엔 안 그랬습니다. 네덜란드는 영국에서 북해 건너 코앞에 있는, 막강한 해군력을 자랑하는 무역 강국이었습니다. 그러니 두 나라는 당연히 앙숙이었지요. 싸우기도 많이 싸웠고, 안 싸울 때도 영국인들은 욕을 열심히 개발해 네덜란드를 교묘하게 깠습니다.

네덜란드식 용기(Dutch courage)는 '술김에 부리는 용기'입니다. 네덜란드식 잔치(Dutch feast)는 '주인이 손님보다 먼저 취하는 잔치'지요. 네덜란드식 위안(Dutch comfort)은 '그만하기 다행이다'라는 부질없는 위안입니다. 네덜란드 아내(Dutch wife)는 '긴 베개' 또는 '죽부인'이고요. 그 밖에도 네덜란드식 셈법(Dutch reckoning)은 '바가지 청구서', 네덜란드 과부(Dutch widow)는 '매춘부', 네덜란드 삼촌(Dutch uncle)은 '엄한 잔소리꾼'입니다. '네덜란드식으로 하자(go Dutch)'는 쩨쩨하게 '밥값을 각자 내자'는 말입니다. 이 정도면 속이 좀 시원했으려나요.

1934년 마침내 이 말들이 다 네덜란드 정부의 귀에 들어갔습니다. 네덜란드 정부는 영어를 바꾸기엔 이미 너무 늦었다는 결론을 내리고, 대신 모든 영어권 국가의 자국 대사관에 자국을 말할 때 'The

Netherlands'라는 이름만 쓰라고 못을 박았습니다.

네덜란드 사람들도 아마 영국에 대해 비슷한 말들을 만들어 쓰고 있겠지만, 아무도 자세히는 모릅니다. 네덜란드어는 우리에게 '도통 알아들을 수 없는 말(double Dutch)'이니까요. 어쨌거나 영국 사람들은 다른 이웃 나라에 대해 고약한 표현을 생각해내느라 바빠서 그런 신경을 쓸 겨를이 없었습니다.

Welsh rarebit웰시 래빗이라는 음식이 있지요. 녹인 치즈를 얹은 토스트입니다. 그게 원래는 Welsh rabbit, 그러니까 '웨일스 토끼'였습니다. 웨일스 사람은 맛있는 토끼고기를 준다고 하고는 내놓는 게 고작 치즈 얹은 토스트라는 데서 나온 말입니다. 그리고 잉글랜드 사람은 웨일스 사람이 치즈를 무척 좋아한다고 생각했습니다.《그로스 속어 사전Grose's Dictionary of the Vulgar Tongue》(1811)에는 이런 언급이 실려 있습니다.

웨일스인은 어찌나 치즈를 좋아하는지 산모의 분만이 수월치 않을 때 산파가 구운 치즈를 '생명의 문'에 발라서 아기를 꾀면 아기가 그 냄새를 맡고 밖으로 나오려고 용을 쓴다는 말이 있다.

같은 원리로, Welsh carpet웨일스 카펫은 벽돌 바닥에 무늬를 칠한 가짜 카펫을 뜻했고, Welsh diamond웨일스 다이아몬드는 수정, Welsh comb웨일스 빗은 손가락을 뜻했습니다.

이 정도면 웨일스인에게도 충분히 욕을 먹였다 싶었던 잉글랜드인은 아일랜드인을 다음 타깃으로 정했습니다. 아일랜드인은 남은 찌꺼기 음식을 모아서 Irish stew아이리시 스튜나 끓여 먹는다고 했습니다.

그리고 아일랜드인은 너무 말도 안 되는 소리를 하기 때문에 그런 소리를 아예 Irish말도 안 되는라는 형용사로 부르기로 했습니다.

하지만 뭐니 뭐니 해도 영국의 숙적은 프랑스였습니다. 영국인이 보기에 프랑스인은 사기꾼이면서 호색한이었습니다. 그래서 French letter는 '콘돔'이 되었고, French leave는 '허락 없이 자리를 뜨는 것, 즉 무단결근'이 되었습니다. 그런데 후자는 프랑스어에도 거의 똑같은 표현이 있어서, 프랑스인들은 filer à l'anglaise('필레 아 랑글레즈'), 즉 '영국인처럼 도망가다'라는 말을 합니다.

이렇게 남의 나라 이름으로 온갖 욕을 만들다가 슬슬 진력이 난 영국인들은, 이제 아예 다른 나라 사람들을 고약한 별명으로 부르기 시작합니다.

Pejoratives

멸칭

유럽 각국 사람들을 경멸적으로 부르는 말, 즉 멸칭pejorative 몇 가지와 그 어원을 살펴보면 다음과 같습니다.

Hun

독일인을 가리키는 멸칭으로 쓰이기 한참 전인 1806년에도 '미美의 파괴자'라는 뜻으로 쓰였습니다. 훈족Huns은 반달족처럼 로마제국의 붕괴에 기여한 민족이었으니까요. 정확한 순서를 따지자면 반달족, 고트족, 훈족이 차례로 서로를 밀어내면서 독일에서 프랑스를 거쳐 스페인과 북아프리카로 퍼져나갔습니다. 참고로 영국 시인 매슈 아널드가 '교양 없는 속물'을 Philistine필리스티아인, 블레셋 사람이라 부른 것도 뭔가 미운 놈들에게 옛날 민족 이름을 붙였다는 점에서는 같습니다. 독일인을 Hun으로 처음 지칭한 이는 독일 황제 빌헬름 2세였습니다. 1900년 중국에 군사를 파병하면서 자신들의 선조 격인 훈족을 본받아 "(포로 따위 잡지 말고) 남김없이 몰살하라(take no prisoners)"라고 역설하였기에 그 표현의 기원으로 알려져 있기도 합니다만, 그런 표현을 쓴 게 그가 처음은 아닐 겁니다. "다시 돌아오겠다(I'll be back)"란 표현이 영화 〈터미네이터The Terminator〉에서 기원했다고 하는 사람도 있으니까요. 어쨌든 독일인 생각에는 자기 선조들이 거칠고 강했지만, 영국인이 보기엔 그냥 야만족이었을 뿐이므로 두 차례 세계대전을 거치면서 Hun은 영국인이 독일인을 경멸적으로 부르는 이름이 되었습니다.

Kraut

독일인을 경멸조로 부르는 말입니다. 독일어로 '양배추'를 뜻합니다. 처음 문헌에 나타난 것은 1841년이지만 많이 쓰이게 된 것은 제1차 세계대전 중입니다.

Frog

프랑스인을 부르는 멸칭입니다. frog-eater개구리 먹는 사람를 줄인 말이지요 (1798). 이전에는 네덜란드인을 부르는 멸칭이었는데(1652), 네덜란드에 습지가 많은 데서 유래했습니다.

Dago (1823)

이탈리아, 스페인, 포르투갈 출신 사람에 대한 멸칭입니다. 스페인의 흔한 이름 Diego에서 유래했습니다. 원래는 스페인이나 포르투갈 선원을 경멸조로 부르던 말입니다.

Wop (1912)

미국에서 이탈리아인을 부르는 멸칭입니다. '멋쟁이, 제비족'을 뜻하는 나폴리 방언 guappo에서 유래했습니다.

Spic (1913)

미국에서 중남미의 스페인어권 출신 사람, 즉 히스패닉을 비하하여 부르는 말입니다. 'No speak English'라고 할 때의 'speak' 발음에서 유래했지요. spaghetti 스파게티의 미국 속어인 spiggoty의 준말이라고도 합니다(1910).

하지만 뭐니 뭐니 해도 언어적으로나 역사적으로나 가장 욕을 많이 본 민족은 동유럽의 슬라브족Slavs입니다. 슬라브족의 일족인 불가르족 같은 경우는 이웃 민족들과 긴 세월을 싸우며 순탄치 못한 삶을 살았습니다. 동로마제국의 황제였던 바실리오스 2세의 별명이 무려 '불가르족의 학살자'였으니 당시 상황을 짐작할 만합니다.

바실리오스는 불가르족 15,000명을 포로로 잡아 그중 99퍼센트의 눈을 멀게 하기도 했습니다. 백 명에 한 명꼴로 한쪽 눈만 성하게 남겨 나머지 아흔아홉 명을 이끌고 돌아가게 했습니다. 당시 역사가들은 묘책이라고 했지만, 오늘날 시각에서 보면 너무나 흉악한 짓이었지요.

슬라브족은 고초를 많이 겪었습니다. 남쪽에서 쳐들어온 바실리오스에게 학살당하는가 하면, 북쪽에서 쳐들어온 신성로마제국에 정복당해 노예로 살아야 했습니다. 여기저기서 정복당하고 억압받는 슬라브인이 어찌나 많았던지 Slav라는 말 자체가 '강제 노동자'라는 뜻을 갖게 되었고, 거기에서 slave노예라는 말도 나왔습니다.

그럼 다음으로 넘어가기 전에 adieu, toodle-pip, ciao라는 세 가지 작별인사 중에서 자신이 노예임을 인정하는 꼴이 되는 것은 어떤 걸까요?

Ciao Slave-driver
노예의 인사

영어의 slave만 Slav에서 유래한 것이 아닙니다. 서유럽 다른 나라들도 다들 슬라브족을 동네북이라고 여겼는지 노예를 뜻하는 말을 다 거기에서 가져왔습니다. 그래서 네덜란드어로는 slaaf, 독일어로는 Sklave, 스페인어로는 esclavo, 이탈리아어로는 schiavo라고 합니다.

한편 중세 이탈리아인들은 굉장히 심각한 사람들이었습니다. 만나서 헤어질 때 '나는 당신의 종이오'라고 인사를 했다고 합니다. 그게 중세 이탈리아 말로는 Sono vostro schiavo였습니다.

그러다가 너무 기니까 줄여서 schiavo('스키아보')라고만 했습니다. 북부 사람들은 그것도 길다며 ciao('차오')로 줄였습니다.

그로부터 몇백 년 후, 제2차 세계대전에 참전한 이탈리아를 혼쭐내주려고 영국과 미국이 군사를 파병했고,(이게 상당히 잘한 일이었던 게, 미군 병사들은 식량 배급을 베이컨과 달걀로 받았습니다. 그래서 배가 고프면 현지 요리사에게 돈을 주고 그걸로 파스타를 만들어달라고 했지요. 맞는 지는 모르지만 카르보나라의 기원에 대한 설 중 하나입니다. 적어도 제2차 세계대전 전까지 카르보나라에 대한 기록이 없는 건 맞습니다 - 원주) 그 군인들이 ciao라는 말을 배워 본국에 돌아와서 쓰면서 그 말이 영어에 도입되었습니다. ciao는 상당히 이국적인 작별인사로 여겨졌습니다. 그렇지만 알고는 있어야겠지요. 되게 멋지고 지중해

분위기 나는 인사말 같은데 어원적으로는 자기가 노예라고 선언하는 말입니다.

그 점에서 ciao와 정반대되는 인사말로 Hey, man이 있습니다. 사연은 이렇습니다. 미국에서는 노예 제도가 '자유의 땅'이라는 이상과 잘 맞지 않는다는 걸 남북전쟁을 거쳐 모두가 확실히 깨닫기 전까지는, 노예 주인이 자기 노예를 'boy'라고 불렀습니다.

게티즈버그 전투로 노예는 해방되고 명연설은 역사에 남았지만, 사회경제적 대책이나 언어 개선책 같은 것은 전혀 없었습니다. 노예 소유는 금지되었지만, 과거 노예 소유주들은 흑인들을 계속 못되게 대하고 예전처럼 'boy'라고 불러서 흑인들의 신경을 긁었습니다.

미국 어디에서나 거만한 백인들이 흑인 남자들을 "Hey, boy"라고 부르니 흑인들은 속을 끓일 수밖에요.

그러다가 1940년대에 들어 흑인들이 저항 방식을 바꾸어 서로 "Hey, man"이라고 인사하기 시작했습니다. 'man'을 붙인 것은 상대의 성별이 남자라는 것을 강조하려는 게 아니라 무수한 세월 'boy'라고 불린 데 대한 반항이었지요.

그러자 효과가 있었습니다. 백인들은 흑인들의 이 "Hey, man"이라는 인사가 처음엔 알쏭달쏭했습니다. 그러다가 60년대에 이르러서는 흑인이든 백인이든 누구나 서로 'man'이라고 부르기 시작했습니다. 'man'은 일상 표현이 되었습니다. 이런 게 진보라는 것이겠지요.

자, 그럼 다음으로 넘어가기 전에, robot로봇이란 다음 중 무엇을 의미할까요? ① 화성의 노예 소유주 ② 볼리비아의 소작농 ③ 체코의 농노.

MAN

Robots

할 일 많은 로봇

옛날 오스트리아-헝가리 제국이 중부 유럽을 거의 점령했던 시절, 농사는 지주와 농노의 개념으로 이루어졌습니다. 지주는 모든 땅을 소유하면서 땅 일부를 농노에게 내어주고 알아서 부쳐 먹도록 했습니다. 농노는 코딱지만 한 자기 땅을 부치고 지주의 땅도 부쳤습니다. 자기 몫으로 된 땅이 넓을수록 그 지주의 땅에서 더 오랜 시간 일해야 했습니다.

'robot'이라는 이름으로 불린 이 부역 제도는 1789년 신성로마제국 요제프 2세 황제가 철폐했으나, 1790년에 그가 죽자 레오폴트 2세 황제가 복구했습니다. 이 부역 제도는 1848년까지 운영되었습니다.

제도는 철폐되었지만, 그 이름은 생명을 이어갔습니다. 그로부터 72년이 지난 1920년, 카렐 차페크라는 체코 사람이 희곡을 썼는데, 공장에서 생체 조직을 생산해 명령에 복종하는 인조인간을 제조하는 내용의 오싹한 미래 이야기였습니다. 차페크는 이 인조인간의 이름을 영어 단어 labour노동의 어원이기도 한 라틴어 labor에서 따와 'labori'라고 부르려고 했습니다.

그런데 형 요세프가 더 좋은 이름이 있다며 'robot'이라 부를 것을 권합니다. 동생 카렐은 형의 제안을 받아들입니다. 〈로숨의 유니버설

로봇RUR: Rossum's Universal Robots〉이라는 제목으로 상연된 희곡은 대성공을 거두었고, robot이라는 단어는 2년 후 영어에도 도입되기에 이릅니다.

물론 robot이란 말은 이전에도 영어 문헌에 등장한 적이 있었지만, 어디까지나 유럽의 정치를 논하는 맥락이었으므로 오늘날 감각으로는 퍽 묘하게 읽힙니다. 한 오스트리아 귀족이 1854년에 사회주의가 극으로 치닫고 있다며 불평한 글을 예로 들어볼까요.

> **"** I can get no labor, as the robot is abolished; and my tenants have now land of their own, which once was mine, to cultivate.
>
> '로봇'이 철폐되어버리니 나는 부릴 일꾼이 없고, 내 소작인들은 내 땅이었던 땅을 자기들이 차지하고 부쳐 먹는다.

영어에서 이 robot과 의미가 통하는 표현으로는 'indentured labour(예속 계약 노역)'가 있습니다. 계약을 통해 일정 기간 누군가에게 예속되어 노역을 제공하는 것이지요. 'indentured dentist(예속 계약

치과 의사)'라는 것이 존재했다는 기록은 없는데, 만약 있었으면 재미있었을 겁니다. 두 단어가 다 이teeth와 관계있으니까요.

'이'와 관련된 단어는 생각보다 많습니다. trident삼지창는 '이가 셋'이란 뜻입니다. 파스타를 주문할 때 쓰는 말 al dente알 덴테는 '이로 씹히게' 살짝 단단한 식감이 되도록 삶아달라는 뜻입니다. dandelion민들레은 '사자의 이'를 뜻하는 프랑스어 'dents de lions'에서 왔습니다. 원래 하려던 얘기로 돌아가서, indentation파인 자국이 어원적으로 '잇자국'을 뜻한다는 사실에 주목해봅시다.

중세의 계약이라는 것은 황당한 경우가 많았습니다. 글을 읽을 줄 아는 사람이 거의 없던 시절이었으니까요. 이것저것 계약을 많이 해도 어느 계약서가 어느 계약서인지 구별할 수 있는 사람은 드물었습니다. 현대인도 중요한 서류를 어딘가에 보관해놓고는 매번 찾느라 애를 먹는데, 문맹자 입장에선 얼마나 고역이었을지 짐작할 만하지요.

해결 방법은 두 가지가 있었습니다. 하나는 글 읽는 법을 배우는 것이었으니 쉽지 않았고, 나머지 방법은 가위를 사용하는 것이었습니다.

먼저 성직자가 계약서를 작성합니다. 양 당사자가 X자 같은 것으로 서명하거나 도장을 찍은 후 계약서를 반으로 갈랐는데, 똑바로 자르지 않고 비뚤비뚤 지그재그로 잘랐습니다. 그것을 한쪽씩 나눠 갖고, 나중에 계약 당사자임을 증명할 일이 있으면 서로 가진 종이를 맞대어 '잇자국(indentations)'이 맞는지 확인해보았습니다. 그렇게 하여 '계약으로 묶인(indentured)' 사람을 '예속 계약 하인(indentured servant)'이라 했고, 예속 계약은 '종료(terminate)'될 때까지는 유효했습니다.

Terminators and Prejudice

해고 머신 터미네이터

terminate가 '끝내다'란 뜻이 된 것은 라틴어로 terminus가 '끝, 한계'를 의미했기 때문입니다. 그 말에서 bus terminal버스 터미널, terms and conditions계약 조건, fixed-term contract기간제 계약 같은 온갖 용어들이 나왔습니다. 심지어 '용어'도 term이라고 하지요. 용어란 '한정된' 의미를 갖기 때문입니다.

그래서 고용 계약을 '종료한다'고 할 때도 terminate를 쓰게 되었습니다. 고용 계약을 종료하는 방법은 법적으로 두 가지가 있습니다.

하나는 terminate without prejudice잠정 종료하는 것입니다. prejudice는 법률 용어로 권리나 이익 따위에 대한 '침해'나 '배제'를 뜻합니다. 따라서 이 말은 '재고용될 권리를 배제하지 않고 종료'한다는 뜻이 됩니다. 즉, 나중에 상황이 바뀌면 다시 고용할 수도 있다는 것이지요.

다른 하나는 terminate with prejudice영구 종료하는 것입니다. '재고용될 권리를 배제하고 종료'한다는 뜻이지요. '널 다시는 고용하지 않겠다'라고 못 박으면서 해고하는 것이니, 이건 피고용자가 뭔가 대단히 나쁜 짓을 해서 고용자의 신뢰를 저버린 경우입니다.

CIA미국 중앙정보국에 고용된 요원은 조직의 신뢰를 깨고 적에게 비밀을 누설할 경우 여지없이 고용이 종료됩니다. 물론 잠정 종료가 아니라 영구 종료(termination with prejudice)입니다. 아니 CIA라면 더 나아가 다시는 어디에도 고용되지 못하게 해줄 수도 있습니다. 어려울 것 없이 뒤에서 몰래 다가가 머리에 총알구멍을 내주면 됩니다. 이 방법을 가리켜 CIA 내부에서는 우스개로 termination with extreme prejudice, 즉 '극단적 영구 종료'라고 불렀습니다. 다시는 세상에서 볼 일이 없게 만드는 것이지요.

물론 CIA는 워낙 비밀스러운 기관이니 그 말을 언제부터 썼는지는 정확히 알 수 없습니다. 일반 대중이 알게 된 것도 순전히 '그린베레'라는 별칭으로 불리는 미 육군 특전단의 실수 때문이었지요.

베트남 전쟁이 한창이던 1969년, 타이 칵 쭈옌이라는 베트남 사람이 그린베레의 요원 또는 첩자로 활동하고 있었습니다(아니면 CIA 요원이었을 수도, 양측 모두에 고용되었을 수도 있습니다). 그런데 알고 보니 베트콩에도 협력하고 있었습니다. 이 사실을 알게 된 그린베레는 좀 어이가 없었습니다.

그래서 CIA에 가서 이 작자를 어떻게 처리하는 게 좋겠냐고 조언을 구했습니다. CIA는 이미 지난 일이니 잊어버리고 그 사람도 사정이 있었을 테니 너그럽게 이해해주자고 했습니다. 여하튼 CIA 측 주장에 따르면 그렇습니다.

반면 그린베레의 주장에 따르면 CIA가 쭈옌을(혹은 쭈옌과의 고용 계약을) 'terminate with extreme prejudice'하라고 했다는 겁니다.

누구 말이 맞는지는 몰라도 결과적으로 타이 칵 쭈옌은 총에 맞아 죽었습니다. 살인 혐의로 그린베레 요원 8명이 구속되었고, 시끌벅적한 소동과 군사재판이 이어지는 가운데 CIA의 '고용 계약' 관련 우스개가 만천하에 공개되고 맙니다.

이 사건을 계기로 그때까지 계약서 문구와 버스 터미널에나 얌전히 숨어 있던 terminate라는 단어가 일약 영화판의 스타로 떠오릅니다. 첫 영화는 〈지옥의 묵시록Apocalypse Now〉(1979)이었습니다. 주인공이 베트남 정글에 숨어 있는 커츠 대령을 찾아내 암살하라는 지령을 받는 장면에서 'terminate with extreme prejudice'라는 표현이 나옵니다. terminate라는 단어는 이내 대중의 뇌리에 '죽이다'의 우악스럽고 공포스럽고 터프한 동의어로 각인됩니다. 곧이어 1984년, 제임스 캐머런 감독은 우악스럽고 공포스럽고 터프한 살인 로봇에 'The Terminator터미네이터'라는 이름을 붙입니다.

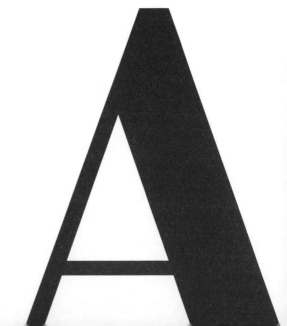

Terminators and Equators
별과 운명

terminator라는 단어를 사전에서 찾아보면 암살이나 로봇 관련 정의는 찾기 어려울 겁니다. 대개 천문학 용어 뜻이 가장 먼저 나올 텐데, 천문학에서 terminator라고 하면 행성의 표면에서 낮과 밤의 경계를 이루는 선을 말합니다. 이를테면 반달의 가운데 직선이 terminator입니다.

천문학astronomy과 점성술astrology은 옛날엔 같은 것이었고, 사람들에게 아주 큰 관심사였습니다. 그러다가 우주에 떠 있는 거대한 수소 덩어리가 우리의 연애운을 좌우한다는 게 이상하다는 깨달음이 불현듯 밀려오면서, 별자리 운세는 신문 맨 뒤 십자말풀이나 개인 광고란 틈바구니에서 명맥을 유지하는 신세로 전락했습니다. 하지만 점성술 용어는 영어에 자취를 생생히 남겼습니다.

가령 옛날에는 어떤 사람의 '기질, 성격(disposition)'이 그 사람이 태어나던 시각의 행성들 위치, 즉 행성들의 배치(disposition)에 따른 결과라고 보았습니다. 태어나던 시각에 목성(Jupiter)이 지평선 위로 떠오르고 있었다면 쾌활한 성격(jovial disposition), 토성(Saturn)이 떠오르고 있었다면 음울한 성격(saturnine disposition)이라고 했습니다. 또 재앙(disaster)이란 'dis-astro', 다시 말해 '잘못 놓인 행성(misplaced

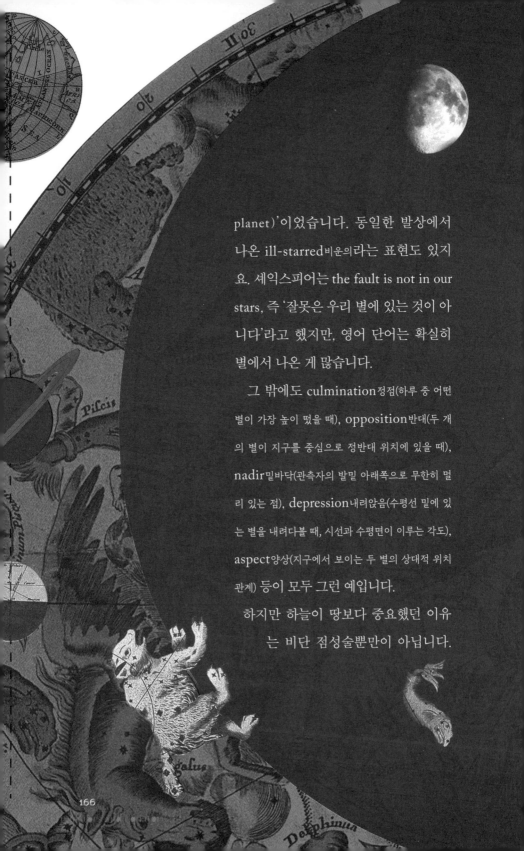

planet)'이었습니다. 동일한 발상에서 나온 ill-starred비운의라는 표현도 있지요. 셰익스피어는 the fault is not in our stars, 즉 '잘못은 우리 별에 있는 것이 아니다'라고 했지만, 영어 단어는 확실히 별에서 나온 게 많습니다.

그 밖에도 culmination정점(하루 중 어떤 별이 가장 높이 떴을 때), opposition반대(두 개의 별이 지구를 중심으로 정반대 위치에 있을 때), nadir밑바닥(관측자의 발밑 아래쪽으로 무한히 멀리 있는 점), depression내려앉음(수평선 밑에 있는 별을 내려다볼 때, 시선과 수평면이 이루는 각도), aspect양상(지구에서 보이는 두 별의 상대적 위치 관계) 등이 모두 그런 예입니다.

하지만 하늘이 땅보다 중요했던 이유는 비단 점성술뿐만이 아닙니다.

결정적으로, 하늘은 땅보다 눈에 잘 보입니다. 가령 북극은 너무 멀고 대중교통으로 찾아가기도 불편하지만, 북극성은 눈으로 볼 수 있습니다(북반구에 사는 경우). 그리고 하늘의 적도(celestial equator)라는 게 있습니다. 지구의 적도를 우주로 무한히 연장한 평면을 가리킵니다. 지구의 적도는 찾아가기 어렵지만, 하늘의 적도상에 있는 별은 지구의 어느 곳에서 보든 밤마다 환히 빛납니다. 그래서 equator는 원래 '하늘의 적도'를 뜻하는 말이었습니다. 그 뜻으로 200년간 쓰이고 나서야 비로소 '지구의 적도'도 뜻하게 되었지요.

Equality in Ecuador

평등한 나라 에콰도르

지구는 지축이 삐딱하게 기울어진 상태로 태양 주위를 돕니다. 그래서 태양이 하늘의 적도(equator)와 만나는 것은 1년에 두 번뿐으로, 낮과 밤의 길이가 같아지는데(equal) 그때 하늘에서 태양의 위치를 '분점(equinox)'이라고 합니다. 태양은 떠돌이여서 한 해 동안 북반구와 남반구를 오갑니다. 슬슬 올라오다가 6월에 북위 23도를 찍고 방향을 돌려(turn), 다시 슬슬 내려가다가 12월에 남위 23도를 찍고 다시 방향을 돌려서 올라옵니다.

영어의 turn에 해당하는 그리스어는 tropos였습니다. 그래서 영어에서 turn of phrase(수사, 비유)를 trope라고도 하지요. 또 그래서 북위 23도의 위도선을 Tropic of Cancer북회귀선(처음 이 이름이 지어졌던 시절에는 태양이 6월에 게자리Cancer 위치에 있었습니다), 남위 23도의 위도선을 Tropic of Capricorn남회귀선(처음 이 이름이 지어졌던 시절에는 태양이 12월에 염소자리Capricorn 위치에 있었습니다)이라고 하게 되었습니다. 그리고 그 사이에 있는 지역을 통틀어 tropical열대의이라는 형용사로 부릅니다.

북회귀선과 남회귀선의 딱 중간에 적도(equator)가 지구를 두르고 있습니다. 스페인 사람들은 적도를 ecuador라고 합니다. 그래서 적도 위에 놓인 나라를 발견하고는 그 이름을 그냥 Ecuador에콰도르라고 붙

였습니다.

  적도를 equator라고 한 이유는 지구를 정확히 동등하게(equal) 양
분하기 때문입니다. 동등한 상태, 평등한 상태는 equality입니다. 불평
등(*inequality*)은 대개 *iniqu*itous극악한, 무도한하다고 여겨지지요. 하지
만 불평등이 필요할 때도 있습니다. 예를 들어 스포츠를 생각해봅시
다. 두 팀은 지위가 동등하니, 서로 자기가 옳다고 싸우게 되면 더 지
위가 높은 사람이 판정을 내려줘야 합니다. 즉 선수들과 '동등하지 않
은(not on a par)' 사람의 심판이 필요합니다. 그런 사람을 라틴어로는
non-par라고 했고, 고대 프랑스어로는 noumpere이라고 했습니다.
그러다가 n이 어디론가 도망가서 umpire가 되었습니다.

  사실 n으로 시작하는 단어는 수모를 당할 때가 많습니다. 옛날에는
앞치마를 'a napron'이라고 했습니다. 그런데 앞치마의 철자 따위 아

무도 신경 쓰지 않다 보니, a가 n을 슬쩍 떼어가는 것을 아무도 눈치 채지 못했습니다. 그래서 이제 사람들은 'an apron'을 착용합니다. 마찬가지로 옛날엔 살무사를 'a nadder'라고 했는데, 지금은 'an adder'가 되었습니다.

이 줏대 없는 n은 반대 방향으로 가서 붙기도 합니다. 도롱뇽의 일종인 '영원'이라는 동물을 'an ewt'라고 했는데 이제는 'a newt'가 되었습니다. 또 '별명'을 'an extra name'이라는 뜻에서 'an eke-name'이라고 부르다가 그게 'a nickname'이 되었습니다.

한편 '동등한'을 뜻하는 라틴어 par는 parity동등함, peer group동료 집단, peerless독보적인, peer of the realm세습 귀족 같은 표현들의 기원이 되기도 했습니다. 귀족이라면 누구보다 지위가 높은 사람들인데 왜 '동료'를 뜻하는 peer로 불리냐고요? 샤를마뉴 대제가 서로 지위가 '동등한' 귀족 기사 열두 명을 두었기 때문입니다. 그게 역사적 사실은 아니고 전설이긴 한데, 전설이라도 단어의 기원 역할을 하는 데는 지장이 없습니다.

par는 곳곳에 숨어 있습니다. 누군가를 자기와 '동급이 못 되게' 깎아내리는 행동을 disparage폄하하다라고 합니다. 집주인이 자기와 '동등한' 상대로 대하면서 가사를 도우며 살게 하는 외국 유학생을 au pair('오페어')라고 합니다. 하지만 지금도 단독으로 쓰이는 par라면 아무래도 골프 용어로 가장 유명할 것 같습니다. par파는 birdie버디와 bogey보기 사이의 점수이지요.

Bogeys

보기맨

골프에서 '파(par)'보다 한 타 더 친 점수를 왜 '보기(bogey)'라고 할까요?

골프는 상대가 둘인 운동입니다. 상대편 선수와의 싸움이기도 하지만 기준 스코어와의 싸움이기도 하지요. '파'로 불리는 기준 타수는 프로 골프 선수가 한 홀을 마치는 데 기본적으로 필요한 타수입니다. 인간 상대와 기준 타수, 둘 중 더 이기기 어려운 상대는 보통 기준 타수지요.

빅토리아 시대 영국에는 '보기맨(The Bogey Man)'이라는 유명한 노래가 있었습니다. 못된 아이들 방에 몰래 들어와 온갖 소동을 일으킨다는 상상 속의 귀신 혹은 도깨비를 주제로 한 내용이었습니다. 1890년 어느 날, 토머스 브라운 박사라는 사람이 잉글랜드의 그레이트야머스에서 골프 한 라운드를 치는데 그 노래가 머릿속에 계속 맴돌았습니다.

골프에서 기준 타수를 상대로 경쟁한다는 개념은 당시 나온 지 얼마 안 되었을 때였습니다. 골프는 원래 파니 이글이니 버디니 하는 것이 없었고, 총 타수를 합산해 그냥 가장 적게 친 사람이 이기는 방식이었습니다.

브라운 박사는 이날 처음으로 기준 타수를 상대로 쳐보았는데 성적이 썩 마음에 들지 않았습니다. 사람을 상대로 치는 것보다 기준 타수를 이기는 게 훨씬 힘들었지요. 기준 타수는 결코 모습을 드러내지 않지만 늘 존재감을 내뿜는 막강한 적수였습니다. 그렇다면 그 '골프 귀신'은 노래 속에 나오는 '보기맨'이 틀림없다는 데 생각이 미쳤습니다. 브라운 박사가 떠올린 농담은 그레이트야머스 지역에서 인기를 끌었고 골프 동호인들 사이에 퍼지게 되었습니다.

'보기(the Bogey)'라는 가상의 선수를 상대로 경기를 한다는 개념은 점점 유명해졌고, 결국 '보기'는 기준 타수 자체를 의미하게 되었습니다. 그러다가 1940년대에 들어 '보기'는 그 의미가 살짝 바뀌어 '파'보다 한 타 많은 타수를 뜻하게 되었습니다. 그 이유는 아무도 정확히 모릅니다.

Bugbears and Bedbugs

도깨비와 벌레

'보기' 이야기는 거기서 끝이 아닙니다. '보기'라는 골프 귀신의 개념이 생긴 지 몇 년도 되지 않아 사람들은 그 어원인 '보기맨'을 까맣게 잊고는 가상의 골퍼 '보기 대령(Colonel Bogey)'을 이야기하기 시작했습니다. 1897년에 나온 골프 만화책에 이런 대사가 나옵니다.

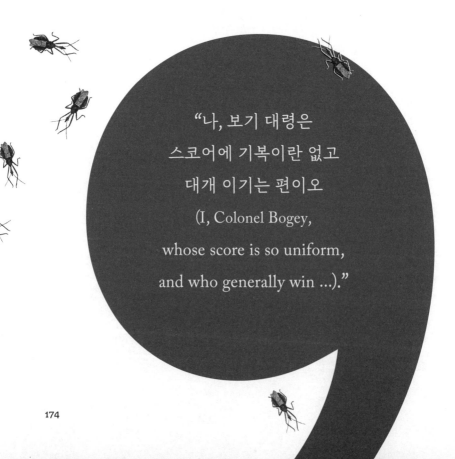

"나, 보기 대령은
스코어에 기복이란 없고
대개 이기는 편이오
(I, Colonel Bogey,
whose score is so uniform,
and who generally win ...)."

보기 대령의 인기는 높아졌습니다. 1914년에 영국의 행진곡 작곡가인 케네스 앨퍼드가 자신의 신곡에 '보기 대령 행진곡'이라는 이름을 붙일 정도였습니다. 영화 〈콰이강의 다리The Bridge on the River Kwai〉의 주제곡으로 잘 알려진 곡이지요. 이로써 '보기'는 본래 태어난 곳인 노래의 세계로 다시 돌아간 셈입니다.

이 보기맨(bogeyman)이란 도대체 무엇이었을까요? 사실 보기맨도 종류가 많아서 그 외양과 크기가 참으로 다양합니다. 그중엔 곰처럼 생긴 것도 있습니다. 숲속에 살면서 말 안 듣는 꼬마들을 잡아먹는다고 합니다. 이름하여 'bogey-bear'였습니다. 그러나 bogey-bear는 세월과 함께 그 무시무시한 위용을 잃어갔고, 오늘날은 한낱 'bugbear골칫거리'로 전락하고 말았습니다. 이제 아이를 한입에 삼킨다거나 하는 일은 없고 좀 짜증스러운 존재일 뿐입니다.

그 사촌인 'bugaboo근심거리' 역시 오늘날 만만한 존재가 되어버렸습니다. 다만 제임스 본드James Bond는 bugaboo를 무척 경계하여 침대 밑에 숨어 있지 않은지 늘 확인한다고 합니다. 어원적으로 보면 그렇다는 이야기지요.

bugaboo는 원래 bogeyman의 일종이었지만, 18세기에 도둑들이 지방관리(Sheriff's officer), 즉 오늘날의 경찰관을 지칭하는 속어가 되었습니다. 19세기 도둑들은 이 bugaboo를 줄여서 bug라고 부르며 피해 다녔습니다. 그래도 도둑질은 계속 열심히 했습니다. 20세기에는 도둑들이 워낙 기승을 부려 주민들이 도난 경보기를 설치하기 시작했습니다. 1920년대에 이르자 도둑들은 이 도난 경보기를 bug라고 불렀습니다. 도난 경보기나 경찰이나 피해 다녀야 하는 건 마찬가지였으니까요. '도난 경보기를 설치한' 집이라고 할 때 bugged라는 형용사를 쓰기도 했습니다.

그러다 보니 사람들은 전화기나 찻주전자 안에 누가 설치해놓은 조그만 '도청 장치'도 bug라고 불렀습니다. 그래서 제임스 본드도 호텔 방에 들어가면 bug를 열심히 찾았으니, 침대 밑에 bogeyman이 숨어 있을지 모른다는 옛말은 오늘날도 틀린 말이 아닌 셈입니다. 어원적으로 보면 말이지요.

bogey와 bug는 사실 늘 비슷한 뜻으로 쓰였습니다. 마일스 커버데일이 1535년에 영역한 구약성서의 시편 91편 5절을 볼까요.

Thou shalt not need to be afrayed for eny bugges by nights.
밤에 찾아오는 귀신을 두려워 마라.

이후에 나온 성경 역본은 대개 'terrors공포'라는 단어를 사용했기에 커버데일의 역본은 The Bug's Bible이라는 별명으로 통했습니다. 그러다가 17세기 중엽, 알 수 없는 이유로 bug가 '곤충'을 뜻하기 시작했습니다. 곤충이 끔찍스러워서인지, 아니면 보기맨처럼 침대 밑에 숨어들어서인지는 알 수 없습니다. bug가 '곤충'의 뜻으로 문헌상에 처음 나타난 것은 1622년 bedbug빈대라는 형태였습니다. 하지만 이후엔 꼬물거리고 징그러운 곤충이나 벌레 종류는 무엇이든 bug라 칭했습니다. 그중엔 기계에 들어가 말썽을 일으키는 놈들도 있었지요.

일설에 따르면 토머스 에디슨이 발명품을 하나 만들었는데 계속 오작동했다고 합니다. 에디슨은 도무지 이유를 알 수 없었습니다. 부품 하나하나 점검해봐도 이상이 없었습니다. 설계를 다시 확인해봐도 문제가 없었습니다. 마지막으로 한 번 더 기계를 살펴보다가 결국 원인을 찾아냈습니다. 조그만 벌레가 섬세한 전자장치 위를 기어 다니면서 말썽을 일으키고 있었던 것이죠. '장비의 기술적 문제'를 가리키는 bug의 쓰임은 여기에서 비롯되었다는 이야기입니다.

그 이야기가 사실이 아닐 수도 있지만, 에디슨이 bug를 그런 의미로 처음 사용한 것은 맞습니다. 1878년에 에디슨이 쓴 편지의 한 대목을 볼까요.

> 66 지금까지 내가 만든 발명품이 모두 마찬가지였네. 일단 나도 모르게 문득 직감이 떠오르고, 그다음에는 난관이 닥치지. 기계가 작동을 멈추고 'Bugs', 즉 사소한 결함과 장애가 나타나서, 다시 몇 달 동안 치열하게 관찰하고 연구하고 애쓰고 나서야 비로소 상업적으로 성공이든 실패든 결론을 낼 수 있었네.

1889년《펠 맬 가제트Pall Mall Gazette》지는 다음과 같은 글을 싣습니다.

> 내가 듣기로 에디슨 씨는 지난 이틀 밤을 꼬박 새우며 자신의 축음기에서 'bug'를 찾아냈다고 했다. 이는 문제를 해결한다는 뜻의 표현으로, 어떤 가상의 곤충이 기계 안에 숨어들어 온갖 말썽을 일으키고 있음을 암시하는 말이다.

그러니 에디슨의 그 벌레 이야기는 사실일 수도 있고, 아니면 에디슨이 말한 'bug'는 단지 기계 속에 숨어 장난을 치고 있을 법한 도깨비 '보기맨'을 뜻한 것일 수도 있습니다.

그 기원이 무엇이든 bug의 새 의미는 인기를 끌었습니다. 이제 소프트웨어의 'bug'로 컴퓨터가 다운되면 에디슨 또는 보기맨을 욕하면 된다는 것, 아시겠지요.

Von Munchausen's Computer

허풍선이 남작의 컴퓨터

새 발명품에는 새로운 이름이 필요하겠지만, 대개는 그냥 기존에 있던 이름을 붙이고 넘어가기 마련입니다. '컴퓨터(computer)'는 사실 1613년부터 존재했습니다. 천문대 등에서 계산하는 일을 맡은 전문 기술자를 가리키는 말이었지요.

현대적 컴퓨터의 전신인 기계 장치의 설계를 고안한 찰스 배비지는 그 기계를 '해석기관(Analytical Engine)'이라 불렀습니다. 이후 그의 아들이 설계를 개량하여 '밀(Mill)'이라는 이름으로 불렀습니다. 곡식을 빻는 '방앗간(mill)'처럼 복잡한 장치이면서, 한쪽으로 재료가 들어가면 처리하여 다른 쪽으로 내보내는 일을 했으니까요. 그러다가 1869년, 두 수의 합을 계산할(compute) 수 있는 기계가 나오면서 computer라는 이름으로 불리게 되었습니다. 그런 기계들이 점점 기능이 발전하면서 computer라는 이름도 점점 퍼져나갔습니다. 급기야 1946년 최초의 현대적 컴퓨터가 ENIAC(Electronic Numeral Integrator And Computer, 전자식 숫자 적분 계산기)이라는 이름을 달고 나오면서 computer라는 이름은 이제 돌이키기 어려워졌습니다.

사실 초기의 컴퓨터들은 단순한 계산기에 불과했으므로 computer라 불릴 만도 했지요. 그러다가 소프트웨어라는 것이 나왔습니다. 소프트웨어는 사용자가 기계에 일일이 입력해주어야 했습니다. 그런데 1950년대에 이르자 컴퓨터가 소프트웨어를 알아서 읽어들였습니다. 컴퓨터가 코드 한 줄을 읽어들이면 그 코드가 다음 코드를 읽어들이고, 또 그 코드가… 그런 식으로 반복하는 원리였습니다. 그럼 여기서 뮌히하우젠 남작(1720~1797) 이야기를 먼저 해야겠어요.

뮌히하우젠 남작(한국에는 흔히 《허풍선이 남작의 모험Münchhausen》으로 알려진 소설의 주인공)은 실존 인물로서, 러시아에서 전쟁에 나가 싸웠습니다. 고향에 돌아와 황당무계한 모험담을 늘어놓았는데 이를테면 대포알을 타고 날아가고, 달나라 여행을 갔다 오고, 늪에 빠졌는데 자기 머리카락을 잡아 당겨 빠져나왔다는 등의 이야기였습니다. 마지막 기술은 물론 머리카락을 위로 당기는 힘과 팔을 아래로 당기는 힘이 상쇄되므로 물리적으로 불가능한 이야기지요. 허황하긴 하지만 그 아이디어가 아까웠는지 미국 사람들이 19세기 말엽에 그 묘기를 입에 올리기 시작합니다. 그런데 머리카락이 아니라 bootstrap이라고 했습니다. 부츠를 신을 때 잡고 당기는, 부츠 뒤에 달린 가죽끈을 말하지요. '혼자 힘으로 해내다'라는 뜻으로 pull oneself up by one's bootstraps라는 표현을 쓰기 시작한 겁니다.

그런데 물리적으로는 불가능한 일도 컴퓨터로는 가능합니다. 컴퓨터가 자기를 구동해줄 프로그램을 자기 스스로 탑재하는 것이야말로 '부츠 끈을 잡고 자기 몸을 들어 올리는(pull itself up by its own boot-straps)' 묘기가 아니면 무엇이겠습니까? 그래서 그 과정을 1953년에 bootstrap이라고 불렀습니다. 1975년경부터는 strap이 거추장스러워졌습니다. 그때부터는 컴퓨터를 시동할 때 그냥 boot한다거나 boot up한다고 하고, 그 과정을 booting이라고 합니다.

180

SPAM(not spam)

스팸

1937년 미국 시장에 새로운 상품이 나왔는데, 돼지고기와 감자전분이 주성분인 음식으로, 이름이 'Hormel Spiced Ham호멜 조미 햄'이라고 했습니다. 제조사가 George A. Hormel & Co.였거든요. 회사 부사장의 동생은 배우였는데, 언어 감각이 형보다 훨씬 나았는지 'Spiced Ham'을 줄여서 'SPAM'으로 하라고 제안했습니다. 또 다른 설에 따르면 SPAM은 'Shoulder of Pork and Ham(돼지고기 앞다리살과 뒷다리살)'의 약자라고도 합니다. 어쨌든 호멜 식품회사는 지금까지도 이 제품의 이름을 소문자 spam이 아니라 대문자 SPAM으로 써야 한다고 주장합니다.

SPAM은 히틀러 덕분에 크게 유행합니다. 제2차 세계대전 중 영국은 식량난 속에 신선육의 배급량을 엄격히 제한했습니다. 영국인들은 배급이 비교적 넉넉한 가공육 통조림에 많이 의존했는데, 그때 요긴했던 것이 미국에서 엄청나게 많이 보내주던 SPAM이었습니다. 전후에도 SPAM은 영국에서 보편적인 식품으로 남았고, 특히 싸구려 식당에서 음식으로 많이 나왔습니다. 여기서 영국의 유명했던 코미디 그룹 몬티 파이선Monty Python이 등장합니다.

1970년 TV에 방송된 몬티 파이선의 어느 콩트는 이런 내용이었습니다. 두 손님이 하늘에서 내려와 영국의 어느 허접한 식당에 앉습니다. 거의 모든 메뉴 이름에 SPAM이 들어가 있는 것에 한 손님이 질색하자, 식당에 앉아 있던 바이킹들이 "SPAM SPAM SPAM SPAM ..." 이렇게 똑같은 가사가 끝없이 반복되는 스팸 찬양가를 부릅니다.

참고로 몬티 파이선은 왠지는 알 수 없지만 컴퓨터 프로그래머들이 아주 좋아합니다. 파이선Python이라는 프로그래밍 언어까지 있을 정도지요.

어쨌든 이야기는 Multi-User Dungeon, MUD로 이어집니다. MUD의 문자 그대로의 뜻은 '다중 사용자 지하감옥'입니다. MUD는 1980년대에 사람들이 즐기던 오늘날 온라인 게임의 시초입니다. 컴퓨터를 잘하는 사람들은 MUD 게임 안에서 자기가 만든 프로그램을 실행하기도 하고 공유하기도 했습니다. 그중 가장 유명한 프로그램은 아주 단순한 장난질이었습니다.

그 프로그램은 첫 명령어가 화면에 SPAM을 출력하라는 것이었고, 두 번째 명령어는 첫 명령어로 돌아가라는 것이었습니다. 이 프로그램을 실행시키면 몬티 파이선의 노래 가사처럼 SPAM이라는 글자가 화면을 뒤덮으면서 화면이 끝없이 스크롤되어 멈출 수가 없었습니다.

1990년경에는 프로그래머들이 인터넷에 무작정 뿌려져 짜증을 유발하는 모든 글을 SPAM이라고 불렀습니다. 1990년대 초에는 인터넷 토론 공간인 유즈넷에서도 이 몬티 파이선 조크가 계속 이어지면서 spam이라는 말이 더 널리 퍼졌습니다. 이후 돈 버는 법이니 대출이니 정력제니 하는 이메일들이 넘쳐나면서 그런 것을 모두 spam이라 부르게 되었지요. 아니, 써달라는 대로 대문자로 꼭꼭 SPAM이라고 써주는 게 좋겠습니다. SPAM은 어쨌거나 분명히 상표명이니까요. heroin헤로인처럼 말이지요.

Heroin

헤로인

옛날 기침약에는 모두 모르핀이 들어 있었습니다. 그런데 모르핀은 중독성이 있는 게 문제였습니다. 감기에 독하게 걸렸다고 기침약을 너무 오래 먹으면 기침은 낫겠지만 약에 의존성이 생길 수 있었습니다. 그래서 100년 전엔 기침이 나면 그냥 계속 콜록거리든지 아니면 모르핀 중독자가 될 위험을 감수하든지 해야 했지요. 물론 약을 안 먹고 버티는 사람이 더 많았습니다.

이후 1898년 바이엘이라는 독일 제약회사가 대안을 찾는 데 착수했습니다. 모종의 실험을 벌인 끝에 디아세틸모르핀diacetylmorphine이라는 물질을 만들어냈고, '중독성 없는 모르핀 대체 약물'이라며 홍보했습니다.

그런데 상표명을 무엇으로 하느냐가 문제였습니다. 디아세틸모르핀은 과학자들끼리 부르는 이름으로는 어떨지 몰라도 약국에 가서 달라고 하기엔 입에 잘 붙지 않았으니까요. 사람들이 "그래! 바로 저거야!" 할 멋진 이름이 필요했습니다.

그래서 바이엘사 홍보팀 직원들은 머리를 굴렸습니다. 디아세틸모르핀을 복용한 사람들에게 느낌을 물었더니 한결같이 기분이 끝내준다는 것이었습니다. 마치 '영웅

(hero)'이 된 기분이라고 했습니다. 홍보팀은 신약의 이름을 '헤로인 (heroin)'이라 하기로 했고, 이름 덕분인지 약은 잘 팔려나갔습니다.

바이엘사는 heroin에 대한 상표권을 제1차 세계대전 직후까지 보유했습니다. 하지만 결국 '중독성이 없다'는 부분은 큰 오해였음이 드러났지요.

어쨌든 마약 heroin은 '여자 주인공'을 뜻하는 heroine과 발음뿐만 아니라 어원도 같습니다. 이게 다 morphine 중독을 피하려다가 빚어진 사고였지요.

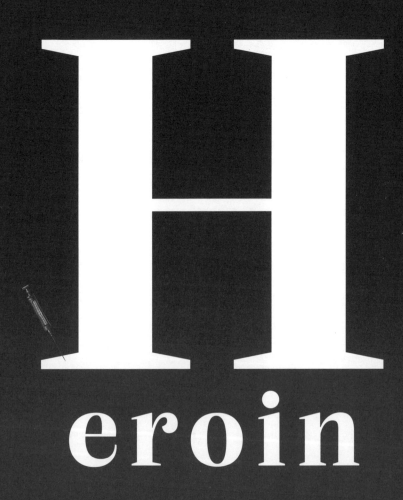

Morphing De Quincey and Shelley

드 퀸시와 셸리

morphine의 어원인 Morpheus모르페우스는 그리스 신화에 등장하는 꿈의 신입니다. 잠의 신을 아버지로 두었고 공상의 신과는 형제지간 이지요. 지하 세계 인근의 동굴에 살면서 꿈을 만들어, 시든 느릅나무 에 걸어두었다가 때가 되면 사용했습니다.

모르페우스는 '꿈의 형상을 빚는' 존재였습니다. 그 이름은 '모양, 형상'을 뜻하는 그리스어 morphe에서 온 것입니다. 영화에서 사용되 는 morphing모핑(어떤 형체가 다른 형체로 매끄럽게 바뀌게 하는 기법)도 같은 어 원입니다. 반대로 amorphous는 '형태가 없는'을 뜻합니다.

이래저래 마약과 꿈은 밀접한 관계가 있습니다. 아편opium을 파이프로 한가득 빨면 잠에 빠져 pipe dream허황된 꿈을 꾸기 마련이지요. 아편쟁이 중 가장 유명했던 사람은 19세기에 살았던 토머스 드 퀸시였습니다.《어느 영국인 아편쟁이의 고백Confessions of an English Opium Eater》이라는 회고록을 썼는데, 그 책에서 자신이 환각 상태에서 꾼 꿈을 화려하면서도 기묘한 필치로 묘사했습니다.

드 퀸시는 사실 회고록을 쓸 당시에 돈이 한 푼도 없어 약을 구하지 못했습니다. 다행히 책이 엄청나게 잘 팔려서 남은 평생을 최고급 마약에 빠져 살 수 있었습니다. 그는 심지어 굉장히 장수하기까지 했습니다. 비슷한 시대에 살았던 셸리, 키츠, 바이런 같은 영국 시인들은 배를 타고 가다가 물에 빠져 죽고, 폐결핵으로 죽고, 그리스에서 참전해 죽었지만, 드 퀸시는 마약에 푹 절어서도 세 사람보다 35년 이상 더 살다가 74세에 열병으로 죽었습니다. 그는 무려 55년 동안이나 아편을 했습니다.

드 퀸시는 오랜 세월 어수선한 저작 활동을 펼치면서 단어를 만드는 데 엄청난 재주를 보였습니다. 아편에 취한 그의 두뇌는 신들린 듯 신조어를 뽑아냈습니다.《옥스퍼드 영어 사전》에는 그의 손길에서 탄생해 등재된 단어가 159개에 이릅니다. 그중에는 passiuncle미미한 열정처럼 잊힌 단어도 많지만 지금까지 쓰이는 것도 많습니다.

드 퀸시가 아니었더라면 지금 우리는 잠재의식(subconscious)도 없고, 측근(entourage)도 없고, 인큐베이터(incubator)도 없고, 상호 연관성(interconnection)도 없을 뻔했습니다. 그뿐인가요, 사물을 직관하거나(intuit) 재배치할(reposition) 수도 없었을 겁니다. 드 퀸시는 경이롭게(phenomenally), 경천동지할 만큼(earth-shatteringly) 창의적이었습

니다. 심지어 '출산 후의(post-natal)'라는 단어
까지 만들어 산모들에게 산후우울증(postnatal
depression)에 걸릴 수 있게 해주었습니다.

　다만 '출산 전의(ante-natal)'라는 단어는
퍼시 셸리가 먼저 만들었습니다. 낭만주의
시인 셸리도 드 퀸시처럼 시를 쓰다가 단어가 생각나지 않으면 그냥
만들어 썼습니다. 29세의 젊은 나이에 익사하기 전까지 수많은 단어
를 만들었는데, 이를테면 spectral유령의, anklet발찌, optimistic낙천적인,
heartless비정한, bloodstain핏자국, expatriate추방된, expressionless무표정
한, interestingly흥미롭게, legionnaire부대원, moonlit달빛 비치는, sunlit햇
빛 비치는, pedestrianize보행하다; 보행자 전용으로 만들다, petty-minded생각이
좁은, steam-ship증기선, unattractive매력 없는, undefeated불패의, unful-
filling보람 없는, unrecognized알아차리지 못한, wavelet잔물결, white-hot백
열 상태의 등이었습니다.

　그는 심지어 national anthem국가國歌이라는 말까지 만들었습니다.

Star-Spangled Drinking Songs

애주가와 애국가

spangle은 '반짝이 장식'이지요. 원래는 그런 것을 spang이라고 했고, spangle은 'little spang'이라는 뜻이었습니다. spangled라고 하면 '반짝이로 뒤덮인'이라는 뜻입니다. 아무리 피하고 싶어도 살다 보면 언젠가 입어야 할지도 모르는 의상이지요.

　spangled라는 말이 처음 등장한 곳은 토머스 무어Thomas Moore의 시입니다.《유토피아》의 저자 토머스 모어Thomas More와 헷갈리면 안 됩니다. 토머스 무어는 19세기 아일랜드의 시인입니다.

As late I sought the spangled bowers
To cull a wreath of matin flowers,
얼마 전 나는 반짝이는 나무 그늘을 찾아
아침 꽃을 따서 화환을 만들려고 하였네

이렇게 시작하는 시였는데, 고대 그리스 서정시인 아나크레온(Anacreon)의 시를 영역한 것이었습니다. 아나크레온은 술꾼이자 사랑꾼이었습니다. 아나크레온의 시(anacreontics)는 죄다 술에 취해 수풀 속에서 연애하는 내용이었습니다. 참 좋은 이야기들이지요.

그래서 18세기 영국에서는 그의 이름을 딴 '아나크레온 협회 (Anacreontic Society)'라는 남성 사교 클럽이 만들어졌습니다. 위트와 조화 그리고 와인의 신을 찬미하는 모임이었는데, 음악을 무척이나 좋아하는 사람들이었습니다. 회원 두 명이 협회의 주제가로 쓸 권주가勸酒歌를 만들기도 했습니다. '천국의 아나크레온에게(To Anacreon in Heav'n)'라는 제목입니다. 존 스태퍼드 스미스가 곡을 쓰고 회장 랠프 톰린슨이 가사를 썼습니다. 내용은 이렇습니다. 천국에 있는 아나크레온에게 가르침을 달라고 기도하자 하늘에서 답이 내려왔습니다. 일단 풍악을 울리고 자기를 따라 하라면서 '비너스의 도금양꽃과 바쿠스의 포도 덩굴을 한데 얽는(intwine the myrtle of Venus with Bacchus's vine)' 방법을 가르쳐주겠다는 것입니다.

물론 바쿠스의 포도 덩굴은 술을 상징하고 비너스는 성애의 신이니 그 의미는 상상에 맡깁니다. 〈천국의 아나크레온에게〉는 멜로디가 귀에 쏙쏙 꽂히는 명곡이었습니다(독자 여러분도 아는 곡입니다). 부르기가 꽤 어려워서 18세기에 영국 경찰들이 음주 테스트할 때 불러보게 하는 곡이기도 했습니다. 이 곡을 정확한 음정으로 부를 수 있으면 취하지 않은 것으로 보고 보내주었습니다. 권주가가 그런 용도로 쓰이게 된 건 얄궂은 운명이지요. 또한 음치들에게는 너무 불공평한 테스트였습니다.

이 곡은 워낙 인기가 높았기에 급기야 프랜시스 스콧 키라는 사람이 자기가 새로 쓴 노랫말에 슬쩍 가져다가 붙여버립니다. 그가 쓴 가사는 술을 권하는 내용이 아니라, 포화 속에 휘날리는 깃발에 관한 내용이었습니다.

프랜시스 스콧 키는 미국 변호사였습니다. 1812년 미영전쟁 중에 키는 포로 석방 협상을 위해 영국 군함 토넌트호에 파견되었습니다. 함상에서 식사도 했습니다. 그런데 그를 보내줄 때가 되자 영국군은 걱정이 됐습니다. 키가 영국군 군함의 구조를 이미 파악했기 때문에 그냥 보내면 모든 정보를 미국군에 알릴 게 틀림없었습니다. 그러면 안 되는 게, 영국군은 이튿날 날이 밝으면 볼티모어에 포격을 퍼부을 계획이었거든요. 미국군이 너무 많은 걸 알면 재미없을 것 같았습니다. 그래서 키를 함상에 붙들어두었고, 키는 불행히도(아니 본인의 안전 면에서는 다행히도?) 영국 함대의 볼티모어 포격을 영국 쪽에서 지켜볼 수밖에 없었습니다.

함포가 불을 내뿜었지만, 요새에 꽂혀 있던 깃발은 연기 속에 꼿꼿이 서 있었습니다. 키는 이에 감동해 노래를 만들기로 했습니다. 곡은 아나크레온 협회의 노래를 슬쩍했지만, 가사는 새로 썼습니다.

그리고 제목을 '별이 빛나는 깃발(Star-Spangled Banner)'이라고 붙였습니다. 한 바퀴를 돌아 '반짝이'를 뜻하는 spangle로 다시 돌아온 셈이지요. 이 노래는 1931년에 미국의 국가로 지정됩니다.

O, say
can you see
by the dawn's
early light
What so proudly we hailed at the twilight's last gleaming,
Whose broad stripes and bright stars through the perilous fight,
O'er the ramparts we watched were so gallantly streaming?
And the rockets' red glare, the bombs bursting in air,
Gave proof through the night
that our flag was still there;
O, say does that star-spangled
banner yet wave,
O'er the land of the free and
the home of the brave?

오 그대
보이는가
이른 새벽 여명 사이로
황혼의 미광 속에 우리가 그토록 자랑스럽게 환호했던
넓은 줄무늬와 빛나는 별들이 격전 속에서도
우리가 지킨 성곽 위에 당당히 나부끼는 모습이
포탄의 붉은 섬광과 공중에서 작렬하는 폭탄이
밤새 우리의 깃발이
건재했음을 증명하니
오 말해주오 성조기는 여전히 휘날리는가
자유의 땅이자 용자들의 고향에서

Torpedoes and Turtles

거북이와 가오리

영국 해군과 미국 독립군의 전투에서 유래한 단어로 torpedo어뢰도 있습니다. 쏜살같이 나아가는 torpedo는 torpid무기력한라는 형용사와 거리가 멀어 보이지만, 밀접한 관계가 있습니다.

torpid는 '얼얼한, 멍한'을 뜻하는 라틴어 torpidus에서 왔습니다. 여기서 이야기는 전기가오리electric ray로 이어집니다. 전기가오리는 전기뱀장어electric eel에 비해 조금 생소할 수도 있지만, 큰 놈은 자그마치 220볼트의 전기 충격을 발생시킵니다. 그 정도면 사람을 실신시켜 torpid하게 만들기에 충분하지요.

전기가오리에 쏘이면 쥐(cramp)가 난 것처럼 얼얼하다(numb)고 하여 한때 전기가오리를 cramp-fish나 numb-fish라고도 했습니다. 하지만 유식한 라틴어 분류명으로는 전기가오리목(Torpediniformes)에 속하는 동물을 가리킵니다. 그중 가장 유명한 것이 전기가오리과(Torpedinidae)의 토르페도속(Torpedo)입니다. torpedo라고 하면 원래 전기가오리 또는 비유적으로 '얼얼하게 만드는 것'을 뜻했습니다.

미국 독립전쟁이 한창이던 1776년으로 다시 돌아가 봅시다. 뉴욕에 당도한 영국 해군은 미국군의 저항이 워낙 완강했기에 그냥 바다 위에 머물면서 항구를 봉쇄하기로 했습니다. 미국군은 영국군의 행태가 마음에 들지 않았습니다. 부슈넬이라는 미국인 발명가가 있었는데, 최초의 잠수정을 발명해 놓은 게 있었습니다. 그것으로 영국 함대를 되게 음흉한 방법으로 타도할 수 있을 것 같았습니다.

부슈넬은 자기가 만든 잠수정에 붙일 이름을 고민했습니다. 생김새가 거북이를 닮기도 했고 가오리를 닮기도 한 물건이었습니다. 그래서 American Turtle과 Torpedo 사이에서 망설인 듯합니다. 결국은 후자로 결정했습니다.

그 원리는 이랬습니다. 잠수정은 외부에 폭약통을 달고 있습니다. 사람 한 명이 잠수정을 타고 영국군 사령관이 타고 있는 기함에 접근, 선체에 드릴로 구멍을 뚫고 폭약통을 옮겨 설치합니다. 타이머를 설정한 다음 잠수정은 도망치고, 곧 대폭발이 일어나 함선이 산산조각이 난다는 발상이었습니다. 작전은 뜻대로 되지 않았습니다. 영국 함선의 선체는 동판으로 덮여 있었기에 뚫을 수가 없었다고 합니다.

그렇다고 좌절할 미국이 아니었습니다. 풀턴이라는 또 다른 발명가가 있었는데, 부슈넬의 아이디어를 물려받아 개선했습니다(부슈넬은 어쩐 일인지 남부로 도망가 신원을 바꾸고 살았습니다). 풀턴은 잠수정 자체가 아니라 폭발 장치를 torpedo라고 불렀습니다. 그리고 방식을 좀

바꾸었는데, 잠수정이 적함에 직접 달라붙어 작업하는 게 아니라, 적함을 향해 작살을 먼저 쏘는 방식이었습니다. 작살에는 폭발 장치가 줄로 연결되어 있고, 타이머도 장착되어 있습니다. 즉, 잠수정이 잠깐 수면 위로 올라와 작살을 쏘고, 다시 잠수해 유유히 사라지면 되는 것이었지요.

그 계획도 뜻대로 되지 않았습니다. 그 후 이런저런 torpedo가 발명되었지만 성공한 건 하나도 없었습니다. 모터도 달고 각종 기기도 장착하고 했는데 소용이 없었습니다. 그러다가 1878년에야 러시아 군함이 오스만제국의 군함을 어뢰로 침몰시키면서 최초로 torpedo가 성공합니다.

'얼얼한, 멍한'이라는 뜻의 말이 빠르고 폭발적인 물건의 이름이 된 사연입니다.

Porto

From Mount Vernon to Portobello Road with a Hangover

제독의 활약

이렇듯 영국 해군과 미국은 사이가 좋지 않았습니다. 하지만 항상 그랬던 건 아닙니다. 미국 독립전쟁이 일어나기 전까지만 해도 사이가 그리 나쁘지 않았지요.

독립전쟁을 이끈 조지 워싱턴의 이복형이면서 스승 역할을 했던 로렌스 워싱턴도 사실 영국 군인이었습니다. 영국의 북미 자치령에서 차출된 해병대원으로, 카리브해로 파병돼 에드워드 버넌Edward Vernon 제독 밑에서 복무했습니다.

로렌스 워싱턴은 버넌 제독을 무척 존경했습니다. 상관에 대한 충성심이 어찌나 컸던지 전역하고 고향에 돌아가서 가족이 소유한 땅 이름을 마운트 버넌(Mount Vernon)으로 바꿀 정도였습니다. 오늘날 조지 워싱턴의 저택과 무덤이 있는 사적지의 이름이 영국 제독의 이름을 딴 것이라는 사실은 아이러니합니다.

버넌 제독의 영향을 받은 이름은 그뿐만이 아닙니다. 1739년에 버넌은 오늘날 파나마 땅인 포르토벨로(Porto Bello)에 대한 영국군의 공습을 이끌었습니다. 배가 여섯 척밖에 없었는데도 영국인의 기백과 용기, 기타 등등을 발휘해 놀라운 승리를 이루어냈습니다. 그 승리가 어찌나 놀라웠던지 애국심 넘치는 영국의 한 농부가 그 소식을 듣고 런던 서쪽 교외로 달려가 승리를 기리기 위해 포토벨로 농장(Portobello Farm)을 지었습니다. 그 후 근처를 지나는 길의 이름이 포토벨로 로드(Portobello Road)로 바뀌었습니다. 오늘날 세계에서 손꼽히는 골동품 시장인 포토벨로 시장(Portobello Market)도 그 길에 생겼습니다.

하지만 버넌 제독의 영향을 받은 이름은 거기서 끝이 아닙니다. 제독은 바다에 풍랑이 높게 일면 grogram그로그럼이라는 거친 천으로 만든 두꺼운 외투를 항상 입었다고 합니다(grogram은 프랑스어로 '거친 결'을 뜻했던 gros graine에서 유래했습니다). 그래서 병사들은 그의 별명을 Old Grog라고 붙였습니다.

영국 수병들은 럼주를 매일 일정량 지급받아 마셨습니다. 1740년, 포르토벨로 승전을 이끈 버넌 제독은 기강 해이를 막기 위해 럼주에 물을 타 희석하라고 명했습니다. 희석된 럼주는 버넌의 별명을 따서 grog그로그라고 불렸습니다. 그리고 그 희석 비율은 영국 해군에서 표준으로 지정되기에 이릅니다.

groggy라는 형용사는 grog를 너무 많이 마신 상태, 즉 술에 취한 상태를 이르는 말이었습니다. 세월이 흐르면서 그 말은 차츰 숙취(hangover)에 힘들어하는 상태를 뜻하게 되었습니다.

A Punch of Drinks

술의 역사

alcohol은 어원도 좀 정신이 없습니다. 일단 alcohol은 아랍어였습니다. 이슬람교는 술을 금하지 않느냐고요? 아랍인들이 alcohol이라고 한 것은 술이 아니었습니다. alcohol은 'al kuhul'에서 나온 말로, 'al'은 영어의 the와 같은 정관사이고, 'kuhul'은 화장품의 일종이었습니다. 지금도 남아시아와 중동 등지에서 여성들이 눈언저리를 검게 그리는 데 쓰는 화장품을 kohl콜이라고 합니다.

kohl은 광물에서 추출한 염료였으므로, alcohol은 무언가의 '정수' 또는 '핵심 성분'을 뜻하기 시작했습니다(1661년 문헌에는 the alcohol of an ass's spleen, 즉 '당나귀 비장 농축액'이라는 표현이 나옵니다). 그러다가 1672년에 왕립학회의 어느 똑똑한 회원이 와인의 핵심 성분이 뭘까 궁금해했습니다. 와인에는 대체 무엇이 들어 있길래 마시면 취하는 것일까? 와인의 alcohol은 무엇일까? 그것을 일컫는 말은 당연히 wine-alcohol이었습니다. 그러나 사람들은 곧 alcohol의 뜻을 잊어버렸습니다. 급기야 1753년, 술에 너무 취한 나머지 wine-alcohol을 그냥 alcohol이라 부르기 시작했습니다.

증류주를 뜻하는 spirits도 거의 비슷한 식으로 만들어진 단어인데, 다만 이것은 연금술alchemy에서 유래했습니다. 연금술에서는 모든 물

질은 그 속에 vital spirits, 즉 '정령'이라는 작은 요정들이 살고 있어 이런저런 특성을 갖는다고 생각했습니다. 화약에는 불같은 정령이, 산酸에는 신랄한 정령이 깃들어 있다고 생각했습니다. 하지만 뭐니 뭐니 해도 최고의 정령은 위스키와 보드카에 깃들어 있는, 사람을 취하게 하는 정령이었지요. 그런데 위스키와 보드카를 마신다고 취하는 건 사실 좀 이상합니다. 두 이름 다 어원이 그냥 '물'이거든요.

vodka는 '물'을 뜻하는 러시아어 voda에서 왔습니다. voda는 영어의 water와 똑같이 원시 인도유럽어의 wodor에서 온 말이고요.

whisky는 의외로 생긴 지 얼마 안 된 말입니다. 1715년에서야 문헌에 나타나는데, 어쨌든 그 어원은 '생명의 물'을 뜻하는 게일어 uisge beatha인 것으로 추정됩니다.

왜 '생명의 물'이냐고요? 게일인이 처음 만든 말이 아니라, 연금술사들의 라틴어 표현을 번역한 것입니다. 연금술사들은 비금속을 금으로 만드는 데 실패하고 나면, 쉽게 증류해 만들 수 있는 알코올로 쓰린 마음을 달랬습니다. 그래서 그들은 알코올을 aqua vitae생명의 물라고 불렀습니다.

aqua vitae라는 표현을 채택한 민족은 게일족뿐만이 아니었습니다. 스칸디나비아에서는 자기들 증류주를 아예 라틴어를 거의 그대로 따와 aquavit('아쿠아비트')라 하고, 프랑스에서는 브랜디를 역시 같은 뜻

PUNCH

의 프랑스어인 eau-de-vie('오드비')로 부릅니다.

그런데 '생명의 물(water of life)'은 소변을 완곡하게 이르는 말이기
도 합니다. 인도의 총리를 지낸 모라르지 데사이는 자신의 소변을 '생
명의 물'이라고 하면서 매일 아침 마셨습니다. 데사이는 간디에게 배
운 건강 비결이라고 주장했지만, 간디 협회는 이를 맹렬히 부인하면
서 데사이의 주장을 balderdash허튼소리로 일축하고 있습니다.

balderdash도 사실 술의 일종이었는데, 썩 좋은 술은 아니었습니
다. 와인에 맥주나 물, 그 밖의 아무것이나 섞어서 값싸게 파는 술이
었지요. 괴상한 술이었지만, 괴상하기로
치면 럼주(rum)를 따를 술은 없을 겁니
다. rum이라는 형용사 자체가 '괴상한'
이라는 뜻이니 말 다 했지요.

1... 2... 3... 4...

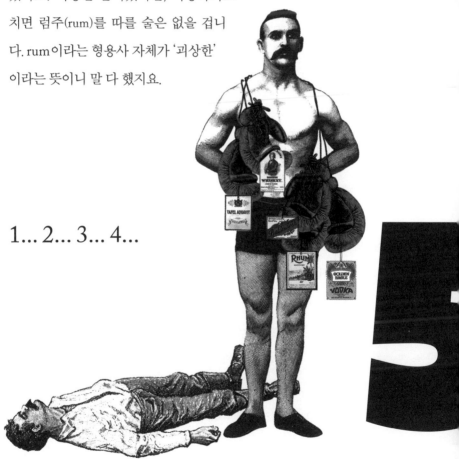

rum은 원래 도둑들이 '좋은'이라는 뜻으로 쓰던 은어였습니다. 그런데 도둑들이 쓰는 말이다 보니 일반인에게 이미지가 좋지 않아 '기묘한' 또는 '수상쩍은'이라는 뜻을 갖게 되었습니다. 둘 중 어느 뜻이 적용된 것인지는 모르지만, 어쨌든 그래서 원래 kill-devil이라는 이름으로 불리던 카리브해 지역 증류주가 rumbullion이라는 별명을 얻게 되었습니다. 아니면 독하고 달짝지근한 술이니 '좋은 술'이라는 뜻에서 rum booze라고 하던 것이 변해서 그리되었는지도 모릅니다. 또 어쩌면 '소동'을 뜻하는 잉글랜드 데번 지역 방언 rumbullion과 관계가 있는지도 모릅니다(그 말이 술에서 나온 것일 수도 있고요). 그것도 아니면 '기묘한 양조주'라는 뜻의 rum bouillon이 기원인지도 모릅니다. 어쨌거나 럼주를 뜻하는 rum이라는 단어는 1654년에 처음 등장하고, 1683년에는 벌써 사람들이 rum punch를 만들어 마시기 시작합니다.

마시고 금방 뻗을 만큼 강력한 punch펀치를 만들려면 vodka, whisky, aquavit, balderdash, rum을 섞는 것을 추천합니다. 그런데 하나라도 빼면 안 됩니다. punch는 '다섯'을 뜻하는 힌디어 panch에서 왔거든요. 원래 punch는 다섯 가지 재료가 들어가야 했습니다. 증류주, 물, 레몬즙, 설탕, 향신료였지요. 인도의 Punjab펀자브 지역은 다섯 강줄기가 흘러서 그런 이름이 되었습니다.

힌디어 panch의 기원은 산스크리트어 pancas와 원시 인도유럽어의 penkwe로 거슬러 올라갑니다. penkwe는 그리스어로 가서 pent가된 다음 영어의 pentagon오각형 같은 단어에 들어갔습니다.

하지만 뭐니 뭐니 해도 제대로 폼 나게 마시려면 '술의 여왕'으로 꼽히는 champagne샴페인 정도는 마셔줘야겠지요.

The Scampering Champion of the Champagne Campaign

샴페인 캠페인 챔피언

전해지는 이야기에 따르면 샴페인은 동 페리뇽이라는 베네딕트 수도사가 처음 탄산이 들어간 와인을 맛보고는 "얼른 오게, 내가 별을 맛보고 있네!(Come quickly, I am tasting the stars!)"라고 외치면서 발명되었다고 합니다.

이 이야기는 물론 balderdash, 허튼소리입니다. 탄산 와인을 만들기는 쉽습니다. 다만 병에 보관하는 것이 어려웠지요. 탄산 와인을 여느 병에 담으면 압력을 견디지 못해 터지고 맙니다. 샴페인 병은 무려 6기압의 압력을 견딜 수 있어야 합니다. 지금도 유명 샴페인 회사인 모엣 샹동의 제조장에서 여섯 병 중 한 병은 터져서 버립니다. 그 병을 만드는 기술을 완성한 것은 영국의 유리 제조업자들이었습니다. 사과주의 탄산을 유지하기 위한 목적이었지요. 프랑스는 그 기술을 슬쩍 가져가서 샴페인에 쓴 것뿐입니다.

champagne은 원래 그냥 vin de campagne('뱅 드 캉파뉴'), 즉 '시골 와인'이라는 뜻이었습니다. 그러다가 18세기가 되어서야 Champagne('샹파뉴') 지역에서 생산한 와인을 뜻하게 되었습니다. 샹파뉴는 제1차 세계대전 중 격전이 치러진 곳이기도 했습니다. 역사상 최악의 참호전이 그 일대에서 잇따라 벌어진 것은 결코 우연이 아닙니다.

1914년 독일은 프랑스를 치기 위해 진격했습니다. 출발은 좋았습니다. 프랑스 북부를 맹렬한 기세로 돌파하다가 샴페인 저장고에 이르렀습니다. 온 세상에 공급되는 샴페인이 한자리에 쌓여 있는데 제아무리 독일 지휘관이라 해도 잠시 쉬었다 가지 않을 수 없었지요. 그 틈을 타 프랑스와 영국의 연합군이 들이닥쳤고, 이내 처절한 참호전이 펼쳐집니다.

독일의 campaign군사 행동은 여름에 벌어졌습니다. 그래야만 했던 것이, 군대란 원래 겨울에는 따뜻한 실내에서 눈과 추위가 지나가길 기다렸다가 봄이 오면 그제야 campagne('캉파뉴'), 즉 '시골'의 벌판으로 나가 전투를 벌이곤 했습니다. 결국 campaign이란 campagne에서 벌이는 것이었지요.

campagne는 '벌판'을 뜻하는 라틴어 campus에서 왔습니다. 라틴어로 '벌판에서 싸우는 최고의 전사'를 campiones라 했고, 거기에서 영어의 champion이 나왔습니다. 따라서 '샴페인 홍보전의 승자'라는 뜻으로 the champion of a champagne campaign이라고 한다면 똑같은 말을 세 번이나 반복하는 셈이 됩니다.

벌판에서는 여러 가지 일을 할 수 있습니다. 이를테면 대학교를 지을 수 있지요. 그러면 대학교 campus캠퍼스가 만들어집니다. 하지만 군대라면 벌판에서 주로 천막을 치고 camp진, 막사를 차립니다.

군인들이 보통 하는 일이라면 한 가지가 더 있지요. 군대란 주로 남자들, 그것도 젊은 남자들뿐이고 여자란 코빼기도 볼 수 없는 경우가 많습니다. 그러니 군인은 camp를 몰래 빠져나가 욕구를 해소하려는 경향이 있습니다. camp를 슬쩍 빠져나가는 행위를 로마인들은 excampare라고 했고 프랑스인들은 escamper라고 했습니다. 그 말이 영어에서는 scamper후다닥 뛰어가다가 되었습니다.

군인들이 후다닥 뛰어가 찾는 여인들을 camp follower비전투 종군자라고 했습니다. 군대를 따라다니며 몸을 파는 이들이었지요. camp follower들은 차림새가 그리 우아하거나 고상하지 않았습니다. 화장은 진했고, 옷은 현란했고, 머리는 괴상하게 염색하곤 했습니다. 제1차 세계대전 때 영국 군인들은 그런 차림새를 가리켜 campy하다고 했습니다. 그리고 군인들의 성적 일탈을 가리켜 camp라고 부르기도 했습니다. 거기에서 뜻이 살짝 바뀌어 오늘날은 campy 또는 camp라는 형용사가 '남자가 화장이나 옷차림을 대놓고 여자처럼 한' 또는 '우스꽝스럽게 과장된, 연극적인'을 뜻하게 되었고, 그런 행동을 할 때 'camp it up'한다고 말하게 되었습니다.

벌판 혹은 전쟁터를 뜻하는 camp는 독일어에도 침투해 '전투, 투쟁'을 뜻하는 Kampf가 되었습니다. 그러니 히틀러의 자서전 《Mein Kampf나의 투쟁》는 상당히 camp하다고 해도 할 말이 없겠지요.

NA

Insulting Names

모욕적인 이름들

재미있게도 히틀러는 어디 가서 자신을 나치(Nazi)라고 하지 않았습니다. 누가 자기에게 그런 말을 하면 아주 싫어했습니다. 자신은 어디까지나 국가사회주의자(National Socialist)라고 생각했지요. 나치라는 것은 멸칭이었습니다.

당시 히틀러는 국가사회주의 독일 노동자당(National Socialist German Workers' Party, 독일어로는 Nationalsozialistische Deutsche Arbeiterpartei)의 당수였습니다. 그런데 당 이름에 살짝 문제가 있다는 것을 미처 깨닫지 못했습니다. 반대자들이 그 이름을 잘 읽어보니, Nationalsozialistische를 Nazi로 줄일 수 있었던 것이죠! 그럼 뭐가 좋냐고요? Nazi는 욕이었습니다. 히틀러의 당이 생기기 훨씬 전부터 있던 욕이었지요.

어느 문화권에나 놀려먹는 대상이 있습니다. 미국에서는 폴란드인을, 영국에서는 아일랜드인을, 아일랜드에서는 아일랜드 코크Cork 출신 사람들을 놀려먹습니다. 20세기 초 독일인들의 국민 놀림감은 무식한 바이에른 지방 농부였습니다. 영국에서 아일랜드인에 관한 우스개를 할 때 늘 Paddy(아일랜드에서 Patrick의 애칭)라는 사내가 등장하는 것처럼, 독일에서 바이에른 사람에 관한 우스개를 할 때는 늘 Nazi라는 농부가 등장했습니다. Nazi는 바이에른 지방에 아주 흔한 이름 Ignatius('이그나치우스')의 애칭이었거든요.

히틀러의 반대자들은 쾌재를 불렀습니다. 히틀러의 당에는 바이에른 촌뜨기들이 모여 있었고, 당 이름은 촌뜨기를 놀려먹는 이름으로 축약할 수 있었습니다. 그야말로 완벽했습니다.

히틀러와 그 휘하의 파시스트들은 '나치'라는 기분 나쁜 별명을 어떻게 할 수가 없었습니다. 처음엔 그 별명을 질색했습니다. 그러다가 한동안은 인정하고 받아들이려고 했습니다. 일부 동성애자들이 예전부터 동성애자를 부르던 멸칭인 queer를 긍정적으로 받아들이려는 것과 비슷했다고 할까요. 하지만 일단 권력을 잡고 나자 마음이 바뀌어 그냥 반대자들을 박해하고, 죄다 나라에서 쫓아내기로 했습니다.

그래서 독일 밖에서 '나치'를 욕하는 망명자들이 점점 늘어갔고, 독일 밖 외국 사람들은 자연히 그 당의 공식 이름이 '나치'인가 보다 했습니다. 한편 독일에 남아 있던 독일인들은 히틀러의 당 이름을 꼬박

'71

꼬박 '나치오날조치알리스티셰 도이체 아르바이터파르타이'라고 불렀습니다. 적어도 경찰이 듣고 있을 때는 말이죠. 지금도 세상 사람들은 나치가 스스로를 나치로 자칭했다고 알고 있지만, 나치 앞에서 정말 나치라고 했다가는 아마 흠씬 두들겨 맞았을 겁니다.

이게 다 Ignatius라는 이름이 너무 유명했기 때문이었지요. 바이에른에서 그 이름이 그렇게 흔했던 이유는 바이에른 사람들이 주로 가톨릭 신자여서 St Ignatius of Loyola로욜라의 성 이냐시오라는 성자를 아주 좋아했기 때문입니다. 그는 예수회(Society of Jesus)의 창설자였습니다.

예수회 신도들(Jesuits)은 17세기 당시 영국의 국교 자리를 차지했던 개신교의 부상을 저지하고자 설립되었고, 이내 아주 똑똑한 사람들이라는 명성을 얻었습니다. 하지만 예수회의 똑똑함은 주로 영국의 개신교도들을 겨냥하고 있었기에, 영국 개신교도들은 예수회의 이름을 형용사화한 Jesuitical이라는 단어를 '혼자 똑똑한 척하는'의 뜻으로 쓰기 시작했습니다. 상식에 어긋난 궤변만 펼친다는 의미였죠.

그런 평가는 예수회 관점에서 좀 억울할 만합니다. 예수회는 역사적으로 유명한 수많은 인물의 교육을 담당했거든요. 이를테면 피델 카스트로, 빌 클린턴, 샤를 드 골, 리슐리외 추기경, 로버트 올트먼, 제임스 조이스, 톰 클랜시, 몰리에르, 아서 코난 도일, 빙 크로스비, 프레디 머큐리, 르네 데카르트, 미셸 푸코, 마르틴 하이데거, 알프레드 히치콕, 엘모어 레너드 스펜서 트레이시, 볼테르, 조르주 르메트르 등입니다.

마지막 이름이 좀 낯설지도 모르지만, 알아둘 만합니다. 르메트르는 20세기 과학자 중에서도 손꼽힐 만큼 중요한 사람입니다. 1927년에 '원시 원자 이론the theory of the Primeval Atom'을 발표했는데, 물론 생소한 이름일 겁니다.

왜냐고요? '원시 원자 이론'이라는 이름은, '나치오날조치알리스티셰 도이체 아르바이터파르타이'처럼, 오래가지 못했거든요. 멸칭에 자리를 내주고는 잊히고 말았습니다.

원시 원자 이론은, 우주가 항상 존재했던 게 아니라 137억 년 전에 모든 물질이 한 점에 들어 있는 '원시 원자' 상태에서 출발했다고 주장했습니다. 그 점이 폭발해서 팽창하고, 우주가 식고, 은하들이 만들어지고, 그런 식으로 흘러갔다는 얘기입니다.

이 이론은 여러 학자의 반대를 샀습니다. 영국의 천문학자 프레드 호일 경도 그중 한 사람이었습니다. 호일 경은 우주가 항상 존재했다는 입장이었습니다. 그래서 르메트르의 이론을 폄하하기 위해 아주 바보 같은 이름으로 불러주기로 했습니다. 고심한 끝에 더 이상 바보 같을 수 없는 이름을 생각해냈습니다. 그것은 'Big Bang Theory'였습니다. 'Big Bang'은 '크게 빵' 터지는 것이니, 단순하고 유치한 이론에는 그런 유아적인 이름을 붙여주는 게 제격일 듯했습니다.

이름이란 원래 자기가 아니라 남이 짓는 것이지만, 이처럼 명명자도 그 파급력을 미처 짐작하지 못할 때가 많습니다. 아이가 발음을 잘 못하는 바람에 생겨난 이름도 있으니까요.

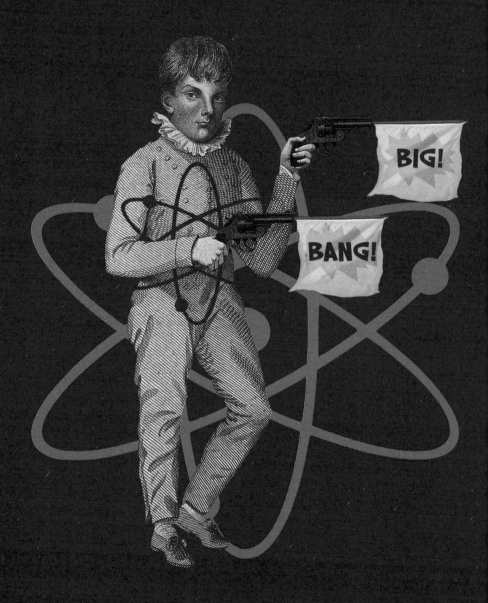

Peter Pan

피터 팬

영국 빅토리아 시대 시인이었던 윌리엄 헨리에게는 마거릿이라는 딸이 있었습니다. 마거릿은 다섯 살이라는 어린 나이에 죽기 전, 제임스 배리라는 아저씨와 친해졌습니다. 아저씨가 좋아서 아저씨를 'friendy(아기 말로 'friend')'라고 부르려고 했는데 다섯 살배기인 데다 몸이 많이 아팠기 때문에 정작 입에서 나온 말은 'wendy'였습니다.

그 후 배리는 피터 팬Peter Pan이라는 소년이 나오는 희곡을 썼습니다. 피터 팬이 한 소녀와 두 남동생을 네버랜드Neverland로 데려가는 내용이었는데, 주인공 소녀의 이름을 Wendy라고 했습니다. 이로써 어린 나이에 세상을 뜬 마거릿 헨리는 영원한 생명을 얻게 됩니다. 〈피터 팬Peter Pan〉의 인기가 워낙 높아 집집마다 딸 이름을 Wendy로 짓곤 했으니까요. Wendy는 집에 들이닥친 이상한 사내 녀석을 따라 가출한 여자아이인데, 딸 이름을 그렇게들 지은 건 좀 의아하긴 합니다.

네버랜드에 건너간 웬디는 안타깝게도 화살에 맞아 죽고 맙니다. 그래도 큰 문제는 없었습니다. 피터와 부하들이 병원 놀이를 하는 동안 기운을 좀 회복한 웬디는 잠결에 노래를 부릅니다. 노래는 예쁜 집을 갖고 싶다는 내용이었고, 피터의 무리는 누워 있는 웬디 위로 조그

만 집을 만들어줍니다. 이것이 물론 최초의 Wendy house아이들이 들어
가서 노는 장난감 집(영국에서 쓰는 표현으로, 미국에서는 playhouse라고 합니다)입니다.

한편 런던의 집에서 아이들의 아버지 달링Mr Darling은 아이들을
잃고 침울해합니다. 이 모든 일은 개를 밖에 묶어놓은 자기 잘못이라
고 생각하고, 뉘우치는 뜻에서 자기가 개집에 들어가 삽니다. 개집에
서 한 발짝도 나가지 않고 매일 개집에 든 채로 운반되어 출근합니
다. 그 와중에도 예의는 깍듯이 차려서, 개집 안을 들여다보는 숙녀
에게는 모자를 꼭꼭 들어 인사했습니다. 어쨌거나 계속 '개집 안에(in
the doghouse)' 머물렀습니다. 결국 피터 팬의 인기 덕에 'in the dog-
house'는 '찬밥 신세'라는 뜻의 표현으로 자리 잡았습니다.

이렇게 피터 팬 이야기는 여러 어휘를 낳았지만, 실존하는 이름을
가져와 쓰기도 했습니다. 피터 팬의 예찬자 중 가장 유명한 사람은 가
수 마이클 잭슨입니다. 그는 자신의 저택 이름을 Neverland로 짓기도
했는데, 배리가 뒤에 낸 소설판을 참고한 듯합니다. 원작 희곡 〈피터
팬〉에서 피터가 사는 곳은 Neverland가 아니라 Never Never Land
였거든요. 그 이름은 실존했던 지명입니다.

Never Never Land는 호주 북동부의 불모지를 가리키는 이름이었
습니다. 오늘날 호주에서는 보통 The Never Never라는 이름으로 줄
여 부릅니다. 어떻게 그런 희한한 이름이 지명이 되었을까요? 거기
엔 다양한 설이 있습니다.

1908년에, 그곳에 사는 사람은 '절대 절대(never never)'
다른 곳으로 떠나고 싶어 하지 않기 때문이라는 설도

나왔습니다만, 설득력이 심하게 떨어지니 논외로 하겠습니다. 그보다 앞서 1862년에 나온 어느 잡지에는 좀 더 그럴듯한 설이 실려 있습니다. 그 척박한 황야에 발을 들여놓는 순간 '절대' 빠져나가지 못할 것 같은 느낌이 엄습하기 때문이라는 것입니다.

하지만 그 이름의 실제 기원은 좀 더 거슬러 올라가야 합니다. 그리고 그 배경은 상당히 인종적인 이유였습니다. 1833년에 나온 책에는 현지 원주민들의 신기하리만치 평화로운 전쟁이 묘사되어 있습니다.

이들의 전투는 실제 싸움보다는 말싸움 위주다. 그러니 이들이 언젠가 사절 몇 명을 문명국에 파견해, 산 사람의 목을 벤다는 것은 죽은 사람을 잡아먹는 것보다 훨씬 흉악한 행동임을 설득하면 좋을 것이다. 나는 리버풀 평원에 사는 어느 부족을 만나지 못해 크게 낙심했는데, 가축 치는 이들이 일러주기를 '네버네버 흑인들Never-never blacks'과 전쟁을 치르러 갔다는 것이었다. 그 이름은 백인과는 상종하는 법이 없는 자들이라서 붙은 것이라고 했다.

즉 피터 팬이 사는 곳의 이름은, 백인들과는 '절대 절대' 엮이고 싶어 하지 않았던 흑인들의 이름을 딴 호주의 지명에서 가져온 것입니다. 그게 마이클 잭슨의 집 이름이 됐다고 하니, 좀 아이러니합니다.

Herbaceous Communication

입소문 통신망

호주에 Never Never라는 지명이 생길 무렵, 영국은 날씨가 온화하고 해변이 아름다운 나라 호주가 죄수 유형지로 딱이라고 판단했습니다. 그래서 빅토리아 시대 초기에는 빵 한 덩이를 훔치다가 잡혀도 호주로 보냈습니다. 그곳은 빵은 별로 없지만 햇빛은 훨씬 잘 들었습니다. 그러다가 호주가 워낙 살기 좋아 유형지로 적합하지 않다는 소문이 영국에 전해졌습니다. 크리스마스를 해변에서 빈둥거리며 보내는 생활은 '적당한 강도의 고통'을 겪게 한다는 형벌의 취지에 맞지 않는다는 결론이 나왔고, 호주에 유형을 보내는 제도는 1850년에 폐지되었습니다.

잡혀 온 죄수 중에서 모험심이 좀 있는 사람들은 한곳에 매여 지루하게 노역하느니 오지로 들어가 계속 범죄를 저지르는 쪽을 택했습니다. 호주 경찰은 이들을 잡아서 다른 곳으로 추방하려고 쫓아다녔습니다. 하지만 대다수 주민은 경찰보다 탈주범들 편이었습니다. 그래서 탈주범들에게 경찰의 단속 정보를 세세히 귀띔해주었습니다. 경찰로서는 참 짜증 나는 노릇이었지요. 나중에 이렇게 입소문으로 전해지는 민간 소식망을 bush telegraph, 즉 '오지 전신'이라고 불렀습니다.

bush telegraph라는 말은 1878년에 문헌에 등장합니다. 그건 호주에 1853년에야 전신이 도입되었기 때문입니다. 1844년에 전신이 도입된 미국에서는 6년 만에 bush telegraph의 미국 버전을 발명해냅니다.

grapevine telegraph, 즉 '포도 덩굴 전신'은 미국 남북전쟁 중에 유명해졌습니다. 뜻은 역시 '입소문 통신망'쯤 되는데, 발명자나 발명 동기는 분명치 않습니다. 남군 병사들은 grapevine telegraph를 자기들 발명품으로 여긴 듯합니다. 포도 덩굴이라면 남부스럽고 한량 같은 느낌이 들지요. 당시 북군 쪽의 문헌에도 이런 언급이 나옵니다.

우리는 반란군 측 전신망을 '포도 덩굴 전신(the grapevine telegraph)'이라 불렀는데, 그들은 전보 내용을 보통 저녁 식사 후 술잔과 함께 돌리기 때문이었다.

하지만 또 다른 설에 따르면 grapevine telegraph를 운용한 '전신수'들은 바로 포도 따던 남부 노예들이었다고 합니다. 그에 따르면 grapevine telegraph란 것은 당시 노예를 몰래 빼내어 탈출시켜준 비밀 조직, 이른바 Underground Railroad지하철도의 자매 조직쯤 되었던 셈입니다.

그러다가 1876년에 알렉산더 그레이엄 벨이 전화기의 특허를 얻으면서, 포도 덩굴이든 일반 전신이든 모두 구닥다리가 되었습니다. 전화의 발명은 영어에 크나큰 영향을 미쳤습니다. 이를테면 전에는 낯설었던 인사말인 hello가 급부상했습니다. 전화가 나오기 전에 사람들은 good morning, good day, good night으로 안부를 기원했습니다. 그러나 전화로는 시간대가 다른 상대방에게 무작정 good day를 기원할 수는 없었기에, 뭔가 다른 인사말이 필요했습니다. 알렉산더 벨은 ahoy어어이!라는 호탕한 뱃사람 말을 전화 인사말로 밀었지만, 반응이 시큰둥했고 hello가 점차 표준으로 자리 잡았습니다.

그리고 전화가 나온 마당에 telegraph라는 말은 너무 촌스럽게 느껴졌습니다. 그래서 '입소문 통신망'은 간단히 grapevine이 되었고, hear something through the grapevine이라 하면 '소문으로 전해 듣다'라는 의미가 되었습니다.

Papa Was a *Saxum Volutum*

구르는 돌

마빈 게이가 1968년에 부른 〈I Heard It Through the Grapevine〉 이라는 곡을 쓴 사람은 노먼 휫필드와 바렛 스트롱이었습니다. 두 사람은 관용구를 노래 제목에 넣기 좋아했는지, 〈Papa Was a Rollin' Stone〉이라는 곡도 썼습니다.

'구르는 돌(rolling stone)'은 그 당시 이미 로큰롤 음악계에서 유명한 이름이었습니다. 밥 딜런이 쓴 〈Like A Rolling Stone〉이라는 곡이 있었고, 런던 출신 학생 몇 명이 Muddy Waters의 〈Rollin' Stone〉에서 이름을 따서 결성한 밴드 롤링스톤스도 있었습니다.

이들의 머릿속에 있던 것은 물론 속담 'a rolling stone gathers no moss(구르는 돌에는 이끼가 끼지 않는다)'에 등장하는 '구르는 돌'이었지요. 그와 같은 의미를 담은 표현은 16세기 초부터 문헌에 나타납니다.

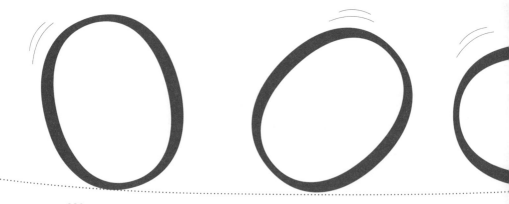

그런데 왜 하필 '구르는 돌'일까요? 돌멩이가 언덕을 구르는 일이 그리 흔하지도 않거니와, 구른다고 해도 바닥에 닿는 건 금방입니다. 그 짧은 시간에 이끼가 떨어져 나가봤자 그리 많이 떨어져 나갈 것 같지 않습니다. 설령 떨어져 나간다 해도 멈추고 나면 또 이끼가 낄 테고요. 돌에 이끼가 끼지 않으려면 '자주' 굴러야 합니다.

사실 'rolling stone'은 언덕을 구르는 돌이 아니었습니다. 1611년에 나온 사전을 보면 rolling stone은 잔디밭을 평탄하게 다듬는 데 쓰는 정원 손질 기구의 일종이라고 친절하게 정의되어 있습니다. 정원사가 '굴림돌(rolling stone)'을 부지런히 굴리면 거기에 이끼가 끼지 않는다는 것이지요.

그렇다면 믹 재거, 밥 딜런, 머디 워터스 등은 모두 부지런한 정원 손질을 노래한 게 됩니다. 그리고 20세기 최고 인기 밴드로 손꼽히는 롤링스톤스의 멤버들은 정원 손질 기구를 자처한 게 되고요.

그러나 뭔가에 '이끼가 끼지 않는다'라는 표현은 그 정원 손질 기구가 나오기 전부터 있었습니다. 14세기 중엽에 '자주 밟는 대리석에는 이끼가 끼지 않는다'라고 쓴 문장이 있었습니다. 〈농부 피어스의 꿈 The Vision of Piers Plowman〉이라는 풍자시에 나오는 구절입니다. 그렇다면 Piers와 parrot앵무새의 관계는 무엇일까요?

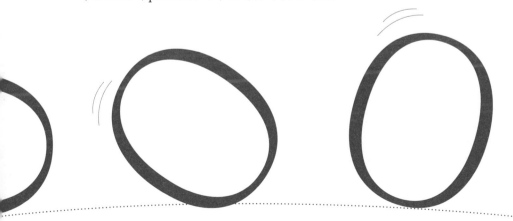

Flying Peters

새가 된 돌

Piers는 Peter의 다른 형태입니다. 시에 등장하는 농부 Piers는 그리스도의 이상적인 제자이자 12사도 중 으뜸이었으며 초대 교황을 지낸 인물, Peter베드로를 상징했습니다. 물론 그의 본명은 Peter가 아니었지요.

옛날에 시몬이라는 어부가 살았는데, 예수라는 사람이 '너는 돌이다'라고 하면서 '돌'이라는 뜻의 이름을 자기 마음대로 붙여주었습니다. 그게 그리스어로는 Petros였고, 영어로 건너와 Peter가 되었습니다.

❝ Blessed art thou, Simon Barjona (⋯) And I say also unto thee, That thou art Peter, and upon this rock I will build my church; and the gates of hell shall not prevail against it.

시몬 바르요나, (⋯) 너는 복이 있다. 잘 들어라. 너는 베드로이다. 내가 이 반석 위에 내 교회를 세울 터인즉 죽음의 힘도 감히 그것을 누르지 못할 것이다.

그리스어 petros는 오늘날 petrified석화된, 겁에 질려 몸이 굳은, petroleum석유 같은 영어 단어 속에도 남아 있지요.

예수는 남의 이름을 바꾼 것으로도 모자라 물 위를 걷더니 Peter에게 따라 해보라고 합니다. Peter는 예수가 시키는 대로 하려다가 거센 바람을 보고 그만 겁에 질려 물에 빠져버립니다.

storm petrel바다제비이라는 새 이름은 여기서 유래했습니다. 바다제비는 폭풍이 일기 직전에 나타나 바닷물에 발을 살짝 담가본다고 하지요. 원래는 storm peter였는데, cock수탉에서 cockerel어린 수탉이 나온 것과 비슷한 원리로 peter가 petrel로 바뀌었습니다.

Petros는 프랑스어로 가서 Pierre가 되었습니다. Pierre를 친근하게 부르는 이름으로 Pierrot와 Perrot가 있었는데, 그중 Pierrot는 프랑스어로 어째서인지 '참새'를 뜻하게 되었고, Perrot는 어째서인지 영어로 수입되어 '앵무새'를 뜻하는 parrot이 되었습니다.

앵무새는 죽은 사람의 말을 기억하므로 언어학적으로 아주 중요한 새입니다. 19세기 초에 알렉산더 폰 훔볼트라는 탐험가가 있었습니다. 베네수엘라에 가서 늙은 앵무새 한 마리를 발견했는데, 아투레족이 쓰던 언어의 단어를 여전히 말하고 있었습니다. 아투레족은 바로 몇 해 전에 절멸된 부족이었습니다. 이웃 부족이 단 한 명도 남기지 않고 말살했는데, 의기양양하게 챙겨온 전리품 중에 애완용 앵무새가 한 마리 있었던 겁니다. 사라진 문명의 언어를 짐작할 유일한 흔적이었지요.

Venezuela and Venus and Venice

아메리고 베스푸치가 남긴 세 가지

베네수엘라(Venezuela)라는 나라 이름은 어디서 나왔을까요? 미의 여신 비너스(Venus)와 딱히 관계는 없지만, 그 이름의 창시자가 비너스와 친척이긴 했습니다.

이탈리아 피렌체의 탐험가 아메리고 베스푸치는 세 가지 특기할 만한 자취를 남겼습니다. 첫 번째는 잘 알려지지 않은 것인데, 마르코 베스푸치라는 귀족과 사촌이었다는 겁니다. 마르코의 아내는 시모네타 카타네오라는 절세의 미인이었습니다. 그 미모가 어찌나 빼어났던지 그녀가 죽은 후에도 보티첼리는 기억 속의 그녀를 모델로 삼아(그리고 남아 있던 수많은 초상화도 참고하여) 명화 〈비너스의 탄생Birth of

Venus)을 그렸습니다.

　아메리고는 사촌 마르코처럼 귀족이 아니었으므로 처음엔 은행에서 일했습니다. 하지만 금융업자로 살기엔 포부가 큰 사람이었기에 포르투갈 국왕의 의뢰를 받고 신대륙 탐험에 나섰습니다. 돌아와서 여행기를 몇 권의 책자로 남겼습니다. 라틴어로 쓴 책자여서 저자명을 'Amerigo' 대신 라틴어식으로 'Americus'라고 적었습니다.

　그중 한 권이 마르틴 발트제뮐러라는 지도 제작자의 손에 들어갔습니다. 그가 세계 지도를 만들면서 신대륙에 Americus라고 이름을 붙여주기로 했습니다. 그런데 가만히 생각하니 대륙 이름이 '-us'로 끝나는 건 이상했습니다. Africa, Asia, Europa는 모두 여성형인 '-a' 형태였거든요. 그래서 America라고 하기로 했습니다.

　마지막으로, 아메리고 베스푸치는 남미의 어느 지역을 탐험하다가 원주민들이 수상 가옥에 많이 사는 것을 보고 수상 도시 베네치아(Venezia)의 축소판 같다고 생각했습니다. 그래서 그곳을 '작은 베네치아(Veneziola)'라고 명명했습니다. 스페인어로 하면 '베네수엘라(Venezuela)'였습니다.

What News on the Rialto?

베네치아 신문

고대 도시국가 베네치아는 영어 단어에 많이 기여한 나라였습니다. 유대인 거주 지역 ghetto게토는 베네치아에 있던 것이 원조였습니다. arsenal무기고도 베네치아에 있던 Arsenale('아르세날레')라는 군함 건조 시설이 원조였고요. 최초의 regatta레가타(보트 경기)는 베네치아의 대운하에서 열렸습니다. lagoon석호도 원래 베네치아에 위치한 석호를 가리키는 말이었습니다. 사촌 격인 단어로 lake호수와 lacuna탈문(문헌에서 글이 누락된 부분)가 있습니다.

베네치아는 최초로 현대적 민주주의를 실시한 나라이기도 했습니다. 투표는 서로 다른 색깔의 ballotta('작은 공')를 자루에 넣는 방식으로 했습니다. 이는 영어에서 '투표용지, 투표제도'를 뜻하는 단어 ballot의 기원이 되었습니다.

그런가 하면 고대 도시국가 아테네의 투표 방식도 영어에 흔적을 남겼습니다. 아테네인들은 마음에 안 드는 사람을 추방하고 싶을 때 투표를 했는데, 흰색 또는 검은색 도자기 파편을 함에 넣는 방법이었습니다. 흰색은 계속 있게 하는 것, 검은색은 쫓아내는 것이었습니다. 이 도자기 파편을 ostrakon('오스트라콘')이라 했습니다. 여기서 영어의 ostracism도편추방제, 배척, 따돌림이 유래했지요. ostracism은 ostrich 타조와는 관계가 없습니다. 하지만 oyster굴와는 먼 친척뻘입니다(둘 다 '뼈'에서 나왔습니다). '회원의 입회를 투표로 막는 행위'를 뜻하는 blackballing이라는 단어도 근대의 비슷한 투표 방식에서 유래했습니다. 런던의 남성 사교 클럽에서는 입회 희망자를 심사할 때 투표함에 검은색 공이 하나라도 들어 있으면 입회가 거부되었습니다.

한편
고대 도시국가
시라쿠사에서는 추방 투표를 할
때 도자기 파편이 아니라 올리브 잎에
추방하고 싶은 사람의 이름을 썼으므로
그 제도를 petalismos ('엽편추방제') 라고
했는데, 훨씬 더 낭만적인 느낌이
듭니다. 물론 '꽃잎'을 의미하는
petal과 어원이 같은

말이지요. 베네치아는 오늘날 신문의 시초가 된 형태가 처음 등장한 곳이기도 합니다. 때는 16세기 중엽이었고,

작은 지면에 교역, 전쟁, 물가 관련 정보 등 베네치아 상인이라면 알아둘 만한 정보를 모두 담고 있었습니다. 값이 아주 싸서 '반 푼짜리 소식'이라는 뜻의 베네치아어 'gazeta de la novita'라는 이름으로 불렸습니다. 여기서 gazeta란 것은 베네치아의 싸구려 동전으로 까치, 즉 gazeta가 그려져 있던 데서 연유한

이름입니다. 이 베네치아의 신문 이름에서 gazette신문가 유래했는데, 생각해 보면 참으로 적절한 이름이 아닐 수 없습니다. 싸구려임을 자처하면서, 신문이란 본래 까치의 깍깍 소리처럼 헛소리인 데다가 까치둥지처럼 쓸데없는 잡동사니만 가득하다는 사실을 말해주고 있으니까요. 16세기 말 영국의 언어학자

존 플로리오는 gazette를 가리켜 '소문, 그날의 소식, 하잘것없는 정보, 엉터리 이야기 따위를 이탈리아 특히 로마와 베네치아에서 매일 써서 싣는' 매체라고 했습니다.

오늘날의 잡지(magazine)와 다를 게 없어 보이지요. 그런데 agazine이라고 하면 '잡지'도 되고 '탄창'도 되는 이유는 뭘까요?

Magazines

잡지와 탄창

옛날 아랍어로 khazana('카자나')라고 하면 '쌓아두다'라는 뜻이었습니다. 거기서 파생된 makhzan은 '창고'를 뜻했고, 그 복수형은 makhazin이었습니다. 그 말이 지중해를 건너는 과정에서 이탈리아어 magazzino가 되었고, 프랑스어 magasin이 된 다음 영국으로 건너와 magazine이 되었습니다. 의미는 원래의 뜻에서 거의 변하지 않았지만 주로 군수품이나 탄약을 저장하는 창고를 가리켰고, 이후 총의 '탄창'을 뜻하게 되었습니다. 그 무렵 에드워드 케이브(1691~1754)라는 사람이 등장합니다.

에드워드 케이브는 주제에 구애받지 않고 교양 있는 런던 사람들이 관심을 가질 만한 글을 모아 정기적으로 간행하고자 했습니다. 주제는 정치, 정원 관리, 옥수수 가격 등 무엇이든 다룰 생각이었습니다. 새 간행물에 붙일 이름을 궁리한 끝에 'The Gentleman's Magazine: or, Trader's Monthly Intelligencer신사의 창고 : 혹은 상인의 월간 정보지'로 결정했습니다. 그 이름은 짐작건대 신사를 지적으로 단단히 '무장'시켜줄 정보 모음, 아니면 단순히 정보의 '창고' 정도를 자처한 듯합니다.

창간호는 1731년 1월에 나왔습니다. 주로 다른 간행물에 실렸던 기사를 요약한 것이 많았지만, 세계의 재미난 소식을 직접 소개하는 난도 있었는데 이를테면 다음과 같았습니다.

THE GENTLEMAN'S MAGAZINE

프랑스 디종에서 보도된 소식으로, 한 사람이 실종된 후 그 친척들이 그와 철천지원수인 자를 살인범으로 지목하고는 혹독한 고문을 가하며 심문한 끝에 그자가 버티지 못하고 죄를 자백하였고, 그에 따라 그자는 산 채로 으스러뜨리는 형벌을 받았고 다른 두 공범은 교수형에 처해졌다. 피해자는 귀가한 직후에 살해되었던 것으로 추정된다.

아래와 같은 간추린 재판 소식도 있었습니다.

THE GENTLEMAN'S MAGAZINE

이날 밸리 볼레인에 사는 레저 씨 부부를 상대로 살인 및 강도를 저지른 팀 크로닌이라는 자에게 형이 선고되었는데, 2분간 목을 매단 후 참수하고 창자를 꺼내 얼굴에 뿌린 다음 몸을 네 쪽으로 갈라놓으라는 판결이었다. 그는 레저 씨의 하인이었으며, 범행을 묵인한 하녀 조앤 콘던에게는 화형이 선고되었다.

창간호부터 이런 식의 살인과 처형 이야기가 지면에 빼곡했고(그런 기사가 몇 건이나 되는지 제가 세어보다가 포기했습니다 - 원주) 대중은 원래 유혈

이 낭자한 이야기를 좋아했으니 잡지는 대성공이었습니다. 하지만 간행물의 제목이 아무래도 좀 길었습니다. 1733년 12월호부터는 제목에서 '상인의 월간 정보지' 부분이 빠지고 대신 '같은 가격과 종류의 그 어떤 간행물보다도 많은 분량, 다채로운 기사(Containing more in quantity, and greater variety, than any book of the kind and price)'라는 슬로건이 들어갔습니다.

만약 케이브가 제목의 뒷부분을 빼지 않고 앞부분을 뺐더라면 우리는 오늘날 magazine이 아니라, 상당히 고상한 느낌인 'intelligencer'를 읽고 있었을지도 모릅니다. 포르노 잡지(porn mag)는 '성적 정보지(carnal intelligencer)' 정도 되었으려나요?

한편 케이브의 잡지는 어느 빈털터리 무명 청년에게 일자리를 마련해주기도 했는데, 그의 이름이 새뮤얼 존슨이었습니다.

Dick Snary

사전의 역사

역사적으로 유명한 영어 사전을 만든 비평가이자 사전 편찬자 새뮤얼 존슨에 대해서는 마땅히 한 꼭지를 할애할 만합니다. 그래서 그러지 않을 생각입니다. 존슨의 영어 사전은 최초가 아니었거든요. 영어 사전은 그 전에도 그 후에도 수없이 많이 있었습니다. 존슨의 사전을 추천할 만한 이유라면 '기침(cough)'을 이렇게 어렵게 정의했다는 것 정도입니다. "A convulsion of the lungs, vellicated by some sharp serosity(짙은 장액漿液의 자극으로 인한 폐의 경련)".

사전의 역사는 깁니다. 존슨의 사전은 1755년에 출간되었지만 Richard Snary라는 우스개 이름은 1627년 처음 문헌에 나타납니다. Richard Snary가 누구냐고요? 한 시골 꼬마가 사람 이름을 너무 짧게 부른다고 야단을 맞았습니다. 그러고 나서 하루는 dictionary를 빌려오라는 심부름을 하러 갔는데, 품위 있게 말한답시고 'Richard Snary'라는 분 계시냐고 했답니다(Richard의 애칭이 Dick이기 때문에 벌어진 착각).

Dd

dictionary라는 단어는 물론 그 우스개보다 훨씬 오래되었습니다. 일찍이 1220년에 갈랜드의 존이라는 영국인이 만들어낸 단어입니다. 그런데 그가 저술한 dictionary는 오늘날의 사전과는 좀 달랐습니다. 라틴어 '어휘 선택(diction)'을 도와주는 책에 불과했지요.

그 후에 두 언어 간의 번역을 돕는 사전들이 나와서 오늘날의 사전과 비슷한 모습을 보이기 시작했습니다. 가령 1552년에 나온 어느 사전은 '늘 어깨를 두들겨 맞는 소녀'를 라틴어로 scapularis라고 한다는 엄청나게 유용한 정보를 알려주고 있습니다. 또 '메스꺼움에 시달리는'을 뜻하는 wamblecropt와 같은, 지금은 사라진 아름다운 영어 단어도 수록되어 있습니다.

영어를 영어로 풀이한 최초의 사전은 1604년에 나왔는데, '어려운 일상 영어 단어'의 정의를 수록하고 있습니다. 그에 따르면 concruciate는 '함께 괴롭히다', deambulation은 '팔다리를 휘적거리며 걷기', querimonious는 '불만과 회한에 찬', spongeous는 '해면 같은'이라고 합니다. 그리고 boat는, 그냥 배라고 합니다.

dictionary라는 말이 제목에 들어간 최초의 영어 사전은 1623년에 나온《The English Dictionarie, or, An Interpreter of Hard English》였습니다. '어려운 영어의 해설서'를 자처한 제목에 걸맞게 역시 나름대로 유용한 지식을 제공해주었습니다. 이 사전이 없었으면 사람들은 acersecomicke라는 단어가 '머리를 평생 한 번도 깎지 않은 사람'을 뜻한다는 기초 상식도 모를 뻔했지요. 그로부터 4년 후에 Richard Snary가 탄생합니다.

그다음으로는 1721년에 나온 네이선 베일리의 《일반 어원 사전 Universal Etymological Dictionary》이 있었는데, 이미 4만 단어를 수록하여 새뮤얼 존슨의 사전보다 수록 단어 수에서 약 2천 개밖에 뒤지지 않았습니다. 존슨의 사전이 좋았던 이유는 다른 사전보다 규모가 크거나 내용이 정확해서가 아니라(물론 둘 다 어느 정도는 사실이지만), 바로 존슨이 썼기 때문이었습니다. 영국 최고의 석학이 자신의 학식을 지면에 쏟아부은 결과물이었던 거지요.

예컨대 18세기 초 영국에서 독자가 어떤 단어, 예를 들어 indocility의 의미를 놓고 친구와 언쟁이 붙었다고 합시다. 네이선 베일리의 사전을 꺼내서 찾아보니 "unaptness to learn or be taught배우거나 가르침을 받지 않으려는 성향"라고 되어 있습니다.

사전을 보여주며 의기양양한 표정을 짓는데, 친구가 네이선 베일리가 도대체 누구냐고 묻습니다. "아, 그게 말이지… 런던 어느 동네에서 교장 하던 사람이야."

권위가 영 서지 않지요.

하지만 새뮤얼 존슨은 영국 최고의 석학이었습니다. 그의 사전에는 indocility가 "unteachableness, refusal of instruction가르치기 어려움, 지도의 거부"이라고 정의되어 있습니다. 왠지 더 권위 있어 보입니다. 다만, 그럼에도 베일리의 사전이 존슨의 사전보다 훨씬 많이 팔렸습니다.

그다음으로는 노아 웹스터라는 사람이 있었는데, 엄청 따분한 사람이었으니 그냥 넘어가도록 하겠습니다. 최고의 사전《옥스퍼드 영어 사전Oxford English Dictionary, OED》이야기가 기다리고 있으니 그런 데 허비할 시간이 없습니다. 제가 무조건 그게 영국 거라서 최고라고 하는 게 아닙니다. OED는 상당 부분 스코틀랜드인과 미국인의 합작품이었거든요. 그뿐만이 아닙니다. OED의 탄생 비화 속에는 살인, 매춘 등 온갖 흥미로운 이야기가 얽혀 있습니다. 말이 나왔으니 말인데, 심약한 독자는 다음 꼭지를 건너뛰는 것을 권해드립니다. OED에 얽힌 이야기는 너무나 오싹해서 읽고 나면 꿈자리가 사나울 수도 있으니까요.

상관없다고요? 좋습니다. 그럼 읽을 준비가 된 독자에게, 문제 하나 내겠습니다. 의학 용어로 자기 자신의 음경을 자르는 행위를 뭐라고 하며, 그 행위와 OED는 무슨 관계가 있었을까요?

Autopeotomy

오토피어토미

역사상 최고의 참고 서적 《옥스퍼드 영어 사전》이 탄생할 수 있었던 것은 열네 살에 학교를 중퇴한 스코틀랜드인, 그리고 범죄자이자 정신 이상자인 미국인의 공동 작업 덕분이었습니다.

스코틀랜드인 제임스 머리는 소 치는 목동이었습니다. 독학으로 익힌 언어가 라틴어, 독일어, 이탈리아어, 고대 그리스어, 프랑스어, 고대 영어, 러시아어, 통가어… 등 셀 수 없이 많았습니다. 언어를 정확히 몇 개나 했는지 확실치 않지만 보통 25개로 추정합니다. 교사로 일하다가 1860년대에 아내의 건강 문제로 런던으로 이주했고, 언어학회의 회원이 되었습니다.

언어학회는 기존에 나와 있던 어떤 영어 사전보다도 더 포괄적인 영어 사전을 만든다는 목표로 작업을 벌이고 있었습니다. 마침내 옥스퍼드대학교 출판부와 계약이 성사되었고, 당시 아직 교사 신분이던 제임스 머리가 편집장을 맡았습니다.

《옥스퍼드 영어 사전》의 목표는 모든 영어 단어의 변천사를 추적하는 것이었습니다. 각 단어에 대해 의미를 연대순으로 보이고 실제 용례를 그 근거로 제시하는 방식이었습니다. 용례를 구하는 일은 간단했습니다. 지금까지 세상에 나온 영어로 쓰인 책을 다 읽으면 되었습니다.

아무리 언어 천재인 제임스 머리라지만 혼자 힘으로는 역부족이었습니다. 그래서 광고를 내어 자원 기고자를 모집했습니다(엄밀히 말하면 광고를 낸 시점은 제임스 머리가 편집장을 맡기 전이었지만 이해하기 편하게 서술했습니다-원주). 그리고 구할 수 있는 책이란 책은 모두 구해서 중요해 보이는 문장들을 베껴 써달라고 했습니다.

이제 제임스 머리의 이야기는 잠깐 끊고 1834년의 스리랑카섬으로 갈 차례입니다. 그곳에서는 미국 뉴잉글랜드에서 온 선교사 부부가 토속 신앙을 믿는 주민들을 기독교로 개종시키려고 열심이었습니다. 이스트먼 마이너와 루시 마이너 부부는 사내아이를 낳고 이름을 윌리엄 마이너라 했습니다.

마이너 부부는 엄청나게 독실했습니다. 그런데 아들을 가만히 보니 어린 나이에 벌써 여자에게 관심이 너무 많았습니다. 부부가 지나치게 도덕적으로 엄격해서 그리 생각했는지도 모르지만, 후에 벌어지는 사건들을 보면 윌리엄이 그때부터 싹수가 심상치 않았는지도 모릅니다.

어쨌거나 마이너 부부가 보기에 윌리엄의 여자 밝힘증은 심각했고, 그 이유는 스리랑카 사람들 때문인 것 같았습니다. 그래서 정신 차리라고 아들을 19세기 미국의 엄격한 기숙학교로 보냈습니다.

기숙학교 시절 윌리엄 마이너의 성생활에 대해서는 전해지는 기록이 없는데, 참 다행입니다. 어쨌거나 그는 예일대학교 의대에 진학해 무사히 졸업하고 남북전쟁 중 북군에 군의관으로 지원했습니다.

의사는 환자를 치료해주기 때문에 보람도 있고 존경도 받지요. 그런데 마이너가 군대에서 맡은 일은 그런 것과 거리가 먼, 탈영병에게

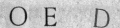

낙인을 찍는 일이었습니다.

북군에서는 도망치다가 잡힌 병사가 있으면 탈영병(deserter)을 뜻하는 대문자 D 자 모양의 낙인을 뺨에 커다랗게 찍어 비겁한 자임을 만방에 알렸습니다. 마이너가 그 일을 하는 담당자였습니다. 그때 낙인을 찍어야 했던 탈영병 중에 한 아일랜드 출신 이민자가 있었는데, 그게 나중에 문제가 됩니다.

종전 후 마이너는 뉴욕에 배치되었는데, 매춘부들과 종일 어울리는 통에 그 모습

을 눈 뜨고 봐줄 수 없던 군 당국이 플로리다 촌구석으로 전출을 보냈습니다. 당시 뉴욕에서조차 문제가 될 정도로 매춘을 많이 했다는 것은 대단한 일이었고, 군대에서조차 눈살을 찌푸릴 정도로 매춘을 많이 했다는 것도 대단한 일이었습니다. 결국 마이너 부모의 촉이 맞은 셈인지도 모릅니다.

그러자 마이너는 이제 완전히 미쳐버렸고, 강제 전역이 되었습니다. 요양을 위해 영국으로 건너가 런던에 정착했는데, 하필 매춘이 성행하던 램버스라는 동네였습니다. 하지만 이제 매춘은 큰 문제가 아니었습니다. 그를 괴롭혔던 더 큰 문제는 군에서 겪었던 끔찍한 기억이었습니다.

어느 날 마이너는 조지 메릿이라는 아일랜드인을 만나고는 아무 근거도 없이 자신이 낙인을 찍었던 탈영병이라고 오해합니다. 그가 복수에 나섰다고 믿은 마이너는 총을 꺼내 메릿을 쏘아 죽였습니다. 문제는, 메릿의 뺨에는 D자가 찍혀 있지도 않았다는 겁니다. 설령 있었다 하더라도 사람을 죽이면 안 되지요.

재판정은 윌리엄 마이너가 완전히 제정신을 잃었다는 결론을 내렸고, 마이너는 정신 이상 범죄자들을 수용하는 브로드모어라는 최

신식 정신병원에 구금되었습니다. 브로드모어 병원은 지내기에 썩 나쁘지 않았습니다. 어디까지나 감옥이 아니라 병원이었고, 마이너는 돈이 웬만큼 있었기에 하인까지 두고 읽고 싶은 책을 마음껏 사서 읽었습니다. 그러던 중 자원 기고자를 구하는 제임스 머리의 광고가 눈에 들어왔습니다.

마이너는 남는 게 시간인 데다가 정신 이상 범죄자라는 장점까지 있었지요. 사전 만드는 데 굉장히 도움이 되는 장점입니다. 그래서 책을 닥치는 대로 읽기 시작했습니다. 수없이 많은 책을 읽고 구절을 발췌한 다음 모아서 머리에게 보냈습니다. 처음엔 수백 건씩 보내다가 나중엔 수천 건씩 보냈습니다. 마이너는 《옥스퍼드 영어 사전》에 지대한 도움을 주었습니다. 머리가 나중에 말하길, 지난 400년간 현대 영어의 변천사는 마이너가 기고한 용례만 가지고도 기술할 수 있었다고 할 정도였습니다.

그러나 마이너는 자신의 신원을 밝히지 않았습니다. 살인 전과자라는 점도 좀 부끄러웠던 듯하고, 브로드모어 범죄자 정신병원이라는 주소도 좀 멋쩍었습니다. 그래서 머리에게 보내는 우편물에 발신인을 늘 "버크셔주 크로손의 W.C. 마이너"라고 적어 보냈습니다. 크로손은 브로드모어 병원 인근 도시였으니 틀린 말은 아니었지요.

1890년대에 이르러서야 제임스 머리는 OED 탄생의 일등 공신이

살인범에 정신 이상자라는 사실을 알게 되었습니다. 머리는 곧바로 마이너를 찾아갔고, 두 사람은 든든한 친구 사이가 되었습니다. 둘은 여러모로 너무 달랐지만, 우연히도 형제처럼 똑 닮은 외모였습니다. 턱수염을 무성히 기르고 백발이 나부꼈고, 무엇보다 두 사람 다 단어 애호가였습니다. 머리는 마이너에게 정서적으로 힘이 되어주려고 애썼는데 별 도움이 되지 않았는지, 마이너는 1902년 자신의 성기를 스스로 자릅니다.

이를 오토피어토미autopeotomy, 즉 자가음경절제라고 하는데, 특별한 이유 없이 시도해서는 안 됩니다. 마이너에게는 그럴 만한 이유가 있었습니다. 자기는 역시 부모와 군 당국이 판단했던 것처럼 과도한 성욕이 문제라고 생각했던 거지요. 그런데 그 생각이 맞았다고 해도, 성욕을 억제하려면 대개는 고환을 절제하는 편이 현명했을 겁니다. 자가음경절제의 문제는, 다른 건 제쳐두고서라도 소변 보기가 어렵습니다. 윌리엄 마이너는 불편과 고통에 시달렸습니다.

머리는 마이너의 상황을 호소하며 구명 운동을 벌였고, 그 결과 1910년 영국 내무부 장관은 마이너를 정신병원에서 풀어주고 미국으로 송환할 것을 명했습니다. 고국으로 돌아간 마이너는 그곳에서 여생을 보냈는데, 그때까지 완성되었던 여섯 권의 OED를 가지고 갔다고 합니다. 그 책들이 남성의 상징을 잃은 데 대한 위안이 되었는지는 전해지는 기록이 없습니다.

그런데 마이너를 풀어준 내무부 장관은 누구였을까요? 그리고 그가 이름을 짓는 데 기여한 비밀 병기는 무엇이었을까요?

Water Closets for Russia

러시아용 화장실

윌리엄 마이너를 풀어주라고 명한 사람은 다름 아닌 윈스턴 처칠 내무부 장관이었습니다. 사전 편찬자들에게 처칠은 문인으로 알려져 있습니다. 그는 《사브롤라Savrola》라는 소설을 1899년에 발표하기도 했습니다(평가는 '엇갈렸다'는 정도로만 말해두겠습니다). 또한 out-tray내보내는 서류함, social security사회보장제도, V-sign손가락 V자 표시 같은 표현에다가 seaplane수상 비행기, commando특공대, undefendable방어 불능의 같은 단어까지 만들어낸 장본인입니다. crunch라는 단어가 '결정적 순간'이라는 뜻으로 널리 쓰이게 만들기도 하고, 1953년 노벨 문학상을 받기도 했습니다. 이처럼 화려한 문학적 업적에 자칫 가려지기 쉬운데, 그는 남는 시간에 정치도 했습니다.

윌리엄 마이너가 미국으로 돌아갈 무렵, 유럽은 전쟁 준비에 들어갔습니다. 1911년, 윈스턴 처칠은 내무부 장관 자리를 떠나 해군 장관으로 임명되어 적군을 보다 효과적으로 살상할 신무기를 개발하는 일을 맡았습니다.

그가 개발을 지휘했던 신무기 중에는 '지상함(landship)'이라는 것도 있었습니다. 당시 세계의 대양은 영국 해군이 주름잡고 있었습니다. 한마디로 바다의 왕은 영국이었지요. 증기기관으로 움직이는 거대한 군함들이 지구 곳곳을 누비며 해가 지지 않는 제국의 위용을 과시했습니다. 군함은 철판으로 덮여 있어 적의 포화에도 끄떡없었고, 거대한 포를 탑재해 적함을 한 방에 날려버릴 수도 있었습니다. 하지만 육상에서는 상황이 달랐습니다. 영국 육군은 여전히 보병과 기병뿐이었고, 해군처럼 보호해줄 철갑 장비가 없으니 몰살당할 위험이 늘 있었습니다.

그래서 처칠은 철갑함의 원리를 지상전에도 도입한다는 방안을 마련했습니다. 영국군은 이름하여 '지상함'의 설계에 착수했습니다. 군함처럼 철갑을 덮고, 군함처럼 동력으로 구동하고, 군함처럼 포를 탑재하기로 했습니다. 구축함destroyer과 역할이 같지만 바다가 아니라 땅을 누빌 병기였지요.

프로젝트 추진을 맡은 사람은 어니스트 스윈턴이라는 장교였습니다. 스윈턴은 도면을 작성하고 제조업체를 물색하는 등의 모든 과정을 철저히 비밀에 부쳤습니다. '지상함'이라는 말은 공개적으로 절대 언급하지 않았습니다. 그래서 오늘날까지도 그 말은 쓰이지 않고 있습니다.

지상함 프로젝트는 어찌나 극비리에 진행되었던지 제조 공장 노동자들조차 무엇을 만드는지 모르면서 만들었습니다. 1914년 제1차 세계대전 발발 직후 러시아는 연합국으로 참전했습니다. 그래서 스윈턴

은 모든 문서에서 지상함을 'Water Carrier for Russia(러시아용 물 운반차)'라는 암호명으로 지칭하는 것이 좋겠다고 생각했습니다. 하지만 그 안을 처칠에게 말하자 처칠은 폭소를 터뜨렸습니다.

처칠이 말하기를, Water Carrier를 줄여 쓰면 WC가 되니 너무 화장실 같지 않냐는 것이었습니다. 스윈턴은 잠깐 머리를 굴리더니 그럼 그 대신 'Water Tank for Russia(러시아용 물탱크)'는 어떠냐고 했습니다. 처칠은 딱히 반대할 이유가 없었고, 그 암호명은 결국 이름으로 굳어졌습니다.

그런데 축약을 좀 거쳤습니다. 일단 Water Tank for Russia라는 이름은 너무 길었기에 water가 떨어져 나갔습니다. 그리고 가만히 보니 이 병기들이 러시아로 갈 게 아니라 참호전이 벌어지는 서부 전선으로 가야 했습니다. 그래서 Russia도 떨어져 나갔습니다. 결국 이 병기는 오늘날의 이름인 'tank'가 되었습니다. 만약 윈스턴 처칠이 화장실을 연상시킬까 봐 걱정하지 않았다면 'carrier'가 되었을지도 모르는 일입니다. 또 스윈턴이 기밀이 새어나갈까 봐 걱정하지 않았다면 'landship'이 되었겠지요.

탱크는 전장에서 그 값을 톡톡히 해냈습니다. 하지만 불행히 독일군도 그 무렵 나름의 비밀 무기를 만들고 있었는데, 그쪽은 무기에 아주 비신사적인 이름을 붙였습니다.

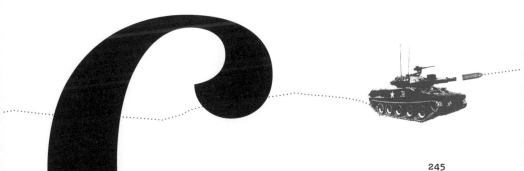

Fat Gunhilda
뚱보 대포

영국이 탱크를 개발할 때 독일은 포를 개발하고 있었습니다. 어마
어마한 크기의 장거리포였지요. 무게가 자그마치 43톤이나 나갔고
800킬로그램짜리 포탄을 4킬로미터 거리까지 쏘아 보냈습니다. 공식
명칭은 42-cm kurze Marinekanone 14 L/12였는데, 입에 잘 붙지
않았습니다. 그래서 무기 제조사인 크루프의 직원들은 흉악한 계략을
꾸몄습니다. 무기에 자기들 회사 사장 이름을 붙인 것이지요. 크루프
사 사장은 베르타 크루프라는 뚱뚱한 여성이었습니다. 따라서 직원들
은 이 장거리포를 '뚱보 베르타'라는 뜻으로 Dicke Bertha('디케 베르
타')라고 불렀습니다. 이것이 영어로 넘어오면서 자연스럽게 두운을
맞추며 'Big Bertha'가 되었습니다(베르타 크루프를 불쌍히 여길 필요는 없을 듯
합니다. 크루프는 Berthawerk('베르타베르크')라는 공장의 공식 명칭에 아예 자기 이름을 넣
었는데, 그곳은 아우슈비츠 수용자들을 강제로 노역시킨 곳이었습니다 - 원주).

대포에 여자 이름을 붙인다는 건 좀 이상해 보일 수 있습니다. 굳이
프로이트의 추종자가 아니더라도 대포에 남근을 연상시키는 면이 있
다는 건 부인할 수 없을 겁니다. 하지만 역사는 프로이트와 생각이 달
랐는지, 총이나 포에는 항상 여자 이름이 붙었습니다.

베트남 전쟁 때 미국 해병대에서는 병사들의 개인 소총에 여자 이

Gunhilda

름을 붙이게 해서, 대개 고향에 있는 애인 이름을 붙였습니다. 하지만 이 관습의 역사는 훨씬 깁니다. 대영제국의 표준 플린트락 머스킷총은 Brown Bess브라운 베스라는 별명으로 불렸습니다. 그래서 시인 러디어드 키플링은 수많은 병사가 "브라운 베스의 매력에 심장을 푹 찔렸다(pierced to the heart by the charms of Brown Bess)"는 말장난을 하기도 했습니다. 에든버러성에는 Mons Meg('몬스 멕')이라는 이름의 거대한 중세 대포가 놓여 있는데, 스코틀랜드 국왕 제임스 3세의 왕비였던 Margaret마거릿의 이름을 딴 것으로 보입니다.

총과 포에 여자 이름을 붙이는 이유는 무엇일까요? 부질없는 질문입니다. 총이나 포를 뜻하는 단어 gun부터가 여자 이름이니까요. 조금씩 다른 설들이 있지만 최초의 gun은 아무래도 윈저성에 놓인 대포였던 것으로 보입니다. 14세기 초 문헌에 "Una magna balista de cornu quae vocatur Domina Gunilda"라는 언급이 등장하는데, 현대어로 옮기면 a large cannon from Cornwall which is called Queen Gunhilda(군힐다 왕비라 불리는, 콘월에서 가져온 큰 포)가 됩니다.

Gunhilda란 여자 이름이고, 줄여 부르는 이름은 보통 Gunna입니다. 윈저성에 놓여 있던 그 gunna가 이후 영어권에 등장한 모든 gun의 시초였던 거지요.

군힐다 왕비는 실존 인물이었습니다. 그런데 군힐다 왕비와 스마트폰은 무슨 관계가 있을까요?

Queen Gunhilda and the Gadgets

왕비와 첨단기술

군힐다는 10세기 말에서 11세기 초 덴마크의 왕비였습니다. 중세 암흑시대 왕비들이 다 그렇지만, 국왕 스벤 1세의 부인이었다는 사실 말고는 알려진 게 거의 없습니다. 그녀의 아들은 후에 크누트 대왕이 되었습니다. 그리고 시아버지가 덴마크 국왕 하랄 1세(935~986)였습니다.

하랄 1세는 이가 파란색이었다고 합니다. 아니 어쩌면 검은색이었는지도 모릅니다. 'blau'라는 단어의 의미가 변천을 겪었으므로 정확히 무슨 색이었는지는 확실치 않습니다. 그리고 덴마크와 노르웨이에 난립하던 세력들을 단일 국가로 통일한 왕이기도 했습니다.

1996년에 짐 카다크라는 엔지니어가 어떤 기술을 개발했는데 무선기기와 컴퓨터 간에 정보를 주고받기 위한 것이었습니다. 하루는 고된 개발 작업을 마친 후 쉬면서 프란스 군나르 벵트손의 역사 소설 《전함 바이킹The Longships》를 읽었습니다. 바이킹들이 모험을 벌이고 약탈과 강간을 일삼는 이야기였는데, 배경이 '푸른 이빨 하랄' 즉 Harald Bluetooth가 통치하던 시절이었습니다.

짐 카다크가 가만히 생각해보니, 그 왕과 자기가 하는 일이 별 다를 바 없었습니다. 무선기기와 컴퓨터를 서로 통하게 한다는 것은 기술 분야에 난립하는 세력들을 통일하는 것이나 마찬가지였습니다. 그래서 자신의 프로젝트에 재미 삼아 Bluetooth라는 이름을 붙였습니다.

누구도 Bluetooth를 그 기술의 실제 상표명으로 삼을 생각은 하지 않았습니다. '파란색 이빨'이란 그다지 느낌이 좋지 않았기에, 카다크가 다니던 회사의 마케팅팀에서는 더 나은 이름을 궁리했습니다. 결국 생각해낸 이름이 무난하면서 밋밋한 Pan이었습니다. 그런데 신기술을 공개하기 직전, 다른 회사에서 이미 Pan이라는 상표명을 쓰고 있다는 사실이 뒤늦게 알려졌습니다. 시간이 촉박한 상황에서 회사는 하는 수 없이 카다크가 붙였던 별명으로 가기로 했습니다. 그래서 그 기술은 오늘날 Bluetooth블루투스로 불리게 되었습니다.

Shell
조개껍질

상호명의 역사는 우연과 반전의 연속이고, 얼렁뚱땅식 결정된 것이 난무합니다. 한 예로, 세계 최대 에너지 회사 이름이 왜 Shell인지 생각해본 적 있나요(세계 최대의 석유회사 Shell은 Royal Dutch Petroleum과 합병하여 오늘날의 Royal Dutch Shell 로열더치셸이 되었습니다 – 원주)?

빅토리아 시대 영국에서 조개껍질(seashell)이 인기였기 때문입니다. 인기도 보통 인기가 아니었습니다. 현대인의 눈에는 기괴해 보일 정도였지요. 사람들은 조개껍질을 수집하고, 조개껍질에 색칠을 하고, 조개껍질로 온갖 물건을 만들었습니다. 다행히도 유행이 한참 지나 이제는 그런 것을 볼 일이 없지만, 당시엔 연체동물 사체 껍데기로 꽃다발까지 만드는 등 난리도 아니었습니다. '키치Kitsch'의 극치였다고나 할까요.

그러려면 누군가 조개껍질을 공급해주어야 했습니다. 사람들은 영국 해변에서 구하는 조개껍질만으로는 성이 차지 않았습니다. 그래서 무역상들이 세계 곳곳에서 점점 더 크고 반짝거리는 조개껍질들을 활발하게 수입했습니다.

이 조개껍질 수입 열풍에 한몫 끼었던 업자 중에 마커스 새뮤얼 Marcus Samuel이라는 사람이 있었습니다. 그는 런던 동부의 어느 거리에 가게를 차리고 조개껍질 무역상 일을 시작했습니다. 회사 이름은 그냥 Shell이라고 했습니다. 이름 참 쉽게 지었지요.

Shell사는 나날이 번창했고, 곧 취급 품목을 확대해 자질구레한 장신구, 예쁜 조약돌 따위도 팔기 시작했습니다. 마커스 새뮤얼은 이름을 자기와 똑같이 지은 아들을 가업에 참여시키고, 반짝이는 잡동사니를 사 오라고 일본에 해외 출장을 보냈습니다.

출장 여행 중 마커스 새뮤얼 2세는 어떤 예감에 사로잡혔습니다. 뜬금없지만 석유를 취급하는 사업도 돈이 좀 될 듯했습니다.

그 후 Shell사는 본업인 조개껍질 사업을 포기했습니다(이 사업 부문이 정확히 언제 폐지되었는지 알아보려고 Shell사에 전화로 진지하게 문의했는데, 친절히 응대하던 고객 담당 직원은 제가 장난치는 줄 알고 전화를 끊었습니다 – 원주). 회사 이름 말고는 모든 게 변했지만, 지금도 방방곡곡 주유소에 세워진 조개껍질 모양 로고는 이 회사의 뿌리를 조용히 웅변하고 있습니다.

In a Nutshell

호두 껍데기

shell은 영어라는 언어의 해변 이곳저곳에 널려 있습니다. 예컨대 '포탄' 또는 '포격하다'를 shell이라고 하는데, 초창기의 포탄이 호두 같은 견과류 껍데기(shell)와 생김새가 닮아 그렇게 되었습니다. 호두 껍데기를 벗겨 알맹이를 꺼내기가 쉽지 않은 것처럼 채무자를 닦달해 돈을 받아내기도 쉽지 않지요. 그래서 shell out은 '돈을 뱉어내다'라는 뜻을 갖게 되었습니다.

햄릿은 "나는 호두 껍데기 속에 갇혀도 무한한 우주의 왕처럼 살 사람(I could be bounded in a nutshell and count myself a king of infinite space)"이라고 했지만, 'in a nutshell한마디로 말해'이라는 표현의 기원은 그 대사가 아닙니다. 그 기원은 고대 로마의 저술가 플리니우스가 기록한 믿기 어려운 이야기로 거슬러 올라갑니다.

백과사전을 쓰기도 했던 플리니우스는 한 번 들은 것은 무엇이든

다 기록하는 편이었습니다. 그중엔 귀중한 정보도 있었고, 도저히 믿기 어려운 이야기도 있었습니다. 예컨대 호두 껍데기에 쏙 들어갈 만큼 작은 《일리아스Ilias》의 필사본이 존재한다고 주장했습니다. 황당한 이야기인데, 더 황당한 건 그게 사실일 가능성이 크다는 겁니다.

18세기 초에 프랑스의 한 주교가 플리니우스의 주장을 검증하겠다며 나섰습니다. 폭 22센티미터, 길이 27센티미터의 종이에 《일리아스》를 최대한 작은 글씨로 베껴 적었습니다. 전체를 적진 않았지만, 첫줄에 80행이 들어갔고 작품 전체가 17,000행이었으므로 종이 한 장에 너끈히 들어간다는 계산이 나왔습니다. 이어서 그 종이를 접어 호두에 구겨 넣는 것으로 플리니우스 주장의 사실성 내지는 신빙성을 증명했다고 합니다(1590년경 피터 베일스라는 영국인도 성경책을 가지고 비슷한 시도에 성공했다고 합니다 - 원주).

The Iliad

일리아스

호메로스의 서사시 《일리아스》는 트로이 전쟁 이야기입니다. 제목도
트로이의 다른 이름인 '일리움Ilium'에서 따온 것입니다. 그 스케일이
참으로 웅장하여, 후세에 다시없을 용맹한 영웅들과 아름답고 자유
분방한 여성들, 그리고 그 뒤에서 얼쩡거리는 신들의 이야기를 그리
고 있습니다. 윈스턴 처칠은 "(영국 전 총리) 글래드스턴이 호메로스를
재미로 읽었다는 말을 듣고, 퍽이나 재미있었겠네 싶었다(They told
me how Mr. Gladstone read Homer for fun, which I thought served him
right)"라고 했지요.

안타깝게도 호메로스의 작품에 등장한 이름들은 오늘날 그 위용에
걸맞은 대우를 전혀 받지 못하고 있습니다. 그리스의 영웅이자 거구
의 근육남 Ajax아이아스는 자기 이름이 후대에 가정용 세제 상표(강력한
세척력으로 나름 유명한 Ajax에이잭스라는 세제 상표가 있습니다)가 될 줄 알았더라면
더 일찍 자살했을지도 모릅니다. 세상 그 누구도 두렵지 않았던 트로
이 최고의 영웅 Hector헥토르는 고작 '윽박지르며 다그치다'를 뜻하는
동사 hector로 이름을 남겼습니다.

헥토르의 누이동생 Cassandra카산드라는 오늘날 '불길한 일을 경고
하지만 아무도 믿어주지 않는 사람'이 되어, 징징거리면서 남들 흥만

깨고 다닙니다. 그 위대한 Trojan horse트로이 목마조차도 이제 짜증 나는 컴퓨터 바이러스의 일종이 되어 신용카드 정보와 페이스북 로그인 정보 따위나 훔치고 있습니다.

그래도 《일리아스》에서 유래한 유명한 표현이 많지 않냐고요? 거의 없습니다. 물론 트로이에 관한 유명한 구절은 많지요. 예컨대 이런 것입니다.

> **66** Is this the face that launched a thousand ships
> And burnt the topless towers of Ilium?
> Sweet Helen, make me immortal with a kiss.
> 이 얼굴이 수천 척의 배를 출항시키고
> 일리움의 높은 탑들을 불태운 얼굴이었는가?
> 사랑스러운 헬레네, 입맞춤으로 나를 불멸케 해주오.

하지만 이것도 호메로스가 아니라 극작가 말로가 쓴 것입니다. 오늘날 유명한 영어 표현 중 유일하게 호메로스가 출전이라고 볼 여지가 있는 것은 'bite the dust죽다, 전사하다' 정도입니다. 윌리엄 컬런 브라이언트의 1878년 영역본에 등장하는데, 아가멤논이 헥토르를 죽일 수 있기를 기원하는 장면에서 나옵니다.

> May his fellow warriors, many a one,
>
> Fall round him to the earth and bite the dust.
>
> 바라건대 그의 전사들이 수없이
>
> 그의 주위에 쓰러져 흙을 씹기를.

이 표현은 록 그룹 Queen퀸의 그럭저럭 괜찮은 노래 〈Another One Bites the Dust〉에도 등장하니 호메로스는 그 정도로 만족해야 할 듯합니다.

호메로스 작품에서 가장 유명한 영웅 Achilles아킬레우스와 관련해 널리 알려진 표현조차 호메로스가 만든 게 아닙니다. 신화에 따르면 Achilles는 어머니가 강물에 제대로 담그지 않아서 발뒤꿈치(heel)가 유일한 약점이 되었으며, 거기서 '치명적 약점'을 뜻하는 Achilles' heel, 그리고 의학 용어 '아킬레스건'을 뜻하는 Achilles tendon이 유래했습니다. 하지만 둘 중 먼저 나온 Achilles tendon도 호메로스 사후 2,000년이 훨씬 지나서야 나왔습니다.

트로이 전쟁이 만약 실화라면 기원전 1250년경에 일어났을 것이고, 호메로스가 만약 실존 인물이 맞다면 기원전 8세기경에 작품을 썼을 겁니다. 그런데 Achilles tendon이라는 이름을 지은 필립 페르헤이언은 1648년에야 벨기에에서 태어났습니다. 그 작명 배경은 상

MER

당히 암울합니다.

페르헤이언은 어릴 때부터 무척 총명했습니다.《옥스퍼드 영어 사전》편집장처럼 소 치는 목동 출신이었는데, 나중에 해부학자가 되었습니다. 그런데 불행히도 한쪽 다리를 절단해야 했습니다. 탁월한 해부학자였으니 자기가 직접 하고 싶었겠지만 참았습니다.

페르헤이언은 열렬한 기독교인으로서 육체의 부활을 믿었습니다. 그런데 다리가 몸과 따로 묻히면 심판의 날에 많이 불편할 것 같아서 절단한 다리를 방부 처리해서 늘 곁에 두었습니다. 그러다가 몇 년 후에 그 다리를 찬찬히 해부하기 시작했습니다.

자신의 신체 일부를 찬찬히 해부하는 행위가 정신 건강에 좋을 리없었습니다. 페르헤이언은 자기 다리에게 편지를 쓰기 시작했습니다. 그리고 새로 발견한 사실을 모두 그 편지에 기록했습니다. 거기에 chorda Achillis, 즉 Achilles tendon이라는 용어가 처음 등장합니다.

페르헤이언은 결국 정신병을 일으켰습니다. 그의 한 제자가 말년의 스승에게 찾아갔던 일을 기록으로 남겼습니다. 페르헤이언은 연구실 창밖을 응시하고 있었고, 옆에 놓인 탁자에는 자신의 다리가 무척 세밀하게 해부된 채 부위별로 단정한 이름표와 함께 놓여 있었다고 합니다.

The Human Body

사람의 몸

우리 몸은 우리와 가장 가까이 있기에 거기에서 유래한 단어와 표현이 수천 가지나 됩니다. 동사로 만들어지지 않은 부위가 없을 정도입니다. 대부분은 head off출발하다, stomach criticism비판을 감내하다처럼 자연스럽게 이해가 됩니다. 하지만 foot the bill비용을 부담하다처럼 아리송한 것도 있는데요. 그것도 계산서(bill) 쓰는 과정을 생각해보면 간단히 이해가 됩니다. 일단 항목들을 한 열로 죽 적고, 총액을 구해서 맨 밑단(foot)에 적습니다. 적고 나면 그걸 치러야 하지요. 그런데 잘못하면 pay through the nose바가지를 쓰다하게 될 수도 있습니다. 그 표현은 코피가 날 때의 고통에서 유래한 듯합니다.

그런가 하면 보통 사람은 자기한테 있는 줄도 모르는 부위에서 유래한 표현도 있습니다. '심금을 울린다'(우리말의 '심금'도 '마음의 거문고'를 뜻하니 영어와 같은 발상입니다)고 할 때 영어에서는 play on one's heartstrings 또는 tug at one's heartstrings처럼 '마음의 현을 튕긴다'라는 식으로 표현하지요. 그런데 heartstrings는 실제로 심장 속에 있는, 생명 유지에 필수적인 끈입니다. 의학 용어로는 chordae tendineae힘줄끈라고 합니다. 누가 실제로 튕기기라도 하면 최소 부정맥 발생이고 잘못하면 사망입니다.

신체와 관련이 없어 보이는데 실제 관련 있는 단어도 있습니다. window는 원래 wind-eye였습니다. 우리 눈처럼 밖을 내다보는 통로이면서, 유리가 발명되기 전에는 바람도 통했으므로 그런 이름이 붙었습니다.

우리 눈 속에는 보기보다 많은 것이 들어 있습니다. 우선 사과가 들어 있지요. 옛날 해부학자들은 눈동자에 사과 모양의 단단한 무언가가 들어 있다고 생각했습니다. 그래서 눈동자를 apple of one's eye라고 했고, 그 표현은 오늘날 '눈에 넣어도 안 아픈 소중한 존재'를 뜻하게 되었습니다. 오늘날은 눈동자를 희한하게도 pupil이라고 하는데, '학생'을 뜻하는 pupil과 똑같은 단어입니다.

라틴어로 소년은 pupus, 소녀는 pupa라고 했습니다(곤충의 '번데기'를 뜻하는 pupa도 여기서 나왔습니다). 그 아이들이 학교에 다니면 pupil이라고 했습니다. 그럼 이제 누군가의 눈을 잘 들여다보세요. 누구든 상관없습니다. 무엇이 보이나요? 조그만 나 자신이 비쳐 보일 겁니다. 마치 작은 아이가 들어 있는 것 같지 않나요? 그래서 눈동자도 pupil이라 하게 되었습니다.

하지만 단어를 가장 많이 만들어낸 신체 부위는 뭐니 뭐니 해도 손이지요.

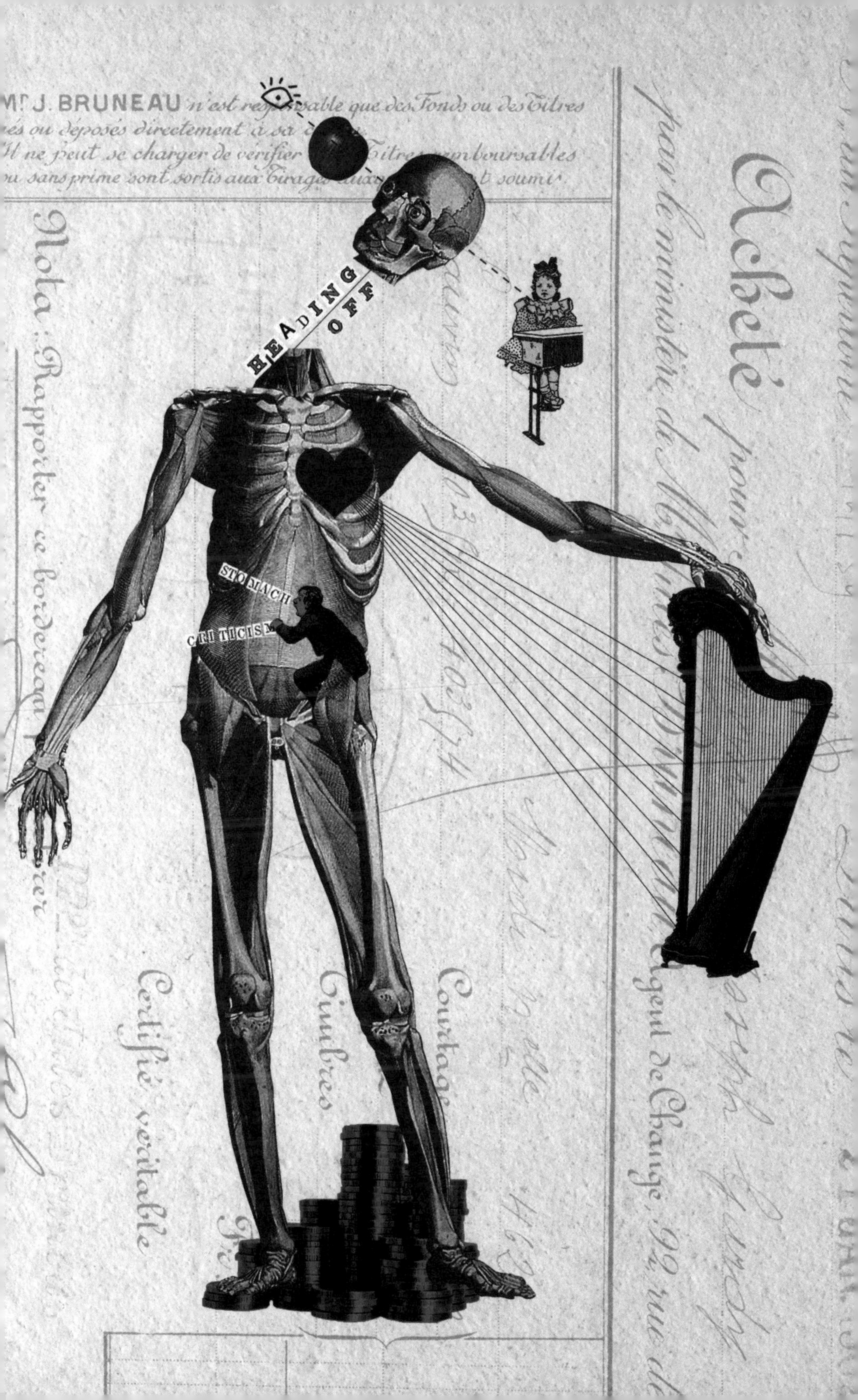

Mr J. BRUNEAU n'est responsable que des Fonds ou des Titres
...és ou déposés directement à sa [...]
Il ne peut se charger de vérifier [...] Titres remboursables
...ou sans prime sont sortis aux Tirages [...] soumis
HEADING OFF
STOMACH
CRITICISM

The Five Fingers

다섯 손가락

갓에서 또 싸움이 붙었다. 그때 손가락 발가락이 여섯 개씩 모두 스물네 개가
되는 거인이 나타났는데….

사무엘하 21장 20절

인간은 10단위로 수를 세는데, 그 이유는 손가락이 양손 합쳐 열 개
이기 때문입니다. 만약 나무늘보처럼 손가락이 세 개인 동물이 수를
셀 수 있다면 아마 6단위로 셀 겁니다.

손가락으로 수를 세는 것은 워낙 당연한 일이었기에 원래 '손가락'
을 뜻했던 digit이 나중에 '숫자'도 뜻하게 되었습니다. 그리고 수의
형태로 저장되는 정보를 digital이라고 불렀습니다.

중세 영어에서 손가락을 부르는 이름들은 지금보다 훨씬 재미있었
습니다. 가령 집게손가락은 물건을 만지는 손가락이라는 뜻에서 tow-
cher('toucher')라고 했습니다. 그럼 오늘날 명칭인 index finger는 어
디서 온 걸까요? 책의 색인(index)을 훑을 때 쓰는 손가락이라서? 그
건 아닙니다. 두 index 모두 라틴어 indicare에서 왔습니다. 집게손가
락이든 색인이든, 모두 무언가를 가리키는(indicate) 구실을 하니까요.
즉 index finger란 '가리키는 손가락'입니다.

dig·it

in-di-care, *n.*

index / pointing

dig-i-tus, *n.*
in-fam-is, *n.*

middle

fool's

little / ear

leech / ring

263

오늘날 middle finger라는 따분한 이름으로 불리는 가운뎃손가락은, 한때 fool's finger(바보 손가락)라고 했습니다. 더 옛날 로마인들은 심지어 digitus infamis(악명 높은 손가락), digitus obscenus(음란한 손가락), digitus impudicus(무례한 손가락) 등으로 불렀습니다. 이런 식으로 부른 이유는, 가운뎃손가락을 내밀어 욕하는 방법을 발명한 사람들이 로마인들이었기 때문입니다. 이와 관련해 로마의 시인 마르티알리스가 따끔한 풍자시를 쓰기도 했는데, 아주 대략적인 번역을 달면 아래와 같습니다.

Rideto multum qui te, Sextille, cinaedum
dixerit et digitum porrigito medium
동성애자라 놀림 받으면 머뭇대고 서 있지 말고
비웃으며 가운뎃손가락을 내보여 주어라

약손가락은 남다른 해부학적 특성이 있는데, 옛 이름인 leech finger와 오늘날 이름인 ring finger 모두 그 특성과 관계가 있습니다.

예전에는 약손가락에 심장으로 직접 이어지는 혈관이 있다고 믿었습니다. 왜 그리 믿었는지는 알 수 없습니다. 실제로 그런 건 없거든요. 어쨌든 그래서 중세 의사들은 약손가락을 엄청나게 중요하게 취급했습니다. 심장에 직접 연결된 손가락이니 심장 대신 치료에 이용할 수 있으리라 생각했습니다. 약손가락에다가 뭔가를 해서 심장병을 치료하고 심장마비를 낫게 할 수 있다고 믿었지요. 중세 때 의사를 뜻하는 단어는 leech였으므로,(옛날엔 의사가 환자의 피부에 거머리(leech)를 붙여 치료했기 때문이라는 통설은 사실이 아닌 것으로 보입니다 - 원주) 약손가락은 자연히

leech finger라 불렸습니다.

요즘 세상에도 그런 걸 믿는 사람이 있을까요? 거의 다 믿는다고 봐야 합니다. 우리가 약손가락에 결혼반지를 끼는 이유가 바로 그 신비의 정맥 때문이니까요. 손가락이 심장과 바로 연결되어 있으니 손가락에 금반지를 끼움으로써 연인의 마음을 사로잡을 수 있다는 믿음에 따른 것입니다. 그래서 약손가락의 이름도 ring finger가 되었지요.

새끼손가락(little finger)은 간단합니다. 고대 영어 시대에는 새끼손가락으로 귀를 긁었습니다. 그래서 ear finger라고 했습니다.

Hoax Bodies

몸의 변천사

그럼 인체 여행의 마지막 코스로 '몸' 자체를 뜻하는 라틴어인 corpus에 대해 알아볼까요. corpus에서 corpse시체라든지 corporal punishment체벌 같은 말들이 나온 것은 이해하기 어렵지 않습니다. 하지만 '마술'과 '사기'에 관련된 말들이 나온 배경은 설명이 좀 필요합니다. 우선 서기 33년경 예루살렘에서 있었던 만찬 현장으로 가봅시다.

And as they were eating, Jesus took bread, and blessed it, and brake it, and gave it to the disciples, and said, Take, eat; this is my body.
그들이 음식을 먹을 때에 예수께서 빵을 들어 축복하시고
제자들에게 나누어주시며 "받아먹어라. 이것은 내 몸이다" 하시고.

마태오 26장 26절

참 이상한 이야기입니다. 빵이 자기 몸이라니요. 다른 사람이 그랬으면 어처구니가 없었겠지만, 예수 말씀이니 믿어야지 어쩌겠습니까.

더 이상한 것은, 그런데도 먹으라고 한 겁니다. 말이 되려면

"받아먹어라. 이것은 살이 아니라 그냥 빵이다"라고 해야 하지 않을까요. 그런데 예수는 제자들에게 이렇게 말한 셈입니다. "이것은 빵이 아니라 살이다. 게다가 내 살이다. 그러니 맛있게 먹어라."

쉽게 이해하기는 어려운 말입니다.

기독교의 이 '식인 행위'는 워낙 서양 문화 일부여서 보통은 이상하다는 인식조차 하지 못합니다. 십자군 전쟁 때 이슬람교도들은 실제로 이것 때문에 벌벌 떨었습니다. 기독교도들은 식인 풍습이 있다는데 그 만행이 어느 정도인지 알 수 없었던 거지요. 급기야 이슬람교도를 잡아먹는다는 소문이 퍼졌습니다. 기독교도들이 그게 아니다, 우리는 주님의 살만 먹는다고 해명했지만, 신성 모독까지 한다는 오해만 키웠습니다.

게다가 기독교도라면 그 식인 행위를 문자 그대로 받아들이지 않으면 안 되었습니다. 당시에는 '성변화transubstantiation'를 문자 그대로 믿지 않는 사람은 화형에 처하기도 했습니다. 성만찬 때 사용되는 빵은 실제로 예수의 살로 바뀐다고 보았던 것이지요. 신학 용어로 말하면, 빵은 오로지 '우연히 가지게 된 성질', 즉 '우유성accidentals'만 남는다고 했습니다. 다시 말해 모양, 냄새, 촉감, 맛 등의 성질은 그대로 남되, 그 밖의 면에서는 완전히 변화한다는 것이었습니다.

그 변화는 신부가 빵을 들고 다음의 주문을 외는 순간 이루어졌습니다. "Hoc est corpus meum(이것은 내 몸이다)."

그러던 중 16세기에 개신교가 등장했습니다. 종래의 기독교와 여러 면에서 교리가 달랐지만, 특히 빵이 예수의 살로 바뀌는 것이 아니라 예수의 살을 상징할 뿐이라고 주장했습니다.

어른스럽게 의견 차이를 인정하고 넘어가면 좋았을 텐데, 개신교와 가톨릭은 '빵이 주님의 살이다, 아니다'를 놓고 옥신각신 다퉜습니다. 서로 화형시키고 고문하고 욕하면서요.

개신교도였던 제임스 1세의 궁정에 우스꽝스러운 마술을 공연하는 어릿광대가 있었는데, 'Hocus Pocus'라는 엉터리 주문을 외우곤 했습니다. 어릿광대의 이름도 자칭 '전하의 더없이 훌륭한 호커스 포커스(His Majesty's Most Excellent Hocus Pocus)'라고 했습니다. hocus-pocus는 그 후 '수리수리마수리', '마술, 속임수'라는 뜻이 되었습니다. 그런데 그게 어디서 나온 말이냐고요? 17세기 어느 성직자가 이렇게 적었습니다.

'hocus pocus'라는 그 흔한 마술 주문은 'hoc est corpus'가 변형된 것으로서 성변화의 묘술을 행하려고 하는 로마 가톨릭 신부를 우스꽝스럽게 흉내 낸 말임이 거의 틀림없다.

268

이렇게 하여 '몸'을 뜻하는 라틴어 corpus의 여행은 식인과 종교를 거쳐 마술의 세계에 이르렀습니다. 하지만 아직도 그 여정은 끝나지 않았으니, hocus pocus는 줄어서 hoax농간가 되기에 이릅니다.

예수의 말씀이 번역과 패러디와 축약을 거치는 우여곡절 끝에 뻔뻔스러운 사기가 되고 만 겁니다. 그런데 거기서 끝이 아니었습니다. hoax가 이번에는 길이가 줄어들지 않고 늘어나서 hokum수작이 되었습니다. 미국 영어에서 '되지도 않는 소리(nonsense), 잡소리(rubbish), 헛소리(bunkum)'를 뜻하는 말이지요. 끝에 붙은 '-kum'은 아마 더 헛소리다운 느낌을 주기 위해 bunkum에서 따왔을 겁니다.

그렇다면 bunkum은 bunk beds이층 침대, 골프 코스의 bunker벙커, 갈대가 무성한 골짜기 중 어느 것과 관련이 있을까요?

Bunking and Debunking

허튼소리

---

debunk허위를 폭로하다는 bunk beds이층 침대와 꼭 관계가 있을 것 같은데 그렇지 않습니다. 잘못된 통념이 이불 속에서 쿨쿨 자는 것을 강력한 이성의 힘으로 깨워서 내쫓는 이미지를 연상할 수도 있는데, 그런 관련성은 전혀 없습니다.

debunk한다는 것은 단순히 bunkum(또는 줄여서 bunk)을 몰아내는 것입니다. bunkum은 물론 '터무니없는 헛소리'이지만 원래 미국의 지명입니다. 노스캐롤라이나주 서부에 있는 Buncombe County벙컴 카운티가 그 주인공인데, 아름다운 시골 동네가 허튼소리의 대명사가 된 사연이 있습니다.

1820년, 미국 의회에서는 '미주리 문제'를 놓고 토론이 한창이었습니다. 미주리 문제란 노예 제도와 관련된 것이었고 그에 대한 해결책으로 미주리 타협이 도출되었습니다. 토론이 끝나갈 무렵 필릭스 워커라는 의원이 일어나서 목청을 가다듬더니 연설을 시작했는데, 도무지 멈출 줄을 몰랐습니다.

연설이 끝나지 않자 의원들은 점점 집중력을 잃었고, 이내 짜증이 나기 시작했고, 결국 야유를 던지다가 급기야 워커 의원의 어깨를 두들기며 그만하라고 했고, 마침내는 우르르 일어나 주위를 둘러싸고는

DE BUNK BUNK

도대체 왜 연설을 멈추지 않는 거냐고 이유를 따져 물었습니다.

워커 의원이 대답하기를, 자기는 지금 의회를 상대로 연설하는 게 아니라 지역구 주민의 이익을 위해 연설한다고 했습니다. '벙컴을 위한 연설(a speech for Buncombe)'을 하고 있다는 것이었습니다.

아닌 게 아니라, 그는 미주리 문제나 미주리 타협에는 아무 관심이 없었습니다. 그의 관심은 오로지 언론에 노출되어 지역구 유권자들의 눈에 최대한 많이 띄는 것뿐이었습니다. 너무나 기발한 발상이었고, 또 민주주의 국가에서 늘 보던 짓거리였으므로 그 표현은 바로 유명해졌습니다. 곧 speaking to Buncombe이 speaking bunkum으로 축약되었고, 그러다가 그냥 bunkum이 되었습니다. 그리고 이것을 타파하는 행위는 debunk가 되었습니다.

보통은 위와 같이 설명을 하지만, 조금 다른 설도 있습니다. 필릭스 워커 의원이 텅 빈 회의장에서 혼자 연설하는 것을 지나가던 동료 의원이 발견했다고 합니다. 도대체 뭐 하냐고 묻자, Buncombe 주민들에게 연설 중이라고 했다는 겁니다(그러고 나서 연설문을 인쇄해 지역구에 돌릴 생각이었겠지요). 필자는 이 이야기가 더 마음에 들지만, 사실일 가능성은 낮습니다. 어쨌거나 bunkum은 아무런 쓸모없는 헛소리가 되었고, 그 기원이 노스캐롤라이나주의 벙컴 카운티라는 데는 의심의 여지가 없습니다.

허튼소리의 대명사로 사전에 등재된 Buncombe County의 몰락을 보고, Edward Buncombe에드워드 벙컴은 무덤에서 탄식하고 있을지도 모릅니다.

Edward Buncombe은 카리브해의 어느 섬에서 태어난 영국인이었는데, 캐롤라이나의 방대한 농장을 물려받아 미국으로 옮겨갔습니다. 그 지역에서 초기 독립운동에 참여했고, 1775년에 독립전쟁이 발발하자 대륙육군의 일원으로 싸우다가 저먼타운 전투에서 부상을 입었습니다. 죽을 만한 부상은 아니었는데, 불행히도 잠결에 일어나 돌아다니다가 계단에서 굴러떨어져 부상이 심해지는 바람에 죽음을 맞았습니다.

그는 유언장을 통해 2,000에이커가 넘는 농장 땅과 10명의 흑인 노예를 남겼습니다. 그의 영웅됨을 기리기 위해 몇 년 후 Buncombe County라는 행정구역이 만들어졌습니다. 그러니 debunking의 대상인 bunkum은 사실 그의 이름인 셈입니다. 그런데 그 이름에 얽힌 사연은 거기서 끝이 아닙니다.

Edward Buncombe은 이름으로 볼 때 14세기 초에 영국 서머싯에 살았던 Richard de Bounecombe이라는 사람의 후손입니다. Bounecombe은 '갈대가 무성한(boune) 골짜기(combe)'라는 뜻입니다. combe은 켈트어에서 고대 영어로 도입된 몇 안 되는 단어 중 하나인데, 왜 켈트어에서 건너온 단어가 그리 적은지는 수수께끼입니다. 앵글로색슨족이 과연 얼마나 못되게 굴었느냐 하는 게 의문점입니다.

The Anglo-Saxon Mystery
고대 영어의 수수께끼

지금으로부터 2000년 전, 영국제도에는 켈트족Celts이 살고 있었습니다. 그들은 켈트어Celtic를 썼고, 몸에 문신을 했습니다. 고대 그리스인들은 이 안개 낀 섬나라 주민들을 '문신한 사람들'이라는 뜻으로 Prittanoi('프리타노이')라고 불렀습니다(여기서 Britain이 유래했습니다). 다만 이 표현은 그리스인들의 눈에 기이하게 보였던, 몸에 대청 woad('대청'이라는 식물의 잎에서 나는 파란색 물감)을 칠하는 켈트족 관습을 지칭한 것일 수도 있습니다. 어쨌거나 중요한 사실은, 역사책에 나오는 보아디케아 여왕(?~서기 61년)이 잉글랜드 땅에 산 건 맞지만 잉글랜드인은 아니었다는 겁니다. 당시에는 잉글랜드가 없었습니다. 보아디케아는 켈트계 브리튼인Celtic Briton이었지요.

잉글랜드가 생긴 것은 서기 400년경, 앵글족Angles이 오늘날의 덴마크 부근에서 건너오기 시작하면서였습니다. 앵글족은 새 나라를 Angle-land라고 불렀는데 이것이 England의 기원입니다. 그 무렵 삭소니아Saxony에 살던 색슨족Saxons과 독일 북부의 유틀란트Jutland에 살던 유트족Jutes도 함께 건너왔고, 세 부족은 고대 영어를 쓰기 시작했습니다.

얼마 후 왕이 나라를 다스렸는데, 그중 앨프레드 대왕이 있었습니

- SAXON ....

273

다. 그는 원래 '서부 색슨족의 왕'이었는데, 자기 이름을 '앵글로색슨족의 왕'을 뜻하는 Rex Angul-Saxonum으로 바꾸었습니다.

그럼 켈트족은 어떻게 된 것일까요? 온몸에 대청을 칠하고 평화롭게 섬을 돌아다니던 민족이 그전까지 분명히 있었는데요?

그 답은 아무도 확실히 모릅니다. 여기엔 두 가지 설이 있는데, 하나는 언어적 관점이고, 다른 하나는 역사적 관점입니다.

한 민족이 다른 민족을 정복하면, 정복당한 민족이 쓰던 말을 어느 정도 흡수하기 마련입니다. 그건 그럴 수밖에 없지요. 온 사방에서 원주민 언어가 쓰이고 있으니 어쩔 수 없습니다. 원주민을 노예로 부리려고 해도 그 말을 알아야 일을 시킬 수 있습니다. 아무리 원주민 말을 배울 생각이 없다 해도, 새 나라에는 항상 새 문물이 있기 마련이고 기존에 쓰던 언어로 다 지칭할 수는 없습니다.

인도를 지배했던 영국을 예로 들어볼까요. 약 200년을 지배하면서 그동안 받아들인 단어가 shampoo샴푸, bungalow단층 가옥, juggernaut 막강한 세력, mongoose몽구스, khaki카키색, chutney처트니 소스, bangle팔찌, cushy안락한, pundit현인; 전문가, bandana두건, dinghy소형 보트 등 셀 수 없이 많습니다. 그것도 영국까지 가지고 들어온 단어만 친 것입니다.

그렇다면 앵글족과 색슨족은 켈트족에게서 어떤 단어를 받아들였을까요?

거의 받아들이지 않았습니다.

예를 들자면 '골짜기'를 뜻하는 cym이 앞에서 말한 것처럼 combe 으로 들어왔고, '언덕'을 뜻하는 torr가 '바위'를 뜻하는 tor로 들어왔습니다. cross도 켈트어에서 왔다고 할 수 있는데, 10세기에 아일랜드 선교사들을 통해 들어온 듯하고, 켈트족에게서 직접 배운 것은 아닙니다.

그것 말고는? 이렇다 할 만한 게 없습니다. 물론 단어를 어떻게 세느냐에 따라 다르고, 단어를 받아들였지만 기록을 안 해서 모르는 것도 있겠지요. 그렇지만 어쨌거나 앵글로색슨족은 섬을 수백 년간 점령하고서도 자신들이 정복한 민족의 단어를 거의 받아들이지 않다시피 했습니다.

이건 언어학적으로 보면 점령이 아니라 학살 수준입니다. 그것도 말도 안 되는 엄청난 학살로밖에 보이지 않습니다. 아무리 학살을 했어도 이보다는 더 많은 단어가 고대 영어로 들어왔을 만하거든요. 최소한 '아야', '안 돼', '하지 마' 정도라도 말이지요. 그런데 들어온 말이 소름 끼칠 만큼 없으니까요.

그런데 역사학자들은 그건 말도 안 되는 소리라고 합니다. 그랬다면 시신들은 어떻게 되었냐는 거지요. 흔적이 없습니다. 집단 무덤도 없고, 대전투의 기록도 없습니다. 살육의 기록도 없습니다. 고고학적인 증거가 단 하나도 없습니다. 거의 없는 게 아니라 전무합니다.

따라서 언어학자들이 보기엔 학살이지만, 고고학자들이 보기엔 평화적 공존입니다. 이상한 노릇입니다. 다만 여기엔 한 가지 설이 더 있습니다. 그 설의 근거는 예컨대 잉글랜드 남서부에 있는 Pensax라는 언덕, 그리고 잉글랜드 남동부에 있는 Saffron Walden이라는 소도시입니다.

Pensax는 '색슨족(sax)의 언덕(pen)'이라는 뜻인데, 여기서 pen이 켈트어입니다. 그렇다면 언덕 위에 색슨족이 살고 그 밑의 골짜기에 켈트족이 살던 시절이 있었으리라 추측할 수 있습니다. 잉글랜드 남쪽 끝에 있는 Sixpenny Handley라는 마을 이름도 똑같습니다. Sixpenny는 Sex Pen이 변형된 것으로, Pensax에서 순서만 바뀐 것입니다.

또 Saffron Walden도, 앞부분은 물론 향신료의 원료인 사프란 꽃을 재배해서 그리되었을 텐데, Walden 부분은 이상합니다. Walden은 원래 '이민족의 골짜기'를 뜻하는 앵글로색슨어 wealh였습니다. 그런데 그 단어는 항상 켈트족을 가리키는 데 쓰였다는 거지요. Wales웨일스도 거기에서 유래했습니다.

따라서 이런 지명들을 근거로 제3의 가능성을 그려볼 수 있습니다. 그것은 앵글로색슨족과 켈트족이 여기저기에 각기 정착지를 이루며 공존하면서, 희한하게도 말은 섞지 않았다는 것입니다. 서로 교역도 하지 않고, 혼인도 하지 않고, 서로 전혀 엮이지 않고 살면서 오로지 상대의 정착지에 이름만 붙였다는 거지요(아마 피해 다니려는 목적으로).

그럼 서로 상대편의 말은 다 알아들으면서, 그래도 자기들 말만 꿋꿋이 썼던 것일까요? 그건 아닌 듯합니다. 역시 지명이 근거입니다.

앞서 말했듯이 pen은 '언덕'을 뜻하는 켈트어였습니다. 그런데 앵글로색슨족은 Pen이라고 하는 언덕을 보고는 Pen hul이라고 불렀습

니다. hul은 '언덕'을 뜻하는 앵글로색슨어였거든요.

이런 일이 잉글랜드 곳곳에서 반복되면서, Bredon(언덕 언덕)이니 River Esk(강 강)니 하는 이름들이 생겨났습니다. 그렇다면 서로 언어 교류가 있긴 있었으되 미미한 수준에 머물렀던 것으로 보입니다. 일단 새로운 지명을 알고 나면 그 '뜻'도 알기 전에 살던 사람들을 다 쫓아냈다든지….

그 결과 재미있는 이름도 많이 생겼습니다. Penhul은 Pendle이 되었고, 그로부터 몇백 년이 흐른 후 누군가가 가만히 보니 그게 언덕이었습니다. 그래서 당당히 Pendle Hill이라고 했습니다. 이로써 '언덕 언덕 언덕'이 탄생했습니다. 이런 일 역시 한두 번이 아니었습니다.

잉글랜드 서부에 있는 Bredon Hill도 켈트어(bre)와 앵글로색슨어 (don)와 근대 영어(hill)로 이루어진 '언덕 언덕 언덕'입니다.

앵글로색슨족과 켈트족의 관계가 실제 어떠했는지는 영원히 알 수 없을 겁니다. 학살이 만연했는지, 화기애애하게 잘 지냈는지 알 수가 없습니다. 시대는 암울했고, 역사는 망각이 심합니다. 애통해하거나 분개할 만한 일도 아닙니다. 역사는 길게 보면, 훔치지 않은 문물 없고 침략당하지 않은 나라 없습니다. 켈트족도 기원전 600년경에 브리튼섬에 살던 민족들을 정복하고 그 땅을 차지한 사람들이었습니다. 앵글로색슨족도 나중에 포악한 바이킹의 침략을 받습니다. 바이킹은 자기들 말과 자기들 지명을 영어에 가지고 들어오지요. 그중 어느 바이킹이 요크셔에서 사초sedge(습지에 자라는 파피루스 같은 풀을 통칭)가 무성한 개울을 발견하고 '사초 개울'이라는 이름을 붙입니다. 그 이름은 나중에 세계적으로 손꼽히는 큰 회사의 이름이 됩니다.

The Sedge-strewn Stream and Globalisation

세계로 뻗어 나간 개울

바이킹은 고약한 자들이었지만 역사는 어쩐 일인지 바이킹에게 상당히 너그럽습니다. 강간, 살육, 인신 공양을 하는 자들이 793년에 린디스판섬에 상륙하더니 잉글랜드 북동 해안을 따라 죽 내려오기 시작한 것은 적어도 희소식은 아니었을 겁니다. 금방 요크셔까지 내려온 바이킹은 오늘날의 해러게이트 부근에서 사초가 무성한 개울을 발견하고는 '사초 개울'이라는 뜻의 이름을 붙였습니다. 그게 고대 노르드어로 Starbeck이었습니다.

Starbeck은 오늘날 해러게이트 동쪽 끝에 위치한 작은 동네의 이름입니다. 개울물은 여전히 흐르지만 사초는 보이지 않고, 상당한 구간이 철로를 따라 매설된 파이프를 통해 흐르고 있습니다. Starbeck이라는 지명이 처음 문헌에 나타난 것은 1817년입니다. 하지만 그 이름의 기원은 바이킹이 틀림없고, 14세기에 그곳에 사람이 살았다는 것도 알려져 있습니다.

그곳에 살던 사람들은 일가를 이루었고, 지역명을 성씨로 삼았습니다. 그런데 모음 하나를 살짝 바꾸었지요. 그래서 1379년에 그곳에 살던 Starbuck 가문에 대한 기록이 있습니다. 그 후 두 가지 사태가 벌어졌는데, 하나는 퀘이커 교파의 창시였고, 다른 하나는 아메리카 대륙의 발견이었습니다.

그리하여 미국 남동부 코드곶 연안의 낸터킷섬에 최초로 정착한 주민들 가운데 퀘이커 가문이 있었는데 그 성씨가 Starbuck이었습니다.

당시 낸터킷섬에는 고래잡이가 성행했고, Starbuck 가문은 고래잡이를 열심히 벌여 이내 낸터킷에서 가장 유명한 포경꾼 가문이 되었습니다. 1823년 밸런타인 스타벅은 하와이 국왕 내외를 싣고 영국으로 항해를 떠났습니다. 국왕 내외는 영국에서 불행히도 홍역에 걸려 죽고 말았습니다. 그 후 오베드 스타벅이 태평양에서 섬을 하나 발견하고 사촌 밸런타인을 기려 스타벅섬이라 명명했습니다(사실 누가 누구를 기려 처음 명명했는지 문헌상으로만 보아서는 매우 아리송합니다 - 원주).

그로부터 20여 년 후, 허먼 멜빌이라는 사람이 고래잡이를 주제로 한 소설을 썼습니다. 낸터킷에서 출항한 피쿼드호가 '모비 딕'이라는 흰색 고래를 잡으러 다니는 내용이었습니다. 멜빌은 포경선에서 일해 본 경험이 있었기에 낸터킷 스타벅 가문의 명성을 익히 알고 있었습니다. 그래서 그 가문을 기리기 위해 피쿼드호의 일등 항해사 이름을 Starbuck으로 지었습니다.

STAR

소설《모비 딕Moby-Dick》은 처음엔 별 인기가 없었습니다. 대부분 독자, 특히 영국 독자들은 이게 무슨 이야기인지 종잡을 수가 없었습니다. 영국판에는 마지막 챕터가 빠진 것도 영향이 크긴 했습니다. 그러다가 20세기에 들어 무슨 이야기인지 종잡을 수 없는 소설이 유행하면서《모비 딕》은 갑자기 만인이 애독하는 소설이 되었습니다. 특히 미국 교사들이 그때부터 학교에서 이 책을 읽히는 바람에 아이들이 만연체 문장을 읽느라 지금도 고생하고 있습니다. 시애틀에도 이 소설을 아주 좋아한 영어 교사가 있었으니, 그의 이름은 제리 볼드윈이었습니다.

볼드윈은 두 친구와 함께 커피숍을 창업하려고 준비 중이었습니다. 가게 이름을 지어야 했는데, 볼드윈은 당연히《모비 딕》에 등장하는 이름을 가져올 생각이었습니다. 그래서 동료들에게 기막힌 안을 들려주었습니다. 그가 제안한 커피숍 이름은,

바로,

다름 아닌

'피쿼드Pequod'였습니다.

동료들은 그 이름을 듣고, 음료 장사를 할 건데 'pee쉬'라는 발음이 들어가는 이름은 좀 그렇지 않냐고 지적했습니다. 백번 옳은 말이었지요. 볼드윈도 수긍할 수밖에 없었고, 두 동료는 좀 더 향토색이 풍기는 이름을 찾아 나섰습니다. 근방의 지도를 펴놓고 보니 로키산맥에 Camp Starbo라는 이름의 오래된 탄광촌이 있었습니다. Starbo라는 이름이 썩 괜찮아 보였습니다. 하지만 제리 볼드윈은 고집을 꺾지 않았습니다. Starbo의 두 번째 음절만 조금 바꿔서 피쿼드호의 일등 항해사 이름과 맞추자고 하면서 Starbucks를 제안했습니다. 세 사람은 그렇게 합의를 보았고, 그리하여 요크셔의 작은 개울에 바이킹이 붙였던 이름은 세계적으로 유명한 커피숍 브랜드 이름이 되었습니다.

하지만 볼드윈이 만약《모비 딕》의 모델이 된 흰색 고래가 실제로 있었다는 사실을 알았더라면, 오늘날 도시의 거리 풍경은 좀 달라졌을지도 모릅니다. 19세기 초 태평양에서 100여 척의 포경선을 물리쳤다고 전해지는 그 고래의 이름은, 왠지 커피 향이 물씬 풍기는 '모카 딕Mocha Dick'이었습니다.

오늘날 스타벅섬에는 아이러니하게도 스타벅스 매장이 없지만, 무인도이니 당연합니다. 이따금 출몰하는 바다표범이 카푸치노를 살 돈이 있을 리 만무하니까요.

Coffee

커피

프랑스 작가 발자크는 이런 글을 남겼습니다.

커피를 사랑한 발자크와 달리 셰익스피어는 커피를 마신 적이 없
습니다. 율리우스 카이사르도 마찬가지고 소크라테스도 마찬가지입

니다. 세상의 절반을 정복한 알렉산더 대왕도 아침에 커피 한 모금 마시지 않고 왕성한 활동을 벌였습니다. 피라미드도 카페인 한 방울 없이 지어졌습니다. 커피는 1615년이나 되어서야 유럽에 전해졌거든요.

옛사람들이 남긴 업적이야 워낙 위대해서 현대인을 기죽이기 충분하지만, 그게 다 카페인의 도움 없이 한 일임을 생각하면 기가 막힐 정도입니다. 커피 이름의 역사는 커피잔 속의 회오리처럼 빙빙 맞물려 돌아갑니다. 우선 espresso에스프레소가 express표현하다와 어떤 관계가 있는지부터 알아볼까요.

espresso는 이탈리아어로, 기계에 곱게 간 커피 가루를 채워놓고 증기를 투과시켜 '짜낸(pressed out)' 커피입니다(es가 out의 뜻입니다). 젖소에서 젖을 '짜낸다'거나 종기에서 고름을 '짜낸다'고 할 때 쓰는 영어의 express도 똑같은 어원입니다. 머릿속 생각을 입을 통해 밖으로 짜내는 것도 express이니 '표현하다'라는 뜻도 갖게 되었습니다.

표현하면 명확해집니다. express는 '명확히 표현된, 명시된'이라는 뜻도 갖게 되었습니다. express wish라든지 express purpose라고 하면 바라는 바나 목적을 이러쿵저러쿵 추측할 필요 없도록 명확하게 못 박은 것을 뜻합니다. 그런데 '목적이 명확하다'라는 뜻으로 많이 쓰다 보니 '특정 목적의', '전용의, 전담의'라는 뜻도 생겼습니다.

그렇다면 express mail속달 우편은 왜 그런 뜻이 되었을까요? 편지를 보내려면 국가의 우편제도에 맡기고 분실되거나 한 달 만에 반송되어 돌아올 위험을 감수하는 방법이 있고, 아니면 그 편지를 배달하는 '전담' 업무를 배달원에게 돈 주고 맡기는 방법이 있습니다. 이렇게 배달원을 '전용'으로 쓰는 경우가 express delivery속달입니다.

기차도 마찬가지입니다. 어떤 기차는 아무리 작은 역도 꼬박꼬박 서면서 갑니다. 그게 싫으면 그런 완행을 타지 말고 특정 목적지 '전용' 열차를 타면 됩니다. 그것이 바로 express train급행 열차입니다. 오늘날 그런 express train에는 보통 식당차가 있어서, 거금을 내면 쪼그만 espresso 한 잔도 사 마실 수 있지요.

Cappuccino Monks

카푸치노를 좋아한 수도사

어원상 에스프레소가 급행이라면, 카푸치노(cappuccino)는 모자입니다.

1520년에 마테오 다 바시오라는 수도사가 있었는데, 동료 프란치스코회 수도사들이 너무 방탕하여 문제라고 생각했습니다. 성 프란치스코의 가르침을 어기고 감히 신발을 신고 다니는 등 사치를 일삼는 것을 봐줄 수가 없었습니다. 그래서 맨발로 다니는 청빈한 수도회를 자기가 새로 만들었습니다.

그러니 기존 수도사들도 이 '맨발' 수도회가 꼴 보기 싫어서 마구 억압했습니다. 이때 도망 다니는 마테오의 피신을 도와준 이들이 카말돌리 수도사들이었는데, '작은 후드', 이탈리아어로 '카푸초(cappuccio)'를 쓰고 다녔습니다. 마테오의 무리도 그들 사이에 숨어서 카푸초를 쓰고 다녔습니다. 그러다가 마테오의 수도회는 1528년에 공식적으로 인준을 받았지만, 후드가 너무 편해서 계속 쓰고 다니기로 했습니다. 그래서 마테오를 따르는 수도사들은 '카푸친 수도사(Capuchin Monk)'라는 별명으로 불렸습니다.

카푸친 수도사들은 유럽의 가톨릭 세계에 빠르게 퍼졌고, 그들이 쓰고 다니는 후드는 낯익은 풍경이 되었습니다. 100년 후 탐험가들

이 신대륙에서 어떤 원숭이를 발견했는데, 머리 위에 암갈색 뚜껑을 얹은 듯한 모양이 꼭 작은 후드를 쓴 것 같았습니다. 그래서 capuchin monkey꼬리감는원숭이라는 이름을 붙여주었습니다.

여기서 재미있는 사실이 있는데, monkey라는 말부터가 monk수도사에서 유래한 것으로 보입니다. 당시 사람들도 마테오 다 바시오와 생각이 똑같았던 거지요. 중세 수도사들은 순결과 덕행의 귀감은커녕 속이 시커먼 죄인들이었으니, 짐승보다 나을 게 없었습니다. 그러니 그 갈색 털북숭이 유인원을 부르는 이름으로는 'monkey' 정도가 딱 좋았을 겁니다.

'카푸친 수도회'의 수도복은 그때나 지금이나 크림빛 나는 예쁜 갈색입니다. 그래서 우유 거품을 얹고 초콜릿 가루를 뿌린 커피가 20세기 전반에 발명되면서, 그 수도복의 이름을 따서 cappuccino라는 이름이 붙여졌습니다.

물론 바리스타(barista)에게 '작은 후드'를 달라고 하면 잘 못 알아들을 겁니다. 바리스타들은 자기가 원래 변호사(barrister)(영국의 변호사는 법정 변호사barrister와 사무 변호사solicitor로 나뉘지만, 이 책에서는 barrister를 간단히 변호사라고 했습니다)였다는 것도 잘 모르니까요.

apuCcino

BARBARB

Called to the Bar

막대기의 부름

BARBARBARBARBARBARBARBARBARBARBARBARBARBARBARBARBARBARBAR

Bar

커피를 만들어주는 barista는, 영어 단어가 이탈리아어로 건너갔다가 다시 영어가 된 경우입니다. 바리스타는 이탈리아어로 그냥 bar에서 술을 내주는 사람, 즉 barman바텐더이라는 뜻이거든요. barista에서 접미사 '-ist'는 '그 일을 하는 사람'의 의미로 붙은 것입니다.

bar라면 원래 '문을 걸어 잠그는 데 쓰는 나무나 쇠로 된 장대', 즉 '빗장'입니다. 여기에서 '출입을 막는 방해물이나 장애물'의 의미가 생겼습니다. 특히 술집에 있는 bar는 술이 보관된 공간을 막아놓은 가로대를 뜻했습니다. bar 안쪽에는 오로지 barman만 들어갈 수 있었지요.

그러나 'bar로 불려 간다(be called to the bar)'는 말은 술값을 내러 카운터에 가는 것 이상의 의미가 있으니, barrister가 불려 가는 bar는 술과 전혀 관계가 없었습니다. 다만 그 bar도 'inn' 안에 있긴 했습니다.

500년 전 영국에서는 변호사가 되려면 런던의 Inns of Court법학원라는 시설에서 수련을 받아야 했습니다. 이 inn이라고 하는 곳들은 '술집'이 아니라 변호사 지망생들이 합숙하던 집이었습니다. inn이란 원래 '집'을 의미했거든요.

Inns of Court의 강당 구조는 법조인들 건물 아니랄까 봐 굉장히 복잡하고 난해했습니다. 하지만 기본적으로 Reader라고 하는 똑똑한 선배들이 안쪽의 신성한 공간에 앉았고, bar라고 불린 난간 바깥쪽에 나머지 학생들이 앉았습니다.

일반 학생들은 자기들 자리에 앉아 책 읽고 공부하면서, 언젠가 'bar로 불려 나가(be called to the bar)' 진짜 변호사처럼 변론을 연습할 날을 꿈꾸었습니다. 이것이 기원이 되어 be called to the bar는 '변호사 자격을 얻다'라는 뜻이 되었습니다. 하지만 이 모든 과정이 꽤 복잡했습니다. outer barrister하급 변호사니 inner barrister상급 변호사니 하는 직급에 따라 변호사의 권한이 달랐고, bar system변호사 제도은 일반인이 이해하려면 몇 년이 걸려도 모자랄 정도로 난해했습니다. 심지어 bar의 의미조차 세월이 흐르면서 변해버렸으니 할 말 다 했지요.

영국의 모든 법정에는 나무로 된 난간이 설치되어 있고, 그곳에 선 피고인에게 판사가 꾸짖거나 형을 선고하곤 했는데, 1600년경에 그 난간을 bar라고 지칭하기 시작한 겁니다. 물론 그 bar에 나란히 서서 피고인을 변호하는 사람은 barrister였지요.

한편 검사는 "피고인은 유죄이며, 이를 입증할 준비가 되어 있다"라고 외치곤 했습니다. 그럴 때 하는 말이 프랑스어로 Culpable: prest d'averrer nostre bille('퀼파블 프레스트 다베레 노스트레 비')였는데, 발음하기가 심히 번거로웠으므로 cul-prit으로 축약되었습니다. 그리고 culprit은 '범인'을 뜻하게 되었습니다.

변론이 모두 끝나면 피고인의 운명은 배심원단jury의 손에 넘어갔습니다. 배심원단이 평결을 도저히 내리지 못할 때도 있었는데, 그럴 때는 '우리는 알지 못한다', 즉 라틴어로 ignoramus라고 선언했습니다.

법률 용어였던 ignoramus는 조지 러글이라는 작가가 1615년에 쓴 희곡의 제목이 되면서 유명해졌는데, 작품의 주인공이 Ignoramus라는 멍청한 변호사였습니다. 그래서 ignoramus라고 하면 오늘날 그냥 '무식한 자'를 뜻합니다.

어원을 보면 알 수 있지만, ignoramus는 focus초점나 alumnus동창생 같은 라틴어 명사가 아니라 라틴어 동사였습니다. 그러니 유식한 척 복수형이 'ignorami'라고 말하면 곤란하겠지요(ignoramuses가 맞습니다).

Ignorami

무식한 자들

Christian기독교인은 어원적으로 볼 때 모두 cretin등신이고, cretin은 모두 Christian입니다. 너무한가요? 언어란 종교와 달리 너그럽지 못합니다.

원래 cretin은 알프스산맥의 어느 외딴 골짜기에 사는 지적장애 왜소증 환자들을 이르는 말이었습니다. 오늘날 같으면 '선천성 요오드 결핍 증후군'이라는 병명으로 불렸겠지만, 당시 스위스 사람들은 그런 것을 몰랐습니다. 다만 그들은 비록 특이해 보일지언정 어디까지나 같은 인간이고, 같은 기독교인이었습니다. 그래서 그들을 '기독교인'을 뜻하는 Cretin이라고 불렀습니다.

그 말은 전혀 낮잡아 부르는 말이 아니었습니다. 하지만 못된 사람들이 그 말을 가만두지 않았지요. '뇌성마비 환자'를 뜻했던 spastic을 오늘날 영국 꼬마들이 '푼수'라는 뜻으로 쓰는 것처럼, cretin도 경멸적으로 쓰여 '기독교인'이 욕이 되어버린 셈입니다.

최초의 idiot명청이 역시 기독교인이었습니다. 아니 최초의 기독교인이 idiot이었다고 해야 할까요. idiot이라는 말이 처음 등장한 영어 문헌은 1382년에 나온 위클리프 성경입니다. 사도행전에 이런 구절이 나옵니다.

> Forsoth thei seynge the stedfastnesse of Petre and John, founden that
> thei weren men with oute lettris, and **idiotis**
>
> 그들은 베드로와 요한의 담대함을 보고 또 이들이 무식하고 **평범한 사람**
> (우리말 성경 역본에는 '범인', '천한 사람' 등으로도 옮겨져 있습니다)임을 알아차리고

같은 구절이 킹 제임스 성경에는 이렇게 번역되어 있지만,

> Now when they saw the boldness of Peter and John, and perceived
> that they were unlearned and **ignorant men**

성 히에로니무스가 4세기 말에 라틴어로 번역한 성경에는 또 이렇
게 되어 있습니다.

> videntes autem Petri constantiam et Iohannis conperto quod homi-
> nes essent sine litteris et **idiotae**

성경에서 베드로와 요한을 idiot이라고 한 것은 단지 '평범한 사람,
문외한'이라는 뜻이었습니다. 다시 말해 아무 명함도 없고 식자층에
도 속하지 않는 '자기 나름의 사람(their own men)'이라는 뜻이었습니
다. 그들이 만약 '자기 나름의 언어(their own language)'를 썼더라면
그 언어를 idiom관용어이라 했을 겁니다. '자기 나름의 행동 방식(their
own way of doing things)'이 있는 괴짜였다면 idiosyncratic특이한하다
고 했겠지요.

cretin도 idiot도 원래 욕은 아니었습니다. 하나는 칭찬이었고 다른

하나는 중립적인 말이었지요. 하지만 사람들이란 짓궂어서 늘 새로운 욕을 궁리합니다. cretin, moron, idiot, spastic 같은 전문 용어나 완곡어가 만들어지기 바쁘게 가져다가 흉보는 말로 씁니다. moron천치도 그렇습니다. moron은 1910년에 미국 지적장애연구협회에서 만든 말입니다. '둔한, 어리석은'을 뜻하는 그리스어 moros의 명사형에서 가져온 것으로, IQ가 50에서 70 사이인 사람을 지칭하는 말이었습니다. 원래는 의사들더러 진단명으로 쓰라고 만든 말인데, 만들어진 지 7년 만에 의학계를 벗어나 욕의 세계로 진출했습니다.

한편 moron은 그리스어로 '둔함'이고, oxy는 '날카로운'입니다. 이 책의 한참 앞부분에서 oxygen산소은 산을 만들어내서(generate) 그런 이름이 되었다고 했지요. oxymoron의 oxy도 같은 어원입니다. 따라서 oxymoron은 '날카로운 둔함'이 됩니다. 그야말로 모순되는 말이 함께 사용된 '형용모순'이지요.

그러나 영어 단어의 매정한 변천에 가장 크게 피해를 본 사람은 아마 존 둔스 스코투스(1265~1308)가 아닐까 싶습니다. 그는 '정밀 박사'라는 별명으로 불리던 당대 최고의 신학자이자 사상가로, 존재의 일의성, 형상적 구별, 어떤 사물을 그러하게 만드는 본질적 속성인 haecceity이것-성(性), 'thisness' 등의 개념을 주창했습니다.

둔스 스코투스는 엄밀한 논변으로 여러 비슷한 개념들을 세밀하게 구분했습니다. 이는 언어적으로 그의 몰락과 파멸을 낳는 씨앗이 됩니다.

둔스 스코투스는 사후에도 추종자와 제자들을 많이 남겼습니다. 이들은 스승의 엄청나게 복잡한 철학적 구분 체계를 연구하고 확장해나갔습니다. 그들도 스승처럼 시시콜콜 따지기와 세세하게 파고들기의 명수라 할 만했습니다.

아닌 게 아니라 그런 놀림을 많이 받았습니다. 그러다가 르네상스
가 일어나면서 사람들은 다들 계몽된 인문주의자가 되었고, 이른바
Duns-men들이 괴상한 아리스토텔레스식 생략 삼단논법인지 뭔지
를 앞세워 자기들보고 다 틀렸다고 하니 괘씸하기 짝이 없었습니다.
Duns-men은 진보의 적이 되었고, 폐습을 고수하고 암흑시대로 회
귀하려는 우둔한 자들로 여겨졌습니다. 그리
고 Duns는 'dunce'라는 철자로 불리기 시
작했습니다. dunce는 물론 오늘날 '아둔한
사람, 미련퉁이'를 놀리는 말입니다.

그리하여 당대 최고의 석학 이름이
'어벙한(gormless)' 사람의 대명사가
되고 말았습니다. 참으로 부당한 일
이었지요. 둔스 스코투스는 gorm
이 많다 못해 철철 넘치는 사람이
었거든요. gorm이 도대체 뭐냐
고요? 모르는 게 정상입니다.
gorm은 오늘날 그 흔적만 남
은 '화석어fossil word'거든요.

DUNCE

Fossil-less

화석이 된 말들

여러분은 gorm이 좀 있으세요? 무조건 있다고 하셔야 합니다. '어벙한(gormless)' 사람이 되고 싶진 않을 테니까요. gorm은 '화석어'입니다. 공룡과 삼엽충은 한때 번성했지만 오늘날 화석으로만 남아 있지요. gorm, feck, ruth, reck 같은 말들도 마찬가지입니다. 한때 멀쩡히 쓰였지만, 오늘날은 '-less'로 끝나는 말들 속에만 박제된 채로 남아 있지요.

gorm(철자는 여러 가지로 쓰였습니다)은 '분별, 이해'를 뜻하는 스칸디나비아 말이었습니다. 오름이라는 12세기의 수도사는 그것을 이렇게 표현했습니다.

& yunnc birrþ
nimenn mikell gom
To þæwenn yunnkerr
chilldre

네, 참 공감되고 좋은 말이지요. 하지만 불쌍한 gorm(또는 gome)은 글자로 적힐 일이 거의 없었습니다. 이 말은 요크셔 지방 방언이었는데, 글 좀 쓴다는 사람들은 주로 런던에서 활동했거든요.

그러다가 19세기에 에밀리 브론테가《폭풍의 언덕Wuthering Heights》이라는 소설을 썼는데, 거기에 이런 구절이 나옵니다.

조지프는 소설에서 억센 요크셔 말씨를 쓰는 하인입니다. 그가 gormless라는 사투리를 썼다는 얘기입니다. 그리하여 gormless는 문학사에 길이 남은 소설에 이름을 올렸는데, 불쌍한 gorm은 요크셔의 황량한 벌판에서 여위어가다 잊히고 말았습니다.

> Did I ever
> look so stupid:
> so gormless as Joseph calls it?
> 내가 그렇게 멍청해 보였던
> 적 있었어? 조지프 말마따나
> '어리바리'하게?

옛날 옛적 effect라는 단어가 있었습니다. 별일 없이 잘 살던 단어였는데, 스코틀랜드에 건너가서 앞뒤가 싹둑 잘려 feck가 되는 수모를 겪습니다.

그래서 스코틀랜드에서는 만사에 아무 영향(effect)을 끼치지 못하는, 나태하고 무력한 사람을 가리켜 feckless무기력하다고 했습니다. 이 단어를 대중화한 사람은 토머스 칼라일이라는 스코틀랜드인이었습니다. 그는 아일랜드인들, 그리고 자신의 아내를 가리켜 feckless하다고 편지에 적었는데, 정확히 무슨 뜻으로 썼는지는 아리송합니다. 어쨌거나 feckless라는 단어는 썼지만 feck라는 단어는 쓰지 않았습니다. 그래서 feckless만 살아남았고, feck는 점차 잊혀졌지요.

한편 reckless무모한의 역사는 훨씬 간단하고 매우 시적입니다. reck은 원래 '신경 쓰다'라는 뜻이었습니다. 그래서 중세 영국 시인 초서는 이런 시구를 쓰기도 했습니다.

66 I **recke** nought what wrong that thou me proffer,

For I can suffer it as a philosopher.

나는 그대가 어떤 잘못을 내놓든 전혀 **신경 쓰지** 않으니

내가 철학자로서 견뎌낼 수 있음이라.

셰익스피어도 reck이라는 말을 썼지만, 그때는 이미 옛말 느낌이 나는 단어였습니다.《햄릿Hamlet》에서 오필리어가 자기 오빠를 나무라는 장면이 있습니다.

66 Do not as some ungracious pastors do,

Show me the steep and thorny way to heaven,

Whiles, like a puff'd and reckless libertine,

Himself the primrose path of dalliance treads

And **recks** not his own rede.

부덕한 목사들처럼 그러지 마오

내겐 천국 가는 가파른 가시밭길 가리키며

오만하고 **제멋대로인** 탕자처럼

자기는 앵초꽃 핀 환락의 길을 걷고 제 입으로 한 충고는

아랑곳하지 않는 이들처럼.

rede는 '충고'의 옛말이고, reck은 '주의를 기울이다'라는 뜻이었습니다. 셰익스피어는 작품 전체를 통틀어 reckless를 여섯 번 사용했는데, 이는 reck이 recks, recketh, reckeds 등의 형태로 사용된 횟수를

모두 합한 것입니다. 당시 이미 reck은 저물어가고 있었고, reckless는 '거침없이' 미래를 향해 질주하고 있었던 것으로 보입니다.

'-th'를 붙여 명사형을 만들 수 있습니다. true한 것을 truth라고 하는 것처럼요. 행동을 rue후회하다하면 ruth회한를 느끼게 됩니다. 행동을 rue하지 않으면 ruth를 느끼지 않으니 ruthless무자비한, 가차 없는한 사람이 됩니다. ruth는 꽤 명이 길었는데, 왜 결국 소멸했는지는 잘 모릅니다. 세상엔 ruthless한 사람이 ruthful회한에 찬한 사람보다 많아서 일까요.

단어가 부상과 소멸을 거듭하는 이유는 어원학자도 도통 알 수가 없습니다. 역사는 immaculate티 없이 깔끔한하지 않습니다. 오히려 *maculate*하지요. 만사를 *span*하고 *spick*하게 설명할 수 있으면 얼마나 *consolate*할까요. 헛된 꿈입니다(이 문단에서 이탤릭체로 적은 단어의 뜻을 짐작해볼 만한 힌트는 다음과 같습니다. span과 spick은 오늘날 spick-and-span말쑥하고 깔끔한이라는 표현으로만 남았습니다. 형용사 consolate는 이제 쓰이지 않고 동사 console위안하다만 쓰입니다).

영어 속의 화석어야 차고 넘치니 얼마든지 계속할 수 있지만, 독자 여러분이 처지고(listless), 불만에 찰(disgruntled) 수 있으니 이쯤 하는 게 좋겠습니다. 작가 P.G. 우드하우스는 어떤 사람을 가리켜 "if not exactly disgruntled he was far from being gruntled(꼭 불만에 찼다고는 할 수 없어도 만족한 것과는 거리가 멀었다)"라고 표현하기도 했습니다. 이제 gruntling이 grunt와 어떤 관련이 있는지 정확히 알아봅시다.

The Frequentative Suffix

반복 접미사

보석이 연신 반짝이면(spark) 반짝거린다(sparkle)고 합니다. 장작이 딱(crack) 소리를 자꾸 내면서 타면 탁탁거린다(crackle)고 합니다. '-le'는 반복 접미사거든요.

그 점을 기억하고 grunt투덜대다라는 단어를 주목해봅시다. 지금은 잘 쓰이지 않는 단어지만 gruntle이라고 하면 '자꾸 투덜대다', 즉 '툴툴거리다'라는 뜻이 됩니다.

그리고 disgruntled불만에 찬의 'dis'는 부정 접두사가 아니라 강조 접두사입니다. 이미 부정적인 뜻이 있는 동사 앞에 'dis'를 붙이면, 매우 나쁘다는 것을 강조하는 뜻이 됩니다. 따라서 disgruntled는 단순히 gruntled 를 강조한 말에 지나지 않았습니다.

이런 반복형 동사를 찾아보면 신기한 게 많습니다. 인파 속에서 사람들이 나를 jostle 밀치다했다고 너무 기분 나빠할 필요 없습니다. joust마상 시합을 벌이다하는 기사가 연신 창으로 찔러대는 것보다는 훨씬 나으니까요. 중세에는 연인들이 서로 fond한다고 했습니다. '예뻐하다' 정도의 뜻이었지요. 예뻐하는 일이 너무 잦으면 fondle어루만지다한다고 했습니다. 그런데 fondle하다 보면 위험할 수 있습니다. 그러다 보면 조만간 snug하게 되거든요. '함께 누워 몸을 따뜻하게 하다'라는 뜻이었습니다. 자꾸 snug하면 어떻게 될까요. 결국 snuggle착 달라붙어 안기다하게 되고, 그러면 곧 사고를 치게 되겠죠.

그 밖에도 trample짓밟다, tootle관악기를 불다, wrestle씨름하다, fizzle쉬익거리다 같은 말들이 다 반복형입니다. 그럼 여기서 puzzle 하나 내볼까요(puzzle은 pose의 반복형이었고, pose는 '당황하게 하다'라는 뜻이었습니다). 다음 반복형의 원형은 무엇일까요?

Nuzzle 코를 비비댄다
Bustle 북적거리다
Waddle 뒤뚱거리다
Straddle 다리를 쩍 벌리다, 걸치다
Swaddle 둘둘 감다

(정답은 nose콩콩거리다, burst터지다, wade나아가다, stride다리를 벌리다, 성큼성큼 걷다, swathe감싸다 - 원주) 맞히기가 쉽지 않을 겁니다. 반복형은 원래 의미에서 멀어져 나름의 새 의미를 갖는 경우가 많거든요. '생각하다'라는 뜻의 라틴어 pensare도 그렇습니다. 오늘날 pensive생각에 잠긴와 pansy팬지(연인에게 나를 생각하라는 뜻으로 주는 꽃)의 기원이 된 단어지요. 로마인들은 '생각하기'란 '계속 저울질하기'와 같다고 생각했습니다. 그래서 pensare는 '저울질하다, 매달다'를 뜻하는 pendere의 반복형이었지요. 그 pendere에서 나온 영어 단어가 꽤 많습니다.

Pending

매달린 것들

라틴어 pendere는 '매달다'라는 뜻이었고, 과거분사는 pensum이었습니다. 그리고 라틴어에서 in은 not, de는 from, sus는 down을 뜻했습니다. 그럼 한번 가볼까요.

independent독립적인하다고 하면 dependent의존적인하지 않다는 것이지요. 그럼 dependent한 건 뭘까요? pendulum추이나 목에 매달린 pendant펜던트가 좋은 예입니다. pendant는 pending매달린 상태라고 할 수 있고, 더 나아가 impending위에 매달린, 임박한 상태라고도 할 수 있겠지요. 적어도 suspend매달아 늘어뜨리다된 것만은 확실합니다. 그러니 hanging in suspense조마조마하게 매달린 상태라고 할 수 있지요.

옛날에는 저울 양쪽에 물건을 '매달아' 무게를 달았습니다. 금을 정해진 무게만큼 달면 pension연금을 지급할 수 있습니다. stipend수당와 compensation보수도 지급할 수 있지요. 금이 아니라 peso페소로 지급해도 됩니다(단, pence펜스로는 안 됩니다. pence는 어원적으로 관계가 없습니다).

그 모든 dispensation분배은 물론 잘 생각해보고 해야 합니다. expensive돈 드는한 일을 하기 전에는 pensive생각에 잠긴한 시간을 가져야지요. 모든 주장을 공평하게 저울질하면서 equipoise평형 또는 poise균형

PEND ERE

를 갖춰야 합니다. 저울 눈금이 한쪽에 치우치면 pre*pond*erance보다 무거움, 우위, 우세를 초래하고 맙니다. 자신만의 *pen*chant선호 쪽으로 치우친 pro*pens*ity성향를 갖게 되는 것이죠.

'매달린(*pend*ulous)' 사물에 관한 지금까지의 설명이 '조리가 맞다 (hang together)'고 생각하면, 일종의 com*pend*ium압축 설명으로 간주해도 될 것 같습니다. 이 밖에도 단어가 좀 더 있지만, 다 수록하려면 ap*pend*ix부록를 ap*pend*덧붙이다해야 합니다.

책이나 본문의 끝에 달린 appendix란 쓸데없는 잡소리를 모아두는 곳이죠. 하지만 사람의 몸 안에 달린 appendix맹장는 정확한 용어로 vermiform appendix충수라고 합니다. 이름부터 그리 깔끔하지 않은 데, vermiform이란 '벌레 모양의'라는 뜻이거든요. 다음에 면이 가느다란 파스타 vermicelli베르미첼리를 먹을 때도 그 점을 한번 곱씹어보기를 추천합니다.

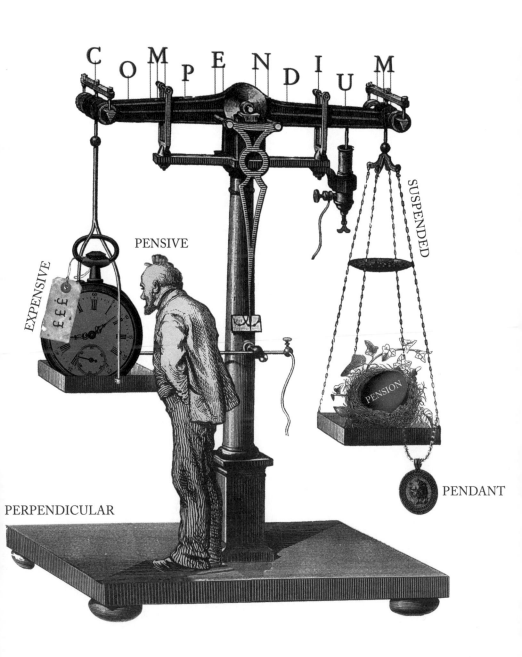

COMPENDIUM

EXPENSIVE

PENSIVE

SUSPENDED

£££

PENSION

PERPENDICULAR

PENDANT

Worms and Their Turnings

벌레의 꿈틀거림

벌레는 고달픕니다. 일찍 일어난 새에게 잡아먹히지 않으면(the early bird gets the worm), 깡통 속에 단체로 갇히고(can of worms, 골치 아픈 문제), 그도 아니면 뭔가에 짓밟힙니다. 셰익스피어는 벌레가 박해자에게 당당히 맞서는 모습을 이렇게 묘사했습니다.

'The smallest worm will turn, being trodden on,

And doves will peck in safeguard of their brood.'

아무리 작은 벌레도 밟히면 꿈틀하고

비둘기도 새끼를 지키려고 쪼기 마련이네.

한편 영국 시인 윌리엄 블레이크는 "잘린 벌레가 쟁기를 용서한다(The cut worm forgives the plow)"는 황당한 주장을 펴기도 했습니다.

그런데 어원적으로 보면 벌레가 '꿈틀한다(turn)'는 건 전혀 놀랄 일이 아닙니다. worm은 원시 인도유럽어의 wer에서 왔는데 wer는 'turn'을 뜻했거든요. 벌레는 몸이 잘 구부러지니까 어울리는 이름이지요. 그러니 worm이 turn한다는 것은 당연한 말일 뿐만 아니라 동어반복입니다.

worm은 참으로 격세지감이 느껴질 만큼 몰락한 단어입니다. 한때
는 입에서 불을 뿜는 거대한 '용'을 뜻했다가, 그다음엔 '뱀'이 되었다
가, 점점 하찮게 변해가더니 결국 '벌레'가 되었거든요. 하지만 '용'이
라는 의미는 그래도 수백 년 동안 명맥을 유지했습니다. 1867년에도
영국 시인 윌리엄 모리스는 "그리하여 worm과 인간의 무시무시한
전투가 시작되었도다(Therewith began a fearful battle twixt worm and
man)"라는 시구를 웃음기 하나 없이 진지하게 썼습니다.

worm의 변천사를 통틀어 한 가지 변함없는 사실이 있다면, 인간은
worm을 싫어하고 worm은 인간을 싫어한다는 겁니다. 옛날 사람들
은 지렁이garden worm가 잘못하면 귓속에 기어들어 간다고 오랫동안
믿었습니다. 고대 영어로 wicga도 '벌레'를 뜻했기 때문에 earwig라
는 괴이한 단어가 오늘날까지 전해지고 그 뜻은 어째서인지 '집게벌
레'가 되었습니다. 물론 집게벌레는 worm이 아니라 insect곤충이지요.

worm이 과거의 영광을 조금이나마 되찾은 사례가 딱 두 개 있습
니다. 하나는 wormhole웜홀입니다. 원래는 문자 그대로 '벌레 먹은 구
멍'에 지나지 않았지만, 1957년 갑자기 물리학 용어로 승격되었습니
다. 상대성이론에 따라 존재하리라 추측되는 '아인슈타인-로젠 다리
Einstein-Rosen Bridge'를 가리키는 새 이름이 된 것입니다. 그래서 '서로
다른 두 시공간을 잇는 이론적 통로'를 뜻했습니다.

다른 하나는 그 이름도 무시무시한 crocodile크로커다일(몸집이 크고 사나
운 악어)입니다. 그리스어 kroke-drilos에서 유래한 이름인데, 그 뜻은
'조약돌 벌레(pebble-worm)'였습니다. 그런데 조약돌이라고 하면 미
적분(calculus)의 필수 요소이기도 합니다. calculus가 곧 '조약돌'이라
는 뜻이거든요.

Mathematics

수학

수학은 추상적인 질서 속에서 절제된
아름다움을 추구하는 학문이지요. 하
지만 재미있게도 수학 용어와 수학 기호
는 우리 주변의 잡다한 사물에서 유래한
것이 많습니다. calculus미적분는 상당히 묵
직하게 느껴지는 단어이지만 그 어원이 '작
은 조약돌'이라는 걸 알고 나면 왠지 위엄이
많이 떨어지지요. 로마 사람들이 돌멩이를 세
어 수를 계산한 데서 유래한 말입니다.

그런가 하면 정작 어원이 '작은 조약돌'일 것만
같은 abacus주판의 어원은 히브리어로 '먼지'를 뜻
하는 abaq입니다. 그 단어를 수입한 그리스인들이
조약돌 대신 모래판을 가지고 계산했거든요. 판 위에
모래를 깔고 글자를 적어 계산했습니다. 계산을 새로
하려면 판을 흔들어 모래를 깨끗이 털었습니다. 옛날에
'Etch A Sketch매직스크린'라고 하던 장난감과 비슷한 원
리였습니다.

average평균는 심지어 더 실생활에 밀착된 개념에서 유래했습니다. 고대 프랑스어 avarie에서 왔는데, 그 뜻은 '선박이 입은 손해'였습니다. 선박은 여러 선주가 공동으로 소유하는 경우가 많았으므로, 선박이 망가져 수리비가 나오면 선주 각각이 저마다 'average'를 부담했다고 합니다.

line직선이란 그냥 linen아마포의 한 올입니다. trapezium사다리꼴은 다름 아닌 table탁자이고, circle원은 그냥 circus원형경기장입니다. 하지만 수학 속의 재미있는 어원을 얘기하자면 수학 기호 이야기를 빼놓을 수 없지요.

옛날에는 '1+1'이라고 적지 않고, 문장으로 'I et I'라고 적었습니다. 라틴어로 'one and one'이라는 뜻이지요. 그러다가 et에서 e를 떼고 십자 모양의 +만 남겨놓으니 더하기 기호가 만들어졌습니다. 그런가 하면 et는 기호 '&'를 낳기도 했습니다. t가 &로 변화한 과정을 알아보려면, 문서 작성 프로그램에서 &를 치고 글꼴을 바꿔가면서 관찰해보면 됩니다. 글꼴을 Trebuchet으로 바꾸면 &가 됩니다. French Script MT로 바꾸면 &가 되고, Curlz MT로 바꾸면 &가 되고, Palatino Linotype으로 바꾸면 &가 됩니다. 마지막으로 이 책에서 사용한 글꼴을 적용하면 &가 됩니다.

옛날엔 수학식을 거의 문장으로 적었습니다. 번잡하기 이루 말할 수 없었지요. 결국 16세기에 등호를 창안한 사람이 있었으니, 바로 범상치 않은 이름의 웨일스인 로버트 레코드입니다. 레코드는 덧셈을 표시할 때마다 'is equal to'라고 꼬박꼬박 적어줘야 하는 것이 불만이었습니다. 더군다나 그는《The Whetestone of Witte, whiche is the seconde parte of Arithmeteke: containing the extraction of rootes;

Comic Sans

Trebuchet

Palatino Linotype

Alga   Adobe Caslon Pro

Futura

the cossike practise, with the rule of equation; and the workes of Surde Nombers》(슬기의 숫돌…)이라는 화려한 제목의 수학책을 쓰고 있었기에 그 불편을 더더욱 참을 수 없었습니다.

이 책은 장황한 제목과는 달리 대수학을 간결하게 만드는 데 큰 기여를 했습니다. 레코드는 이렇게 적었습니다.

... to avoid the tedious repetition of these words: is equal to: I will set as I do often in work use, a pair of parallels, or Gemowe lines of one length, thus: =, bicause no 2 things, can be more equal.

'is equal to'라는 어구의 지루한 반복을 피하기 위해 내가 실무에서 자주 쓰는 방식대로 평행선 두 개, 즉 같은 길이의 쌍선을 '='와 같이 적도록 하겠다. 그보다 더 똑같은 둘은 있을 수 없기 때문이다.

다시 말해 '='를 등호로 삼은 이유는 두 선이 '같은' 길이이기 때문이었습니다. 로버트 레코드는《슬기의 숫돌…》을 1557년에 내고 이듬해에 채무자 감옥에서 생을 마침으로써, 수학 실력과 돈 관리 능력은 다른 문제라는 사실을 몸소 입증했습니다.

위에서 레코드가 '='를 'gemowe'라고 지칭한 것은 두 선이 쌍둥이처럼 똑같기 때문입니다. '쌍둥이'를 뜻했던 gemowe는 고대 프랑스어에서 gemel의 복수형인 gemeaus에서 왔습니다. gemel은 라틴어 gemellus에서 왔고, gemellus는 Gemini쌍둥이자리를 작은 느낌으로 부르는 말(지소사)이었습니다.

Stellafied and Oily Beavers

비버 별, 비버 기름

zodiac황도 12궁이라 하면 하늘에 큰 원 모양으로 떠 있는 zoo동물원와 같습니다. 별자리 12개 중 11개가 생물이고 그중 7개는 동물이거든 요. 사실 그리스인들이 처음 이름을 붙였을 때는 모두 생물이었는데, 로마인들이 나중에 유일한 무생물인 Libra천칭자리를 추가했습니다.

황도 12궁 속에는 온갖 기묘한 연상 작용이 숨어 있습니다. Cancer 가 '암'자리가 아니라 '게'자리인 이유는? 고대 의학자 갈레노스가 일 부 종양이 게와 닮았다고 생각하는 바람에 그리되었다고 할 수 있습 니다. 또 cancer나 crab게이나 '단단한'이라는 뜻의 인도유럽어 qarq에 서 유래했기 때문이기도 합니다. Capricorn은 염소자리입니다. 경중 경중 뛰어다니는 염소가 좀 capricious변덕스러운하지요. capricious는 원래 '염소 같은'의 뜻이었습니다. Taurus는 황소자리입니다. 황소의 적이라면 toreador투우사지요. 어쨌거나 처음 얘기가 나왔던 Gemini쌍 둥이자리로 돌아가 봅시다.

GEMINI

쌍둥이자리에 속한 두 별은 카스토르(Castor)와 폴룩스(Pollux)입니다. 두 쌍둥이가 하늘로 올라가게 된 데는 가슴 뭉클한 사연이 있습니다. 천문학자들은 에너지가 식어서 물질로 굳어지면서 생성된 것이 별이라고 하지만, 사실 별은 대부분 그리스 신화에 나오는 제우스가 만들었습니다.

옛날 제우스가 레다라는 여인에 반해서 백조로 변신하여 여인과 정을 통했습니다. 공교롭게도 레다는 그날 밤 남편 틴다레오스와도 잠자리를 같이했습니다. 그 결과 상당히 복잡한 양상의 임신이 일어나, 레다는 알 두 개를 낳게 됩니다. 아내가 알 두 개를 낳았으니 남편이 뭔가 수상하게 여긴 것은 당연했습니다.

첫 번째 알에서는 두 딸 헬레네(트로이 전쟁을 촉발한 여인)와 클리타임네스트라가 나왔고, 두 번째 알에서는 두 아들 폴룩스와 카스토르가 나왔습니다. 친부를 어찌어찌 확인해보니 헬레네와 폴룩스는 제우스의 자식이었고, 카스토르와 클리타임네스트라는 인간 틴다레오스의 자식이었습니다. 불쌍한 틴다레오스는 속이 얼마나 복잡했을까요.

카스토르와 폴룩스는 항상 붙어 다녔는데 어느 날 카스토르가 창에 찔려 죽고 말았습니다. 반신반인 폴룩스는 자신의 불멸성을 카스토르에게도 나눠달라고 아빠를 설득했습니다. 제우스는 두 사람을 별로 만들어 영원히 함께 있게 해주었습니다(두 별은 사실 16광년 떨어져 있지만 너무 자세히 따지지는 맙시다).

Castor는 그리스어로 '비버beaver'라는 뜻이었습니다. 그래서 지금도 세계의 모든 비버는 분류상 'Castor속'에 속합니다(물론 비버들은 전혀 모르는 사실입니다만). 우리는 비버라고 하면 댐을 짓는 귀엽고 친근한 동물로 생각하는 게 보통입니다. 하지만 르네상스 시대에 변비가 심했던 사람들의 생각은 전혀 달랐으니, 비버야말로 변비 고민을 해결해줄 특효약이었습니다.

비버라는 동물은 사타구니에 주머니가 두 개 달려 있는데 그 안에 든 독하고 역겨운 기름이 강력한 설사제 작용을 하거든요. 그 귀한 기름을 castor oil이라고 했습니다.

그 이름은 지금도 남아 있지만 원료는 바뀌었습니다. 비버들에게는 천만 다행히도, 18세기 중반에 피마자(아주까리) 씨에서 추출한 기름이 꼭 비버 기름처럼 장운동을 촉진하는 효과가 있다는 사실이 발견된 겁니다. 그래서 오늘날 피마자는 castor oil plant라고 하고 피마자유는 castor oil이라고 합니다만, 그 castor oil은 이제 비버의 주머니로 만들지 않습니다.

이 beaver에서 유래하여 신체 부위를 가리키게 된 말들이 몇 개 있습니다만, 우리의 논의를 건전하고 순수하게 유지하는 차원에서, beaver가 옛날에는 턱수염(beard)을 뜻하기도 했다는 이야기로 넘어갑시다.

Beards

턱수염

영어 속에 숨어 있는 턱수염이 얼마나 많은지 아시나요? 참으로 기이할(bizarre) 정도입니다. 가령 bizarre는 턱수염을 뜻하는 바스크어 bizar에서 왔습니다. 스페인 군인들이 처음 피레네산맥의 산골 마을에 나타났을 때, 면도를 말끔하게 하고 살던 현지 사람들은 스페인 사람들의 턱수염이 기이하다고 생각했거든요.

고대 로마에서는 화살 꽁무니에 꽂는 깃털을, 턱수염을 뜻하는 barbus라고 불렀습니다. 그래서 화살이나 가시를 barb라고도 불렀고, 오늘날 철조망에 쓰는 barbed wire가시철사란 말도 그렇게 해서 나왔습니다. 따지고 보면 '턱수염 난 철사'라는 뜻이죠.

라틴어 barbus에서 나온 말 중에는 이발사를 뜻하는 barber도 있습니다. 턱수염 깎아주는 사람이지요. 로마인들은 턱수염이란 그리스식이고 괴상하다고 생각해서 말끔히 면도하는 걸 좋아했습니다. 그래서 로마의 이발사들은 벌이가 짭짤하고 안정적이었습니다. 그러다가 로마제국이 멸망하고 이탈리아 땅을 차지한 부족들이 있었으니, 이들은 턱수염을 깎기는커녕 다듬지도 않고 무지막지하게 길렀습니다. 이들은 '긴 턱수염'이라는 뜻의 longa barba로 불렀고, 그 말이 후에 줄어 Lombard롬바르드족가 되었습니다. 그래서 지금도 이탈리아 북쪽 땅의 상당 부분은 Lombardy롬바르디아라는 지명으로 불립니다.

당시 로마군은 수염을 안 길러서인지 약골에 지나지 않았으니, 적군의 상대가 되지 못했습니다. 수염도 좀 더 기르고 배짱도 좀 더 있었더라면 적군과 '수염 대 수염으로 맞설' 수 있었을 텐데 말이죠. 그러면 정의상 rebarbative혐오스러운한 자들이 될 수 있었습니다.

그때 로마인들에게 딱 필요했던 지휘관이 바로 미국 남북전쟁 때 북군으로 참전했던 앰브로즈 번사이드Ambrose Burnside 장군 같은 사람이었습니다. 번사이드 장군의 수염은 두 뺨을 무성하게 덮고 있어서, 양쪽 귀에서 시작해 위엄 넘치는 콧수염까지 하나로 이어져 있었지요. 그 수염의 위용이 어찌나 대단했던지 사람들은 그런 수염을 burnsides라는 이름으로 부르기 시작했습니다. 그러나 번사이드 장군은 죽고 사람들은 그를 잊었습니다. 후세의 미국인들은 burnsides가 얼굴의 옆면(side)에 난 수염이라고 제멋대로 오해하고는, 앞뒤를 뒤집어 sideburns구레나룻라는 기이한 단어를 만들어버립니다.

턱수염을 기르는 것은 인간이나 동물만이 아닙니다. 식물도 beard를 기른다는 얘기 들어봤나요? 그 주인공은 카리브 제도에 자생하는 giant bearded fig라는 무화과나무속 식물입니다. 키가 최고 15미터까지 자라며, strangler tree교살 나무라

는 이름으로도 불립니다. 그런데 턱수염과 큰 키와 교살이 다 연관이 있는데, 이 나무가 번식하는 원리와 직결됩니다. 이 나무는 주변 나무들보다 더 높은 키로 자라서는, 턱수염처럼 생긴 뿌리를 공중에서 내려 이웃 나무들의 가지 속으로 파고듭니다. 턱수염은 이웃 나무를 휘감으며 내려가다가 땅에 닿으면 땅속에 뿌리를 내리고, 그런 후에는 그 나무를 꽉 조여 죽입니다.

　카리브해에는 이 나무가 우거진 섬이 있습니다. 원주민들이 부르는 이름은 '흰 이빨의 붉은 땅'이었지만, 스페인 탐험가들은 그 괴기스러운 수염 나무에 감탄하여 섬 이름을 '턱수염 난 자들'이라는 뜻의 Barbados바베이도스라고 불렀습니다.

Islands

섬 이야기

영어 단어의 발상지 중에는 작은 배를 타고 찾아가야 하는 곳들이 꽤
있습니다. 그 한 예가 태평양 한복판에 있는 눈곱만한 섬입니다. 그곳
원주민들은 자기들 섬을 '코코넛 섬'을 뜻하는 Pikini라고 불렀습니
다. 그 이름이 영어로 건너와 변형되어 Bikini Atoll, 즉 '비키니 환초'
가 되었습니다.

비키니 환초는 수백 년 동안 바깥세상에 전혀 알려지지 않은 곳이
었습니다. 마침내 이곳을 발견한 유럽인들도 이 섬의 쓸모를 딱히 찾
지 못해 그냥 선박 폐기장으로나 쓰기로 했습니다. 낡아서 못 쓰는 군
함이 있으면 산호초로 둘러싸인 이곳의 예쁜 바다에 끌고 와 가라앉
혔습니다.

비키니 환초는 1946년 미국이 신형 원자폭탄atomic bomb의 실험 장
소로 삼으면서 지도에 처음 이름을 올렸습니다. 아니 지도에서 아예
사라질 뻔했다고 해야 할까요. 원자를 뜻하는 atom은 그리스어로 '쪼
갤 수 없는'이란 뜻이지만, 미국인들은 그 어원을 무시하고 쪼개면 엄
청난 폭발이 일어난다는 사실을 익히 알고 있었습니다. 그리고 엄청
난 폭발이야말로 소련의 콧대를 누르고 냉전에서 이기기에 제일 좋
은 방법이라고 생각했습니다.

비키니섬에서 벌어진 몇 차례의 핵실험은 냉전을 끝내진 못했지만 프랑스와 일본에서 확실한 반응을 일으켰습니다. 게다가 두 나라의 국민성과 각각 잘 어울리는 반응이었습니다.

1954년, 미국은 원자폭탄보다 조금 더 강력하리라 예상되었던 신무기, 수소폭탄을 비키니섬에서 터뜨렸습니다. 그런데 터뜨리고 보니 조금이 아니라 어마어마하게 더 강력했고, 근방을 지나던 일본 어선이 방사능에 피폭당하는 사고가 나고 말았습니다. 일본은 안 그래도 군사나 핵무기 문제에서 미국과 관계가 껄끄러웠기에, 일본 대중은 격앙했습니다. 시위가 일어나고 민심이 들끓는 가운데, 급기야 무분별한 핵실험으로 잠에서 깨어난 바다 괴수를 주인공으로 한 영화까지 만들어졌으니, 그 괴수의 이름은 '고릴라'와 '고래(쿠지라)'의 합성어인 '고지라'였습니다. 영화는 급히 제작되어 바로 그해 말에 개봉했습니다. '고지라'라는 이름은 체구가 우람했던 한 스태프의 별명에서 딴 것이라는 설도 있습니다. 어쨌든 '고지라'는 영어권에서 Godzilla로 표기되었는데, 영화 〈Godzilla〉가 워낙 세계적으로 인기를 얻다 보니 '-zilla'라는 말이 아예 접미사처럼 쓰이기 시작했습니다.

결혼식을 앞둔 예비 신부가 면사포부터 드레스 밑단까지 세세한 디테일에 엄청나게 집착할 때, 그런 신부를 bridezilla라고 부릅니다. 세계적으로 많이 쓰이는 웹브라우저 중에 Mozilla Firefox가 있습니다. 그 Mozilla라는 이름부터 괴물이 그려진 옛 로고까지 비키니섬 핵실험과 떼려야 뗄 수 없는 연관성을 잘 보여줍니다.

그런데 그 핵실험에서 일본인들이 무시무시한 괴수를 떠올렸다면, 프랑스인들은 누가 프랑스인 아니랄까 봐 야한 것을 떠올렸습니다. 자크 아임이라는 패션 디자이너가 있었는데, 세계에서 제일 작은 수영복을 만들겠다며 투피스 수영복을 디자인했습니다. 만든 수영복을 파리의 한 란제리 매장에 가져갔는데, 루이 레아르라는 매장 주인이 가위질을 쓱싹 하더니 더욱 획기적으로 야하게 만들어놓았습니다. 레아르는 그 수영복이 프랑스 남자들의 가슴에 엄청난 욕망을 폭발시킬 것이며 그 폭발력은 가히 비키니섬의 핵실험 수준이라면서 수영복 이름을 bikini라고 지었습니다.

그래서 오늘날 우리는 Mozilla 브라우저로 인터넷에 접속해 bikini 차림의 여인들 사진을 보면서, 두 단어가 같은 사건에서 유래했다는 사실을 상기해볼 수 있습니다. 이걸 serendipity(운 좋은 우연의 일치)라고 하는 거겠지요.

serendipity라는 단어는 1754년 영국 초대 총리의 아들인 호레이스 월폴이 만들었습니다. 월폴은 자기가 그 말을 어떻게 만들었는지 친절하게 설명해놓았습니다. 그가 《세렌딥의 세 왕자가 떠난 여행 Voyage des trois princes de Serendip》이라는 책을 읽었는데, 세렌딥이라는 섬나라의 세 왕자가 아버지의 명령으로 용을 쓰러뜨릴 묘약의 제조법을 찾으러 길을 떠나는 이야기였습니다. 그런데 "왕자들이 우연과 총명함으로 뜻밖의 발견을 계속 거듭했다"고 합니다. 그 세 왕자의 이야기는 어디까지나 소설이었지만, Serendip이라는 섬은 당시에 실제로 존재했습니다. 다만 그 후로 이름이 바뀌어서 Ceylon실론이 되었다가, 1972년에는 Sri Lanka스리랑카가 되었습니다. 그러니 serendipity는 다름 아닌 '스리랑카스러움'입니다.

이제 인도양을 건너 수에즈 운하를 지나 이탈리아의 사르데냐섬(Sardinia)으로 가볼까요. 아니 가지는 말고 멀리서 보기만 하죠. 사르데냐 사람들은 상종하지 말아야 할 사람들이거든요. 고대에는 사르데냐 사람들 이미지가 어찌나 성질 더러운 비호감이었는지 누가 좀만 쌀쌀맞게 말하면 사르데냐스럽다, 즉 Sardinian하고 했습니다. 거기에서 sardonic냉소적인이라는 말이 유래했습니다. 그런가 하면 사르데냐에서는 물고기 이름도 유래했습니다. 인근 바다에서 많이 잡히는 조그만 물고기였는데, 오늘날 sardine정어리이라고 부릅니다.

다음으로는 거기서 멀지 않은 그리스의 레스보스섬(Lesbos)으로 가볼까요. 그런데 거기서 살면 성소수자로 불릴 마음의 준비를 해야 합니다. 레스보스 출신으로 가장 유명한 사람이 고대 그리스의 여류 시인 사포입니다. 사포는 다른 고대 그리스 여인들을 찬미하는 시를 썼습니다. 그래서 19세기 말 영어권에서는, 여자를 좋아하는 여자를 가리켜 완곡하게 '레스보스 사람'이라는 의미로 Lesbian이라고 부르게 되었습니다. 물론 거기에 깔린 생각은 고전에 꽤 소양이 있는 사람만 그 뜻을 이해할 것이며, 그런 훌륭한 사람이라면 그걸 가지고 키득거리지 않으리라는 것이었지요. 그래서 여성 동성애를 가리키는 말로 lesbianism이 그전까지 쓰던 말인 tribadism보다 낫다고 봤습니다. tribadism은 '문지르기'라는 뜻의 그리스어에서 온 말이었습니다.

그전까지는 Lesbian이라고 하면 레스보스섬에서 나는 와인 품종을 가리키는 이름이기도 했습니다. 물론 레스보스섬 사람을 가리키는 이름도, 그때나 지금이나 Lesbian입니다. 레스보스섬 주민 중에는 Lesbian의 새 의미를 달가워하지 않는 사람이 많습니다. 그래서 2008년에는 Lesbian(섬사람) 여럿이 뭉쳐서 본토에서 활동하는 lesbian(레즈비언) 단체의 단체명을 바꿔달라고 요구하는 소송을 냈습니다. 섬사람들은 패소했지만, 앞으로 혹시 어떻게 될지 모르는 일이니 섬에 얽힌 어원 탐험을 좀 더 이어가죠. 이번엔 지브롤터 해협을 빠져나가, 개가 새가 된 섬으로 가봅시다.

로마인들은 일찍이 대서양에서 덩치 큰 개들이 우글거리는 섬 몇 개를 발견했습니다. 그리고 그 제도를 '개의 섬들'이라는 뜻에서 Canaria라고 불렀습니다. 그런데 2000년쯤 지나서 마침내 영국인들이 그 제도에 찾아와서 보니, 보이는 것은 새뿐이었습니다. 그래서 그 새를 canary카나리아라고 불렀습니다. 개가 새로 바뀐 셈입니다. canary는 거기에서 그치지 않고 색이름(선황색)이 되기에 이릅니다. 그럼 이제 서쪽으로 더 나아가 식인종의 섬들로 가볼까요.

크리스토퍼 콜럼버스가 대서양을 가로질러 도착한 곳은 Caribbean Islands카리브 제도였습니다. 하지만 서쪽으로 인도에 이르는 항로를 개척하려고 길을 떠났던 콜럼버스는 그곳을 순진하게도 West Indies인도 제도라고 불렀습니다. 유럽인들이 알고 있는 인도는 Khan칸이라 불리는 위대한 왕이 다스리는 부자 나라였습니다.

그래서 콜럼버스는 지금의 쿠바에 상륙해서는 섬사람들이 스스로

를 Canib라 부르는 것을 듣고 쾌재를 불렀습니다. *Can*ib이 *Khan*ib
이라고 생각했던 것인데, 참 반가운 우연의 일치였던 것만은 틀림없
습니다. 그다음 섬에 갔더니 거기서는 자기들을 Carib라고 했고, 또
그다음 섬에서는 자기들을 Calib라고 했습니다. 당시 카리브 제도 사
람들이 쓰던 언어에서는 n이나 r이나 l이 다 비슷하게 쓰였거든요.

그 바다의 이름은 그중 한 발음을 따서 *Carib*bean카리브해이 되었
습니다. 그런데 유럽 사람들은 이곳 섬사람들이 서로를 잡아먹는다
고 생각했습니다. 그 변태적인 식습관을 가리켜 또 다른 발음을 따서
*cannib*alism식인 풍습이라고 했습니다. 그곳 사람들이 실제로 식인을
했는지는 지금도 논란이 되는 주제입니다. 그랬다는 설도 있고, 유럽
인들의 공포가 낳은 망상이라는 설도 있습니다.

어쨌든 그 머나먼 섬나라에서 들려오는 기괴한 이야기들은 유럽인
의 상상력을 자극했습니다. 셰익스피어의 희곡《템페스트The Tempest》
는 어느 무인도를 배경으로 하는데, 섬에 사는 유일한 원주민은 반
인반수의 괴물입니다. 카리브 제도에 그런 괴물이 살지 않는 것은 분
명하지만, 셰익스피어는 그 작중 괴물의 이름을 세 번째 발음을 따서
*Calib*an칼리반이라고 지었습니다.

그럼 이제 파나마 운하(거꾸로 읽어도 똑같은 영어 문장 중 가장 깔끔한 것은 아무
래도 "A man, a plan, a canal: Panama(한 사내가 계획이 있어 운하를 지었으니, 그 이름은
파나마)"일 겁니다. 이런 것을 '회문palindrome'이라고 합니다 – 원주)를 지나 우리 섬나
라 어원 여행의 마지막 코스, 하와이로 가봅시다. 하와이는 세계적으
로 가장 인기 있는 간식과 똑같은 이름이 될 뻔했던 섬입니다.

Sandwich Islands

샌드위치섬

하와이에 처음 발을 디딘 유럽인은 제임스 쿡 선장이었습니다.
1778년에 도착해서 1779년 원주민들의 왕을 납치하려다가 실패하
고 살해당했지요. 쿡 선장은 tattoo문신와 taboo금기라는 단어를 영어
에 처음 도입한 장본인이기도 했습니다. 둘 다 태평양의 섬들을 탐사
하던 중 알게 된 관습이었습니다. 하지
만 그가 도입하려던 지명 하나는 결국
사전에도 지도에도 실리지 못했습니다.

유럽 탐험가들은 자기들이 발견한 땅
에 이름 붙이기를 아주 좋아했습니다. 이
미 그 땅을 먼저 발견해 그곳에서 살고
있는 원주민들이 보기엔 상당히 오만불손
한 버릇이었지요. 쿡 선장도 하와이 원주
민들이 자기들 섬을 오와이히라고 부른다
는 사실을 기록까지 해놓았지만, 섬 이름을
바꾸기로 했습니다. 앞으로 앞길이 훤히 트
이려면 잘 보여야 할 사람이 있었던 것이지
요(그런 고민을 하기보다는 왕을 납치하지 않는

게 더 좋았겠지만). 그래서 항해를 후원해준 사람의 이름을 붙였는데, 그 후원자는 당시 영국의 해군 장관으로 있던 제4대 샌드위치 백작 존 몬터규John Montagu, 4th Earl of Sandwich였습니다. 여기서 샌드위치는 작위의 명칭입니다.

하지만 Sandwich라는 섬 이름은 오래가지 못했고, 쿡은 자기 후원자의 귀에 그 이름이 들어가기도 전에 죽었습니다. 불쌍한 샌드위치 백작은 사우스샌드위치 제도South Sandwich Islands(남극 부근의 바위섬 몇 개로 이루어진 열도)와 몬터규섬Montague Island(알래스카 부근의 무인도), 그리고 전 세계인이 즐기는 간식에 이름을 제공한 것으로 만족해야 했습니다. 마지막 업적은 요리는커녕 빵칼 근처에도 가지 않고 이루어냈습니다.

샌드위치 백작은 도박을 즐겼는데, 보통 즐긴 게 아니었습니다. 도박에 빠져서 돈을 엄청나게 쏟아붓고도 헤어나지 못했습니다. 얼마나 심했는지 당시 영국 기준으로도 좀 정상이 아니라고들 했습니다. 당시 영국인들의 도박벽은 유명했는데도 말이죠. 샌드위치라는 간식 이름의 유래가 언급된 문헌은 1765년에 프랑스에서 나온 책이 유일한데, 영국 사람들의 못 말리는 도박 습관을 이야기하고 있습니다.

영국인은 본래 사고가 심오하고
욕망이 격렬한 데다 좋아하는 것은
끝을 보고 마는 사람들로서, 도박에서도
과하기 짝이 없다. 부유한 귀족 몇 명이
도박으로 패가망신했다는 말이 들리고,
휴식도 건강도 아랑곳없이 온종일 도박에
몰두하는 사람이 많다. 한 국무장관은
도박 테이블에 24시간을 붙어 앉은
채 도박에 어찌나 열중했는지 먹은
것이라고는 구운 빵 두 쪽 사이에 고기
조각을 끼운 음식이 다였으며, 먹는
동안에도 도박을 한시도 끊지 않았다.
이 신종 음식은 내가 런던에 사는 동안
그 인기가 무척 높아졌으며, 발명한 그
장관의 이름으로 불렸다.

그 장관의 이름은 언급되지 않았는데, 애당초 프랑스인이 프랑스어로 프랑스 독자를 대상으로 쓴 책이었으니(좀 더 정확히 말하자면, 여기 인용한 글은 1772년 영역본에서 가져온 것입니다. 그런데 샌드위치라는 음식 이름이 언급조차 되지 않은 것으로 보아, 1772년 당시 영국에서 그 이름은 이미 상식이었던 것으로 추측할 수 있습니다-원주) 영어 단어의 어원을 설명할 필요까지는 없었을 겁니다. 그 sandwich가 이제 프랑스에서도 모르는 사람이 없는 영어 단어가 되었다는 게 반전이라면 반전이지요.

다만 샌드위치 백작이 샌드위치를 '발명'했다는 속설은 사실이 아닙니다. 하인과 요리사가 만들어준 음식을 먹었을 뿐이죠. 모르긴 해도 인류는 아마 농경을 시작했을 때부터 빵 두 쪽 사이에 뭔가를 끼워 먹었을 겁니다. 샌드위치 백작의 기여는 샌드위치를 근사한 음식으로 보이게 한 것이었습니다. 아무도 신경 쓰지 않는 보잘것없는 간식에 귀족과 권력, 부와 여유 그리고 24시간 도박이라는 이미지를 붙여준 것이지요.

지체 높은 분들이 자기 이름을 음식 이름으로 영원히 남기려고 부엌에서 요리 개발에 매진하거나 하는 일은 없습니다. 그냥 가만히 있다 보면 음식에 자기 이름이 붙지요. 이탈리아 움베르토 1세 국왕의 아내, 마르게리타 마리아 테레사 조반나Margherita Maria Teresa Giovanna 왕비를 봐도 그렇습니다. 마르게리타 왕비는 아프리카의 스탠리산 Mount Stanley을 오른 적이 없지만, 그 산의 최고봉은 마르게리타봉으로 불립니다. 피자를 구워본 적이 있을 리도 없지만 마르게리타 피자가 있습니다. 다만 피자를 굽는 사람이 왕비의 입맛에 맞춰야 했을 테고, 왕비는 구워주는 피자를 먹었을 뿐이지요.

19세기 이탈리아 귀족들은 피자를 먹지 않았습니다. 피자란 서민 음식인 데다가, 서민들이 좋아하는 마늘도 듬뿍 들어가 있었습니다. 하지만 혁명에 벌벌 떨던 1880년대의 유럽 왕족들은 일반 평민들의 환심을 사려고 무던히 애썼습니다. 그래서 움베르토 국왕과 마르게리타 왕비가 피자의 고향 나폴리를 찾자, 라파엘레 에스포시토라는 사람이 왕비의 입맛에 맞는 피자를 만들어보겠다고 나섰습니다.

에스포시토는 피체리아 디 피에트로 에 바스타 코시Pizzeria di Pietro e Basta Cosi, '피에트로의 피자 가게, 그거면 됐지'라는 피자 가게의 주인이었습니다. 그가 마늘 문제를 말끔히 해결한 방법은, 그냥 마늘을 쓰지 않는 것이었습니다. 그때까지 전례가 없던 방법이었습니다.

또한 뜨거운 애국심을 피자로 표현하고자 피자를 이탈리아 국기 색깔인 빨강, 흰색, 녹색으로 만들었습니다. 빨간색을 내려고 토마토를 얹었고(이는 최초의 시도였습니다), 흰색은 모차렐라 치즈로, 녹색은 바질로 표현했습니다. 그리고 이 피자를 '피자 마르게리타Pizza Margherita'라 명명하여 1889년 6월 왕비에게 진상했습니다.

직히 말해 마르게리타 왕비는 이 피자를 친히 맛보지 않았을 가능성이 큽니다. 하지만 아랫사람을 시켜 감사 편지를 쓰게 한 건 사실입니다. 그리하여 왕비의 이름은 후대에 길이 남게 되었고, 오늘날 이탈리아 국기 피자는 전 세계 모든 피자 레스토랑의 메뉴판에 당당히 올라가 있습니다.

한편 세로줄 세 개로 이루어진 이탈리아 국기의 디자인은, 삼색기라는 뜻으로, '르 트리콜로르le Tricolore'라는 프랑스 혁명의 깃발을 바탕으로 했습니다.

The French Revolution
in English Words

영어 단어 속의 프랑스 혁명

세상이 바뀌면 언어도 바뀝니다. 새 문물에는 새 단어가 필요한 법이 니, 시대의 신조어를 보면 그 시대의 발명품을 알 수 있습니다. 베트 남 전쟁은 미국 영어에 bong물담뱃대과 credibility gap(정부나 정치인의) 신 뢰성 결여을 안겼습니다.

쉴 새 없이 생겨난 영어 단어의 면면을 보면 영어권의 역사가 어 떻게 흘러갔는지 읽을 수 있습니다. 1940년대에는 genocide집단학살, quisling매국노, crash-landing불시착, debrief임무 결과를 보고받다, cold war 냉전가 탄생했습니다. 1950년대에는 countdown초읽기, cosmonaut구소 련·러시아의 우주비행사, sputnik인공위성, beatnik비트족가 출현했고, 1960년 대에는 fast food패스트푸드, jetlag시차증, fab끝내주는가 생겨났으며, 이후 Watergate워터게이트 사건, yuppie여피족, Britpop브릿팝, pwned'털렸음', '당 했음'을 뜻하는 인터넷 은어 등이 이어서 등장했습니다.

그러나 1789~1794년에 걸쳐 일어난 프랑스 혁명만큼 획기적인 사건은 없었습니다. 쇠스랑을 들고 돌격하는 폭도들처럼 새로운 개념 들이 물밀듯 쇄도했습니다. 새로운 사건, 새로운 개념이 출현할 때마 다 영어권에서는 이를 표현할 새 단어를 프랑스어에서 수입해야 했습니다.

잇따르는 전복과 반전, 참수와 습격의 소식은 며칠의 시차를 두고 영국에 어김없이 전해졌고, 그 숨 가쁜 역사의 흐름은 프랑스어에서 수입된 단어 속에 고스란히 드러납니다.

1789 aristocrat귀족

1790 sans-culotte상퀼로트(프랑스 혁명의 추진력이 된 민중 세력)

1792 capitalist자본가, regime체제, émigré망명자

1793 disorganised와해된, demoralised타락한, guillotine단두대

1795 terrorism공포정치

1797 tricolore삼색의

마지막의 tricolore는 앞서 살펴본 것처럼 국기 겸 피자 토핑으로 오늘날까지 이어집니다. 그리고 프랑스어는 이때까지 수백 년간 그래 왔듯이 이후로도 수백 년간 영어에 영향을 미칩니다.

어떻게 세느냐에 따라 조금 다르긴 하지만 영어 단어의 약 30퍼센트는 프랑스어에서 왔습니다. 그렇게 보면 영어는 비록 본바탕이 게르만어Germanic language이지만 적어도 3분의 1만큼은 로망스어Romance language이기도 한 셈입니다.

TRICOLORE
1797
TERRORISM
ARISTOCRAT
1789
1795
SANS CULOTTES
1792

Romance Languages

로망스어

프랑스어는 로망스어에 속합니다. 왜냐하면 프랑스 사람들은 로맨틱 romantic하거든요. 무슨 말장난이냐고요? 정의상 틀림없이 맞는 얘기입니다.

옛날 옛적에 로마제국Roman Empire이 있었습니다. 로마Rome에 사는 로마인들Romans이 다스리는 제국이었지요. 그런데 그 사람들이 쓰는 언어는 로마어Roman라 하지 않고 라틴어Latin라 했습니다.

로마제국은 위세를 크게 떨쳤습니다. 베르길리우스, 오비디우스 등 위대한 문인을 많이 배출했고, 이들은 물론 라틴어로 작품을 남겼습니다. 또 막강한 군대의 힘으로 주변 일대에서 학살을 저지르고 라틴어를 퍼뜨렸습니다.

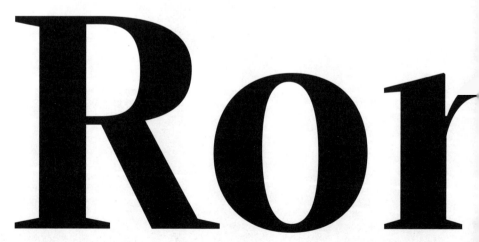

그러나 제국은 쇠퇴하고 언어는 변하기 마련입니다. 600년 전 중세 시인 제프리 초서는 "al besmotered with his habergeon"이라는 시구를 남겼지만 오늘날 우리는 초서 시대의 영어를 공부한 사람이 아니고서는 그게 무슨 말인지 모릅니다.

똑같은 현상이 로마인과 그들이 쓰는 라틴어에도 일어났습니다. 라틴어는 갑작스러운 계기는 없었지만 조금씩 차츰차츰 변하더니 급기야 로마인도 학교에서 라틴어를 배우지 않고서는 위대한 로마 문인들의 작품을 이해할 수 없게 되었습니다. 사람들은 차츰 옛날 라틴어와 로마 거리에서 실제로 사람들이 쓰는 언어를 구분해서 말하기 시작했고, 후자는 로마니쿠스Romanicus로 불렸습니다.

암흑시대의 어둠이 깊어지면서 라틴어와 로마니쿠스의 차이는 점점 벌어졌습니다. 라틴어를 보존하려는 노력도 이어져서, 가톨릭교회와 학계에서는 고전 라틴어 내지는 그와 흡사한 언어를 사용했습니다. 교황이나 교수가 알아줄 만한 글을 쓰려면 라틴어로 써야만 했습니다. 1687년이 되어서까지 아이작 뉴턴은 자신의 역작을 라틴어로 쓰고 《Philosophiae Naturalis Principia Mathematica자연철학의 수학적 원리》라는 라틴어 제목을 붙여야 했습니다.

그렇지만 중세시대에 과학이나 신학 관련 책 읽기를 좋아하는 사람은 별로 없었습니다. 그보다는 갑옷 입은 늠름한 기사와 곤경에 빠진 미녀의 이야기를 좋아했지요. 불을 뿜는 용, 마법에 걸린 숲, 바다 건너 요정 나라, 그런 게 인기였습니다. 그래서 그 같은 이야기가 쏟아져 나왔는데, 그런 소설은 모두 Romanic으로 쓰였습니다(로마니쿠스의 -us는 이때 이미 떨어져 나가고 없었습니다).

그런데 Romanic에도 여러 형태가 있었습니다. 로마에서 형성된 Romanic이 있는가 하면, 프랑스, 스페인, 루마니아Romania에서 형성된 Romanic이 각각 따로 있었습니다. 하지만 그 모든 언어를 통칭하여 Romanic이라 했고, 이어서 그런 언어로 쓰인 모든 소설도 Romanic이라 하게 되었습니다.

그러다가 게으른 사람들이 Romanic의 i를 빼고 발음하기 시작하면서, 그런 소설과 그 소설을 쓴 언어 모두 Romanic이 아닌 romance로 불리게 되었습니다.

오늘날도 용맹하고 잘생긴 기사와 곤경에 빠진 여인의 이야기를 romance로맨스라 부릅니다. 그리고 그런 이야기의 분위기를 내보려고 달밤에 길을 거닌다든지, 저녁 식탁에 초를 밝힌다든지, 생일을 기억해준다든지 하는 행동을 romantic로맨틱하다고 하게 되었습니다. 어원상으로는 '로마식' 행동이지요.

Peripatetic Peoples

유랑 민족

그런가 하면 Roman이나 romance 또는 Romania 등과 전혀 관계가 없는 단어가 Romany(또는 복수형으로 Roma)입니다. 수백 년간 포장마차를 타고 유럽 곳곳을 유랑하는 민족의 이름(롬인)이지요. 그 민족을 가리키는 이름은 그 밖에도 수없이 많습니다만 하나같이 부정확하기 짝이 없습니다. 뭔가 수상쩍은 시선을 담아 흔히 부르는 이름이 gypsy집시인데, 이들이 Egypt이집트 출신이라는 얼토당토않은 착각에서 비롯된 말입니다.

gypsy와 egyptian이집트인은 원래 동의어였습니다. 셰익스피어의 《안토니우스와 클레오파트라Antony and Cleopatra》를 보면 첫 대사부터 클레오파트라의 욕망을 "gypsy's lust"라고 지칭하는 부분이 나옵니다. 그럼 롬인의 출신지에 대한 착각은 어디서 시작된 걸까요?

롬인이 이집트인으로 불리게 된 것은 1418년에 있었던 한 사건 때문입니다. 한 무리의 롬인들이 지금 독일 땅인 아우크스부르크에 나타나서는 자기들이 '작은 이집트'에서 왔다고 주장한 것이지요. 정확히 무슨 뜻으로 한 말이었는지는 분명치 않지만, 어쨌든 돈과 안전이 필요하다고 하여 당국에서는 요구를 들어주었습니다. 하지만 주민들은 콧방귀를 뀌었지요. 이들의 이집트 출신설은 번져나갔고, 이들에

얽힌 전설까지 생겨났습니다. 천벌을 받아 영원히 세상을 떠돌게 된 민족이라고 했습니다. 옛날 요셉과 마리아가 아들 예수를 데리고 헤롯왕의 박해를 피해 이집트로 도망갔을 때 어느 이집트 부족이 그들에게 음식과 머물 곳을 내주지 않았는데, 집시들이 그 부족의 후손이라는 것이었습니다.

그러나 사실 롬인은 이집트가 아니라 인도에서 왔습니다. 그들이 쓰는 언어와 가장 닮은 언어가 산스크리트어와 힌디어인 것으로 보아 알 수 있습니다. Roma는 롬어로 '남자'를 뜻하는 rom에서 왔고, rom의 기원은 산스크리트어로 '유랑 악사'를 뜻하는 domba입니다.

어쨌거나 롬인의 조상에 대한 전설은 퍼져나갔습니다. 헝가리에서도 이들이 이집트 출신임을 의심치 않고 '파라오의 백성들'을 뜻하는 Pharaoh-Nepek이라고 불렀습니다. 하지만 나라마다 이들에 대한 전설이 또 달라서, 이들을 부르는 이름도 각각 달랐습니다. 물론 모두 오해였습니다. 스칸디나비아에서는 이들이 중앙아시아의 타타르Tartary에서 왔다고 오해해 Tatar라고 불렀고, 이탈리아에서는 오늘날 루마니아 땅인 왈라키아Walachia에서 왔다고 오해해 Walachian이라고 불렀습니다.

스페인에서는 롬인이 오늘날 벨기에 땅인 플랑드르Flanders에서 왔다고 보았습니다. 어째서 그리 생각했는지는 수수께끼입니다. 다른 유럽 나라들은 대부분 동쪽 어디 이국적인 땅을 생각했는데 말이지요. 그래서 그건 스페인 사람들의 우스개였다는 설도 있습니다. 여하튼 무슨 생각이었는지는 몰라도, 스페인에서는 롬인과 롬인의 음악 스타일을 '플랑드르 사람'이라는 뜻으로 Flamenco 플라멩코(오늘날은 스페인 남부의 민속 음악과 춤을 부르는 이름)라고 부르기 시작했습니다.

프랑스에서는 롬인을 오늘날 체코 땅인 보헤미아Bohemia에서 왔다고 오해해 Bohemian이라고 불렀습니다. 그러다가 1851년, 앙리 뮈르제르라는 파리의 가난한 작가가 센 강변 예술의 거리에서 살아가는 사람들의 이야기를 글로 썼습니다. 뮈르제르는 자신과 같은 예술가들이 관습에 아랑곳하지 않는 모습이 사회적 차원의 보헤미안이라 불릴 만하다고 보았습니다. 그래서 소설 제목을《보헤미안 생활의 정경Scènes de la vie de bohème》이라고 붙였습니다. 그 소설을 바탕으로 영국에서 윌리엄 새커리가 소설《허영의 시장Vanity Fair》을 썼고, 이탈리아에서 푸치니Puccini가 오페라〈라 보엠La Bohème〉을 썼습니다. 그래서 오늘날도 관습에 얽매이지 않고 주머니 사정이 딱한 예술가를 가리켜 Bohemian보헤미안이라 부릅니다.

From Bohemia to California
(via Primrose Hill)

프림로즈 힐을 거쳐 보헤미아에서 캘리포니아까지

체코의 서부 지역 보헤미아는 문학에서 특별한 위치를 차지하고 있
습니다. 셰익스피어의 《겨울 이야기The Winter's Tale》 3막 3장은 보헤
미아의 해안을 무대로 펼쳐집니다. 첫 대사부터 그 배경을 확실히 합
니다.

> Thou art perfect, then, our ship has touched
> Upon the deserts of Bohemia?
> 그럼 우리 배가 보헤미아의 척박한 땅에 상륙한 것이 확실하다는 말
> 인가?

뭐가 그리 특별하냐고요? 설명보다는 한 세기쯤 더 뒤인 1760년대
에 나온 영국의 작가 로렌스 스턴이 지은 미완성 소설 《신사 트리스
트럼 샌디의 인생과 생각 이야기The Life and Opinions of Tristram Shandy,
Gentleman》의 한 대목을 인용하겠습니다.

> "…그런데 공교롭게도 보헤미아 왕국 전체를 통틀어 항구도시라고는 단

하나도 없었으니 말입니다."

"아니 그럼 어떻게 있겠나?" 토비 숙부가 외쳤다. "보헤미아는 완전한 내륙 지역인데, 당연히 그런 게 있을 수가 없지."

"있는 편이 하느님 마음에 드셨더라면 있었을 수도 있겠지요." 트림이 말했다.

보헤미아가 내륙이 아니라는 환상이 하느님 마음에는 들었을지 어땠을지 몰라도 셰익스피어의 마음에는 쏙 들었던 모양입니다. 그래서 보헤미아는 팔자에 없는 바다를 문학 작품 속에서 갖게 되었습니다. 그런데 팔자에 전혀 없었던 것은 아닙니다. 토비 숙부는 몰랐던 듯하지만, 보헤미아 왕국의 영토는 아드리아해에 미미하게 닿았던 적이 있습니다. 13세기 말과 16세기 초에 잠깐씩 그랬지요.

보헤미아가 바다와 접한 적이 있었다는 사실을 셰익스피어가 알고 그리 썼을 것 같지는 않습니다. 셰익스피어는 지리적 사실에 전혀 신경을 쓰지 않았거든요.《템페스트》에는 주인공이 한밤중에 이탈리아 밀라노의 왕궁에서 괴한들에게 납치되어 바다로 끌려갔다는 이야기가 나옵니다. 밀라노에서 제일 가까운 바다까지가 120킬로미터 거리인데 한밤중에 주파하기에는 무리입니다. 셰익스피어는 그런 것쯤 가뿐히 무시했습니다. 읽다 보면 내륙의 베로나에서 배 타는 사람도 나오고, 베르가모에서 돛 만드는 직공도 나옵니다. 베르가모에서 가장 가까운 항구까지는 150킬로미터가 넘습니다.

요즘 작가들은 정보 수집에 몰두하지만, 셰익스피어는 글 쓰는 데만 집중했습니다. 한 작품의 무대를 베네치아로 잡으면서도 거기 운하가 있다는 사실은 몰랐던 것으로 보입니다. 일단 운하에 대한 언급이 한마디도 없고, 베네치아를 어쩌다 언급할 때는 바다 위의 도시임에도 불구하고 항상 'land'라고 지칭했습니다.

아마 셰익스피어는 지도 따위 거들떠보지 않은 것 같습니다만, 그렇다고 독자로서 너무 불평할 필요는 없겠습니다. 생각해보면, 픽션이란 시대가 좀 어긋난 사실일 뿐입니다. 극지방의 얼음이 계속 녹으면 언젠간 바다가 베로나까지도 들어오고 밀라노를 거쳐 베르가모까지 다 들어오지 않겠습니까? 태양이 점점 커지다 보면 수십억 년쯤 후엔 지구가 바싹 말라 타들어갈 텐데 베네치아 운하에 물이 남아 있겠어요?

시인 A.E. 하우스먼도 〈휴글리 첨탑Hughley Steeple〉이라는 시를 같

은 마음 자세로 썼습니다. 동생에게 쓴
편지에서 이렇게 털어놓습니다.

웬록 벼랑에서
휴글리 교회를 내려다보니 딱히 첨탑이라
할 만한 게 없더구나. 하지만 시는 이미 썼고
그만큼 소리가 좋은 이름을 새로 짓기도 어려우니
휴글리 교회도 브루 교회의 나쁜 선례를 따라가게
되었음을 한탄할 도리밖에 없었다. 브루 교회는
매슈 아널드가 산속에 서 있다고 시에
썼는데도 불구하고 벌판에
계속 서 있지 않니.

알프레드 드 비니라는 프랑스 극작가는 런던을 배경으로 비운의
시인 토머스 채터턴의 삶을 다룬 희곡을 썼습니다. 프랑스 사람이 보
기엔 꽤 괜찮은 극이었던 모양인데, 런던 사람이 보면 채터턴의 친구
들이 프림로즈 힐에서 멧돼지 사냥에 나서는 장면에서 실소를 금할
수 없습니다. 프림로즈 힐은 녹지가 예쁘게 조성된 교외의 공원이지
요. 하지만 프림로즈 힐 옆에는 런던 동물원이 있으니, 울타리 한두
개만 잘못되면 드 비니의 상상이 현실로 되고 런던 시민들이 위험에

빠질 가능성이야 얼마든지 있습니다.

세월은 공상을 현실로 만듭니다. 옛날 그리스 사람들은 무시무시한 여전사들로 이루어진 아마조니아Amazonia라는 상상의 나라가 있다고 믿었습니다. 그로부터 2천 년쯤 후에 프란시스코 데 오레야나라는 탐험가가 남미의 큰 강을 탐험하다가 무서운 원주민 여성들에게 공격을 당하고는, 그 강을 아마존Amazon이라고 불렀습니다. 그뿐만이 아닙니다. 캘리포니아라는 공상의 섬도 똑같은 과정을 거쳐 현실이 되었습니다.

California

캘리포니아

1510년 스페인 사람이 처음으로 캘리포니아를 문헌에 묘사했습니다. 당시 아메리카 대륙 서해안에 가본 유럽인은 아무도 없었는데 신기한 일이지요. 하지만 픽션은 사실보다 한발 앞서 나갈 때가 많습니다.

캘리포니아의 모습을 그려낸 장본인은 가르시 로드리게스 데 몬탈보라는 사람입니다. 몬탈보가 캘리포니아를 그렇게 자신 있게 묘사할 수 있었던 이유는, 캘리포니아가 철저히 상상의 산물이었기 때문입니다.

16세기 초 몬탈보는 훌륭하고 멋진 기사들의 모험담을 모으거나 직접 써서 책으로 냈습니다. 이야기 속에는 번쩍거리는 갑옷 차림의 기사, 용, 마법사, 곤경에 처한 여인, 상상의 동물들이 단골로 등장했고, 그 배경은 이국의 아름다운 땅이었습니다. 그가 쓴 네 번째 책《에스플란디안의 모험Las Sergas de Esplandián》에는 잃어버린 에덴동산(참고로, 에덴동산은 완벽한 공간이기 때문에 노아의 홍수 때 파괴되지 않고 사람의 발길이 닿을 수 없는 머나먼 곳으로 쏠려간 것으로 되어 있습니다-원주)에서 가깝다고 하는 기이한 섬 이야기가 나옵니다.

> 인도 제도 오른편으로 지상 낙원의 한쪽 언저리와 매우 가까운 곳에 캘

리포니아라는 섬이 있는데, 그곳에는 흑인 여자들이 남자 없이 아마존 식으로 살고 있었다. 여자들은 아름답고 튼튼한 몸을 지녔으며 용맹하고 매우 굳세었다. 섬은 절벽과 바위투성이 해안에 둘러싸여 견고함이 세상 어느 곳과도 비할 수 없었다. 그들이 쓰는 무기는 황금으로 되어 있고 그들이 평소 길들여 타고 다니는 짐승들에 씌운 굴레도 황금이었으니, 이는 섬에 황금 이외의 쇠붙이가 없기 때문이었다.

읽어보면 어떤 섬을 상상했는지 대충 감이 올 겁니다. 몸이 탄탄하고 남자에 굶주린 여자들이 산다는 섬 이야기가 신대륙을 찾아 나선 건장한 스페인 탐험가들에게 어째서 반응이 좋았을지도 짐작이 됩니다. 크리스토퍼 콜럼버스의 아들도 몬탈보의 소설을 한 권 가지고 있었고, 태평양을 처음 항해한 유럽인이었던 코르테스도 1524년에 쓴 편지에서 몬탈보의 소설을 언급했습니다. 게다가 우리가 지금 캘리포니아로 부르는 땅은 한때 섬으로 여겨졌습니다.

물론 캘리포니아는 섬이었던 적이 없지만, 어느 수도사 탐험가의 착각으로 인해 유럽의 지도 제작자들은 16세기부터 1750년경까지 캘리포니아를 섬으로 알고 있었습니다. 어째서 탐험가들이 다 그런 착각을 했는지는 분명치 않지만,(궁금하다면 시모어 슈워츠의 《The Mismapping of America》라는 책을 참고하면 좋습니다. 그 착각이 일어난 과정을 상세히 기술하고 있는데 제가 요약해 소개하고 싶었지만 역부족이었습니다 - 원주) 1716년에도 영국의 한 지리학자는 이렇게 적었습니다.

> California: This Island was formerly esteem'd a peninsula, but now found to be intirely surrounded by Water.

캘리포니아: 이 섬은 예전에 반도로 간주되었으나, 지금은 바다에 완전히 둘러싸여 있는 것으로 확인된다.

스페인 사람들은 이 기후 온화한 '섬'의 이름을 뭐라고 할까 고민하다가, 몬탈보의 기사 소설에 나오는 용맹하고 매력적인 여자들이 산다는 신비로운 섬 이름을 붙이기로 했습니다.

몬탈보의 소설 속 섬 이름이 California였던 이유는 섬을 다스리는 아름다운 여왕의 이름이 Calafia였기 때문입니다. 《에스플란디안의 모험》에서 Calafia는 콘스탄티노폴리스 공방전 때 이슬람 군대와 함께 기독교 군대에 맞서 싸워달라는 요청을 수락하여, 용맹하고 매력적인 여군 부대와 잘 훈련된 그리핀(사자의 몸에 독수리의 머리와 날개가 달린 상상의 동물입니다)들을 이끌고 참전합니다. 그러나 Calafia는 에스플란디안과 사랑에 빠지고, 전쟁에서 패배하여 포로로 잡힌 후 기독교로 개종합니다. 그 후 스페인 남편과 그리핀들을 데리고 캘리포니아 섬으로 돌아옵니다.

몬탈보가 Calafia라는 이름을 택한 이유에 대해서는 몇 가지 설이 있지만, 단연 가장 설득력 있는 설은 여왕이 이슬람군 편에서 싸웠으므로 이슬람 세계의 지도자 칭호인 Caliph칼리파를 연상시키는 이름 또는 그와 닮은 이름을 붙였다는 것입니다. 그렇다면 캘리포니아는 어원적으로 볼 때 오늘날 마지막으로 존속하고 있는 Caliphate칼리파 국가인 셈입니다.

Caliphate는 모든 이슬람 국가를 아우르는 개념인데, 실질적으로 존재하기도 하고 명목상으로만 존재하기도 하다가 1924년 터키 공화국에 의해 폐지되었습니다. 근래에는 알 카에다Al Qaeda가 Caliphate를 다시 세우려고 과격한 시도를 열렬히 벌이고 있습니다. 그렇지만 정예 어원학자로 구성된 특수부대를 그들의 본거지에 침투시켜서 한번 잘 설득해보면 어떨까요. Caliphate가 사실은 사라지지 않았고 지금도 굳건히 존속하고 있으며, 그곳은 바로 미국에서 가장 인구가 많은 주라고 말이지요.

The Hash Guys

약쟁이 암살단

캘리포니아의 문제는 차치하더라도, 누가 칼리파가 되어야 하며 무엇을 칼리파 국가로 보아야 하느냐 하는 것은 예언자 무함마드가 사망한 이래로 줄곧 까다로운 문제였습니다. 제1대 칼리파는 일찍부터 무함마드를 따랐던 아부 바크르라는 사람이 선출되었습니다. 그런데 몇 년이 지나자 그건 잘못이라고 주장하는 사람들이 나왔습니다. 이들은 무함마드의 사위, 손자, 증손자… 이렇게 장남에서 장남으로 이어지는 후손들이 대대로 칼리파가 되어야 한다고 했습니다. 그렇게 주장하는 사람들을 시아파Shia, 나머지 사람들을 수니파Sunni라고 했습니다.

그러나 혈통에 따른 계승은 늘 분란을 낳기 마련이니, 서기 765년 무함마드의 한 후손이 장남 이스마일에게 칼리파 자리를 물려주지 않자, 시아파가 다시 둘로 갈라졌습니다. 한쪽에서는 이스마일을 거르는 게 맞는다고 했고, 다른 한쪽에서는 그러면 안 된다고 했습니다. 후자의 사람들을 이스마일파Ismailis라고 했습니다.

이스마일파는 꽤 번창했습니다. 9세기에는 북아프리카 대부분을 정복하기에 이르렀고, 다른 이슬람권 지역에도 위장 포교자들을 많이 퍼뜨렸습니다. 이들이 은밀히 사람들을 개종시킨 덕분에 곳곳에 숨은 이스마일파가 어마어마하게 포진했습니다. 어쩌면 이스마일파가 칼리파 국가를 세울 날도 머지않아 보였습니다.

하지만 그 뜻은 이루어지지 않았습니다. 수니파가 북아프리카에 쳐들어와 이스마일파 책을 불사르고 언월도偃月刀를 앞세워 사람들을 다시 원래의 종파로 개종시켰기 때문입니다. 이제 수니파에게 남은 일은 자기들 영토에서 이스마일파의 뿌리를 뽑는 것뿐이었습니다. 그럼 말끔히 해결되는 거였지요.

그로 인해 이스마일파는 수난을 겪었습니다. 색출당하고 박해받고 벌금형 받고 사형당하는 등 온갖 괴롭힘을 받았습니다. 이스마일파는 수적으로 많았지만 여기저기 흩어져 있어서 군대를 조직할 수 없었으므로 박해에 맞서 싸울 힘이 없었습니다. 그러다가 하산 이 사바흐 Hasan-i Sabbah라는 이스마일파 교도가 묘안을 생각해냈습니다.

하산은 카스피해 인근에 홀로 떨어져 있는 성 하나를 점령했습니다. 알라무트성이 자리한 곳은 외딴 지방의 외딴 산골짜기 끝자락의 외딴 산꼭대기였으므로 전략적 요충지는 아니었습니다. 하지만 바로 그런 위치 덕분에 알라무트성은 난공불락의 요새였습니다. 그곳을 거점으로 삼은 하산은 이스마일파가 누구라도 박해받으면 가만있지 않

겠다고 천명했습니다. 그가 택한 보복 방법은 전투를 벌이거나 영토를 점령하는 것이 아니라, 제자 한 명을 보내서 박해를 명령한 고위 관리를 암살하는 것이었습니다. 그리고 암살은 황금 단검으로 이루어졌습니다.

첫 암살 대상은 칼리파의 대신이었고, 이어서 곳곳의 다양한 인물들이 제거되었습니다. 암살단의 활동은 '황금 단검'을 차치하고서라도 두 가지 점에서 엄청난 공포를 자아냈습니다. 첫째, 이들은 목표 인물의 주변에 잠입해 때로는 긴 세월을 들여 마구간지기나 하인으로 일하면서 가까이 갈 기회를 엿보았습니다. 이런 식이면 경호원을 고용해도 소용이 없는 게, 경호원이 암살범이 아니라는 법이 없지요. 둘째, 이들은 임무를 달성한 후 죽는 것을 두려워하지 않았습니다. 아니, 죽음을 오히려 보너스 정도로 생각했습니다. 목표를 제거하고 나면 천국행을 확신하며 자결하곤 했습니다.

이 암살단에 대해서는 사람마다 의견이 달랐지만, 한 가지 공통된 의견은 이들이 대마의 진을 굳힌 마약, 해시시(hashish)를 피운다는 것이었습니다. 이는 사실이 아닌 게 거의 확실하지만, 어쨌든 그 이름은 남았습니다. 이 암살단은 '해시

LIFA

351

시 피우는 자들'이라는 뜻의 아랍어 구어체 복수형인 '하사신
(hashshashin)'으로 불렸습니다.

이들은 때로 기독교 세력과 손을 잡기도 했습니다. 중동에 당도
한 십자군은 시리아에서 활동하던 이스마일 분파와 접촉했습니다. 암
살단의 창시자로 알려진 '산상노인(Old Man of the Mountain)'이 두
번째로 다스리던 산중 요새에서였습니다. 산상노인은 조직원들을 십
자군에 빌려주었고, 십자군은 이들의 죽음을 마다하지 않는 광신성과
철저한 규율에 크게 감탄했습니다. 하사신의 이야기는 유럽에 전해졌
고, 유럽에서 이들을 부르는 이름은 아랍어의 h가 탈락되어 assassin
암살자이 되었습니다.

얼마 안 가 assassin에서 동사 assassinate가 파생되었고, 그 후 셰익
스피어가 《맥베스Macbeth》에서 assassination이라는 명사를 만들어
써서 오늘까지 이어지고 있습니다.

If it were done when 'tis done, then 'twere well
It were done quickly: if the **assassination**
Could trammel up the consequence,
and catch
With his surcease success ...

단번에 저질러
끝나는 일이라면 빨리
해치우는 편이 나으리라.
이 **암살**로써 모든 일이 수습되고
그의 절명으로 성공을 거둘 수
있다면…

어쨌든 어원으로 따지면 assassination은
다름 아닌 '대마초 피우기'입니다. 대마초, 즉 마리화나는
영어에서 cannabis, marijuana, pot, dope 등 다양한
이름으로 불리지요.

Drugs

마약

dope마약, 마리화나는 우리 몸에 나쁘지만 경주마에게는 특히 더 나쁩니다. 경주마에게 약을 조금만 먹여도 제대로 뛰지를 못합니다. 그래서 경마꾼은 어떤 말이 약을 먹었고 어떤 말이 상태가 깨끗한지 꼭 알 필요가 있지요. 그런 경마꾼은 '내부 정보를 가졌다(have the dope on something)'고 할 수 있습니다. 어떤 말이 '망가졌다(have gone to pot)'는 것을 미리 아는 거지요.

pot마리화나은 냄비를 뜻하는 pot과는 전혀 관계가 없고, 멕시코 스페인어로 대마초를 뜻하는 potiguaya파티과야에서 왔습니다. Marijuana마리화나는 'Mary Jane'이라는 이름의 멕시코 스페인어 형태에서 왔는데, 그 이유는 아무도 모릅니다. 멕시코에서 건너온 마약 용어로 reefer대마초 궐련도 있는데, 멕시코에서 마약 중독자를 불렀던 말grifo에서 왔습니다.

사실 마약과 관련된 단어는 이국적인 게 많습니다. 만약 하사신 암살단이 정말 해시시를 피운 게 맞다면 hookah후카, 물담배로 피웠을 겁니다. 항아리에 물을 담고 물을 통해 걸러진 연기를 피우는 도구지요. 베트남 전쟁 때 미군들도 물담배를 배우고는 현지에서 물담배를 뜻했던 태국어 baung을 bong으로 영어에 들여왔습니다.

마약 용어는 누가 마약 용어 아니랄까 봐 어원이 흐리멍덩한 게 많습니다. joint대마초 궐련라는 것은 아편굴(opium joint)에서 피워서 나온 말인지, 함께 나눠 피우니 공동 소유(jointly owned)여서 나온 말인지 확실치 않습니다. 또 1920년대에 미국 뉴올리언스 사람들이 왜 대마초 궐련을 muggle이라 했는지도 알 수 없습니다. 어쨌든 그 단어를 알고 나면 '해리 포터 시리즈'에 등장하는 muggle머글(마법 능력이 없는 보통 인간)을 다시 보게 됩니다. (한편 '해리 포터' 시리즈에 나오는 인물명 중 Mundungus먼덩거스는 '질 낮은 담배'를 뜻하는 고어입니다.) 대마초 궐련을 뜻하는 또 다른 단어 spliff도 어원을 알 수 없긴 마찬가지입니다.

한편 dope는 원래 네덜란드 사람들이 빵을 찍어(dip) 먹던 doop라는 걸쭉한 소스를 가리키는 말이었습니다. 그런데 사람들이 걸쭉하고 끈적한 조제 아편을 피우기 시작하면서 마약 쪽으로 의미가 옮아갔습니다. 암스테르담이라고 하면 dope를 파는 카페들로 유명한데, 정작 원조 네덜란드 doop는 아무리 먹어도 취하지 않는다니 좀 실망입니다. 혹시 취한다면 그건 placebo effect플라시보 효과에 불과하겠지요.

Pleasing Psalms

내가 기쁘게 하리라

placebo는 라틴어로 I will please, 즉 '내가 기쁘게 하리라'라는 뜻입니다. 그리고 placebo라는 말이 처음 쓰인 곳은 의학계가 아니라 종교계였습니다.

19세기 초부터 placebo는 지금처럼 의학 용어로 '병을 낫게 하기보다는 기분을 좋게 해주는 약'을 뜻했습니다. 그전에는 '풋내기 의사가 처방할 만한 매우 흔한 약'이라는 뜻이었습니다. 그런데 그때 "I will please"라고 외친 주인공은 약이 아니라 의사였습니다. 플라시보 약이 나오기 한참 전에 플라시보 선생(Doctor Placebo)이 있었거든요.

1697년 로버트 피어스Robert Pierce라는 의사가 분통에 차서 회고하기를, 어떤 매력적이고 재능 없는 의사가 항상 자기보다 선수를 쳐서 일감을 빼앗아갔다고 했습니다. 그런데 그 의사의 이름은 보복이 두려워서인지 예의가 발라서인지 모르지만 밝히지를 않고, Doctor Placebo라고만 적었습니다. 그리고 안쓰럽게도 "그의 가발은 내 가발보다 곱슬머리 두 개만큼 더 깊었다"라고 시샘을 부렸습니다.

그 원조 Doctor Placebo가 누구였는지는 모르지만, 18세기에 그런 식으로 맺힌 게 많던 의사들이 너도나도 Doctor Placebo라는 이름을 입에 올리기 시작했습니다. 그러다 보니 placebo doctor가 placebo

P L

pill을 처방하여 placebo effect를 낸다는 식의 표현도 쓰이게 되었습니다.

그런데 여기서 어원 추적이 살짝 아리송해집니다. placebo의 뜻이 '내가 기쁘게 하리라'인 건 맞지만, placebo라고 하면 원래는 의료가 아니라 장례와 관련된 말이었거든요. 왜 장례냐고요? 제대로만 치르면 장례식만큼 즐거운 행사도 없습니다. 진짜 파티 애호가라면 요즘은 사람들이 너무 안 죽는다고 불평 아닌 불평을 할지도 모릅니다. 초상집에서 나오는 술은 세례식 때와 비교할 수 없이 후하기 마련이거든요.

요즘도 공짜 술을 마시려고 생면부지의 고인 장례식에 참석하는 사람이 없지 않겠지만, 그게 중세에는 예삿일이었습니다. 사람들은 제일 좋은 옷을 차려입고 부잣집 장례식에 참석해서, 추모연에 낄 수 있기를 기대하며 예배를 보곤 했지요.

그러려면 교송antiphon이라는 것을 해야 했는데, 시편 114편(현대 성경에서는 시편 116편)의 첫 아홉 절을 신부가 부르는 동안 가만히 서 있다가, 후렴인 아홉 번째 절을 응답으로 불러야 했습니다. 당연히 고인에 대한 넘치는 그리움을 과시하기 위해 힘차게 불렀지요. 이런 구절이었습니다.

 Placebo Domino in regione vivorum
내가 생명의 땅에서 주님을 기쁘게 해드리리라

14세기 중엽에 쓰인《양심의 가책Ayenbite of Inwit》이라는 책을 보면 "최악의 아첨은 플라시보(placebo)를 부르는 것"이라는 구절이 나옵니다. 초서도 이에 호응해 "플라시보(Placebo)를 마냥 부르는 악마의 사제야말로 아첨꾼일지니"라고 했습니다.

다시 말해 시편에 나오는 단어가 장례식 아첨꾼의 상징이 되었고, 그것이 아첨하는 의사를 거쳐 플라시보 약이 되었다는 이야기입니다.

과연 그랬을까 하는 의문도 없지 않아서, 어원학자에 따라서는 플라시보 약이 라틴어 의미 'I will please'에서 바로 유래했다는 설 쪽으로 기울기도 합니다. 어쨌거나 중세에는 시편을 지금보다 훨씬 중시했고, 온갖 뜻밖의 단어들이 시편에서 유래한 것은 사실입니다. memento기념물라는 단어는 시편 131편(현대 성경에서는 시편 132편)에 나오는 첫 단어라서 유명해졌습니다.

> Memento Domine David et omnis mansuetudinis eius
> 주님, 다윗을 위하여 그의 모든 노고를 기억하소서

그런가 하면 시편에서 pony up돈을 마지못해 치르다이라는 표현이 나온 경위는 살짝 이해하기 어려운 편입니다.

3월 25일은 1사분기의 끝이었기에 사분기마다 봉급을 받는 사람에게는 그 해 첫 봉급날이었습니다. 그러니 봉급쟁이들에게는 아주 좋은 날이었습니다. 물론 고용주들에게는 아니었지만, 그건 알 바 아니지요.

사람들은 3월 25일에 잠자리에서 일어나면 교회에 어슬렁거리며 걸어가서 아침 기도를 하고, 돈을 손에 쥘 생각에 벅찬 마음으로 시편의 구절을 불렀습니다. 그날 부르는 구절은 성경에서 가장 긴 장인 시편 119편의 다섯 번째 연이었습니다. 그 첫머리가 다음과 같았습니다.

Legem pone mihi
Domine viam iustificationum
tuarum et exquiram eam semper
주님, 당신 법령의 길을 저에게
가르치소서. 제가 이를 끝까지
따르오리다

그래서 legem pone은 '현금 지급'을 뜻하는 속어가 되었습니다. 매사에 시편을 중시하던 중세 사람들에게는 봉급날을 알리는 첫 두 마디가 바로 그것이었기 때문입니다. 수백 년이 흐르면서 legem은 떨어져 나갔지만 그 표현은 자취를 남겼습니다. 앞으로 'pony up' 할 일이 있으면 그 표현이 현금 지급을 찬미하는 legem pone에서 왔다는 것을 떠올려보면 기분이 좀 낫지 않을까요.

Biblical Errors

성경 속의 오류

어떤 사람들은 성경이 계시啓示된 하느님의 말씀이라고 합니다. 그렇다면 하느님이 영어를 하셨다는 이야기가 됩니다. 심지어 미국의 어떤 단체는 킹 제임스 성경이 하느님이 인간에게 계시하여 준 것이라고 믿어서 매년 한 차례 다른 성경들을 쌓아놓고 불태우는 행사를 성대하게 벌이기도 합니다.

킹 제임스 성경이 그보다 100년 전에 나온 마일스 커버데일의 성경에 비해 훨씬 더 정확했던 것은 틀림없습니다. 마일스 커버데일은 원칙적으로 성경은 영어로 번역되어야 한다고 믿었던 초기 개신교도였습니다. 그런데 아무도 그 일을 하지 않으니 본인이 직접 나서기로 했습니다. 라틴어도 그리스어도 히브리어도 아는 게 없었지만 그런 사소한 문제 따위는 무시하고 용감히 나섰습니다. 그런 진취적 기상을 요즘 성경 연구가들에게서는 찾아볼 수 없으니 안타까울 따름입니다.

커버데일이 그래도 독일어는 조금 알았습니다. 개신교를 창설한 독일에서는 이미 성서의 독일어 번역 작업을 진행하고 있었습니다. 커버데일은 작업에 매진해 시편을 번역해냈고, 오늘날까지도 영국 성공회에서는 그 역본을 예배에 사용하고 있습니다. 하지만 커버데일 역본은 미려하지만 정확성이 크게 떨어집니다. 예컨대 이런 구절이 실려 있습니다.

　아름다우면서도 묘한 글귀입니다. '이상한 아이들'이란 과연 누구
일까요? 왜 이상한 걸까요? 그리고 왜 감옥에 있었을까요? 그 답은
다음의 올바른 번역을 통해 확인할 수 있습니다.

　하지만 커버데일의 오역 중 최고로 꼽을 만한 것은, 시편 105편에
서 요셉의 목이 쇠사슬에 매이는 장면을 묘사한 부분입니다("his neck
was put in iron"). 문제는 히브리어에서 '목'과 '영혼'을 뜻하는 단어가
똑같다는 겁니다. nefesh라는 단어는 대개 목이나 목구멍을 뜻하지
만, 우리가 목구멍으로 숨을 쉬기에 '숨'을 뜻하기도 하고, 생명의 숨
이 곧 영혼이므로 '영혼'을 뜻하기도 합니다. (같은 이치로, spirit영과
respiration호흡도 같은 라틴어에서 유래했습니다.)

커버데일이 그 문장에서 그 점만 착각했다면 "His soul was put in iron(그의 영혼이 쇠사슬에 매였다)." 정도로 끝났겠지요. 하지만 커버데일은 두 번 실수할 일을 한 번만 실수할 쩨쩨한 사람이 아니었습니다. 주어와 목적어도 뒤바꿔 해석하여 기상천외한 문장을 만들어놓았습니다. 그 결과는 "The iron entered into his soul(쇠가 그의 영혼 속으로 들어갔다)"였습니다.

그래도 그 구절은 왠지 별문제가 되지 않았습니다. 히브리어 원문과는 동떨어진 뜻이었어도, 워낙 심상이 강렬했기에 반응이 좋았습니다. 오역이건 아니건 상관없었습니다. 귀에 듣기 좋았으니까요.

그런가 하면 제대로 번역된 성경 구절이 영어 독자들의 오해를 사기도 합니다. 오늘날은 strait라고 하면 보통 '지브롤터 해협Straits of Gibraltar' 같은 해협을 가리키지요. 하지만 잘 생각해보면 strait는 '좁은, 꽉 끼는'을 뜻하는 형용사였음을 알 수 있습니다. 가령 straitjacket은 정신병 환자가 움직이지 못하게 입히는 구속복이지요. 또 비유적으로 '끈을 너무 꽉 조인' 사람을 strait-laced사람이 꽉 막힌라고 합니다. 좁아서 지나가기 힘든 문은 strait gate입니다. strait gate 중에서도 가장 좁은 것이 천국으로 가는 문이지요.

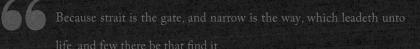

> Because strait is the gate, and narrow is the way, which leadeth unto life, and few there be that find it.
> 생명으로 인도하는 문은 좁고 길이 협착하여 찾는 자가 적음이라.

'올바른 길, 정도'라는 뜻을 가진 표현 'the straight and narrow'가 사실은 'the strait and narrow'의 잘못이라고 하는 건 그래서입니다.

마지막으로, '세상의 소금'을 이르는 the salt of the earth라는 성경 구절은 원래 뜻과 거의 반대로 이해되고 있습니다. 오늘날은 '묵묵히 일하며 살아가는 평범한 사람들'이라는 뜻으로 쓰이지만, 그렇다면 세상은 소금 천지일 테니 간이 너무 짜겠지요.

예수가 the salt of the earth라고 했을 때 의도한 뜻은 사실 그와 반대였습니다. 세상은 죄인과 이교도로 가득하지만, 하느님이 세상을 멸망시키지 않는 유일한 이유는 하느님을 믿는 소수의 사람이 세상이라는 스튜에서 소금과 같은 역할을 하기 때문이라는 것이었지요.

그런데 묘하게도, 나중에 예수를 십자가에 못 박은 이들은 바로 로마의 '소금 받는 자들'이었습니다.

Ye are the salt of the earth:
but if the salt have lost his
savour, wherewith shall it be
salted? it is thenceforth good
for nothing, but to be cast
out, and to be trodden under
the foot of men.

너희는 세상의 소금이다.
만일 소금이 짠맛을 잃으면
무엇으로 다시 짜게 만들겠느냐?
그런 소금은 아무 데에도
쓸데없어 밖에 버려져
사람들에게 짓밟힐
따름이다.

Salt

소금

soldier군인라는 단어의 기원은 확실하진 않지만 아마도 소금 (salt)과 관계가 있을 것으로 보입니다. 고대 세계에서 소금은 지금과 비교할 수 없을 만큼 귀했습니다. 로마인들에게 소금이란 희고 맛좋은 금이었습니다. 로마 병사들은 소금 살 돈을 특별히 받았는데 이를 salarium이라고 했고, 거기에서 영어의 salary급여가 유래했습니다. 어원으로 보면 '소금 삯'입니다. 로마의 저술가 대大플리니우스는 한술 더 떠 라틴어의 soldier에 해당하는 단어가 '소금을 주다'를 뜻하는 'sal dare'에서 파생되었다는 설을 주장했습니다. 그 설이 딱히 잘못되었다고는 할 수 없지만,

SALA

대플리니우스는 약간 정신이 이상했으니 말을 좀 걸러서 듣는 편이 좋겠습니다. 다시 말해 '소금 한 꼬집을 뿌려서 먹는(take with a pinch of salt)' 편이 좋습니다. 그러면 목구멍으로 넘기기가(swallow) 더 쉽지요.

어쨌거나 소금은 군대의 전유물이 아니고 누구에게나 중요한 식재료입니다. 소금이 들어가지 않는 음식이 거의 없고, 그래서 소금이 들어가는 음식 관련 단어도 엄청나게 많습니다. 로마에서는 소스에 꼭 소금을 쳤기에, 소스를 salsa라고 했습니다. 고대 프랑스에서는 거기서 철자 l을 빼고 sauce라고 했습니다. 로마에서는 '소금에 절인 고기'를 salsicus라고 했는데 고대 프랑스에서는 l을 빼고 saucisse라고 했고, 영국에서는 이를 받아 sausage라 했습니다. 이탈리아와 스페인에서는 l을 빼지 않고 지금도 salami살라미(스페인에서는 라틴어 salsicus와 한층 더 닮은 salchichón('살치촌')이라고 합니다-원주)를 만들어 먹습니다. salami를 salsa살사 소스에 찍어 먹기도 하지요. 그러다가 스페인에서는 야한 (saucy) 춤을 개발해서 그것도 salsa살사 춤라고 했습니다.

소금은 너무나 중요한 양념이어서 영국에서는 식탁에 소금을 이중

으로 올려놓습니다. 고대 프랑스에서는 '소금통'을 뜻하는 salier를 식탁에 올려놓았는데, 프랑스의 맛있는 요리 비결을 호시탐탐 노리는 영국 사람들인지라 슬쩍 훔쳐 왔습니다. 그런데 훔쳐 오고 나서는 그 어원을 금방 잊어먹고 철자도 까먹었습니다. 그래서 salier가 cellar(지하 저장고를 뜻하는 cellar와는 어원이 다릅니다)로 바뀌었습니다. 그렇게 되고 나니 cellar 안에 든 내용물을 확실히 해야 할 것 같아서 salt를 앞에 붙여 salt cellar라고 했습니다. 결국 '소금 소금통'이 되었습니다.

한편 로마인들은 '소금에 절인 채소'를 먹었는데 이를 herba salata라고 했습니다. 영국에서는 이것을 줄여 salad샐러드로 만들었습니다. 셰익스피어는 《안토니우스와 클레오파트라》에서 클레오파트라의 입을 빌려 이런 비유를 선보이기도 했습니다.

> My salad days,
> When I was green in
> judgment …
> 판단이 미숙했던 나의
> 풋내기 시절…

'salad days'는 그 후 '풋내기 시절' 또는 '창창하던 시절'을 뜻하는 관용어가 되어, '평온했던 시절'을 뜻하는 'halcyon days'와 비슷하게 쓰이고 있습니다. 그런데 참 묘한 우연은 halcyon days도 소금에서 나온 말이라는 겁니다.

Halcyon Days

평온했던 시절

사람들은 halcyon days를 그리워합니다. 애타게 동경하고 갈망하면서, 그런 날이 언제 또 올 수 있을지 스스로 묻곤 합니다.

확실히 온다고 말씀드릴 수 있습니다.

Halcyon Days('핼시언의 날')는 매년 12월 14일부터 12월 28일까지입니다. 그리고 salad days가 그랬듯 어원에 소금기가 많습니다. 다만 여기서는 소금이 그리스 소금이라서 접두사 'hal-'로 들어가 있습니다. 화학 용어 halogen할로겐에도 들어 있는 접두사입니다. halogen은 '염(salt)을 생성'하는 원소를 뜻합니다.

halcyon과 halogen은 어원적으로 굉장히 비슷합니다. halogen의 어원이 '소금'과 '생성'이라면, halcyon의 어원은 '소금'과 '착상'이거든요. 어째서냐고요? halcyon은 물총새kingfisher의 다른 이름인데, 바다에 알을 낳는다고 해서 그런 이름이 붙었습니다.

그 사연은 로마 시인 오비디우스의 유명한 서사시《변신 이야기 Metamorphoses》에 상세하고 정확하게 설명되어 있습니다. 옛날에 케익스(Ceyx)라는 남자와 알키오네(Halcyon)라는 여자가 열렬히 사랑했습니다. 안타깝게도 케익스는 배를 타고 바다로 떠나야 했고, 알키오네는 매일 바닷가에서 수평선을 바라보며 연인이 돌아오길 기다렸습니다.

그러던 어느 날 알키오네는 케익스가 난파당해 익사하는 꿈을 꾸었는데, 꿈만큼 정확한 소식통이 없으니 당연히 사실이라고 믿었습니다. 그녀는 애통함에 병으로 쓰러져 며칠 만에 죽고 말았습니다.

초서도 그 사건을 아름다운 시구로 표현했습니다.

이 일에 많은 사람이 슬퍼했고, 신들도 너무 슬펐기 때문에 모여서 회의한 끝에 불쌍한 두 사람을 새가 되어 날게 해주기로 했습니다. 그래서 케익스와 알키오네는 부활하여 물총새가 되었습니다.

워낙 긴 세월 바다만 바라보았던 알키오네였기에, 물총새가 되어서도 바다에 둥지를 띄워 알을 낳습니다. 그래서 물총새가 둥지를 트는 시기에는 물총새가 고생하지 않도록 바람이 잦아들게 신들이 조치했습니다. 그 시기가 동지를 낀 12월 후

> Alas! She said
> for very sorrow And died
> within the thridde morrow.
> 아아, 그녀는 슬픔에 겨워
> 탄식하더니 사흘째 되는 날
> 세상을 떴도다.

반이었고, 날씨가 평온한 그 14일간을 Halcyon Days라 부르게 되었습니다.

물론 현대 생물학자들은 오비디우스의 이야기에 코웃음을 치면서 사실이 아니라고 일축해버립니다. 하지만 사실보다 훨씬 더 중요한 게 시입니다. 못 믿겠다면, 두 수단을 각각 써서 한번 이성을 유혹해 보기 바랍니다.

Dog Days

개의 날

Dog Days('개의 날')도 Halcyon Days처럼 1년 중 그 기간이 정확히 정해져 있습니다. 아니, 적어도 옛날에는 그랬지요. 큰개자리Canis Major에서 가장 큰 별인 시리우스Sirius는 영어로 Dog Star로도 불리며, 하늘에서 태양 다음으로 밝은 별입니다. 하지만 한여름에는 시리우스를 눈으로 볼 수 없는데, 그때는 시리우스가 태양과 똑같이 뜨고 지기 때문입니다. 고대 그리스인들은 그 시기가 7월 24일부터 8월 24일까지임을 알아냈습니다. 그리고 공교롭게도 1년 중 가장 더울 때였습니다. 그래서 자연스럽게 내린 결론이, 태양 빛과 시리우스의 빛이 하나로 합쳐지기 때문에 유달리 더워진다는 것이었습니다. 그런 때에는 어떻게 하면 시원하게 보낼 수 있을지도 고민이었습니다. 고대 그리스의 문인 헤시오도스는 이렇게 조언했습니다.

> 더위가 지긋지긋한 철에는 염소가 살이 오르고 와인이 무르익으며, 여자는 음탕해지고 남자는 허약해지니, 이는 시리우스가 머리와 무릎을 바짝 태우고 살갗이 열로 바짝 마르기 때문이다. 그럴 때는 그늘진 바위와 비블리스산 와인에 커드 한 덩이와 맥빠진 염소의 젖, 그리고 숲에서 풀을 뜯으며 새끼를 낳은 적 없는 암송아지의 살과 첫 새끼의 살을 즐기

리라. 또한 음식을 양껏 먹고 나면 밝은색 와인을 그늘에 앉아 마시다가 쉼 없이 맑게 흘러내리는 샘물을 바라보던 고개를 돌려 상쾌한 산들바람을 맞으며 물을 세 잔 뿌리고 네 잔째는 와인으로 헌주하리라.

잘 외워두었다가 '개의 날' 첫날에 레스토랑 웨이터에게 읊어주면 좋겠지요. 하지만 주의해야 할 점이 있는데, 지구의 세차운동precession 때문에 개의 날은 지난 2000년간 조금씩 바뀌어서 현재는 7월 6일쯤에 시작합니다(위도에 따라 차이가 있지만요).

한편 '쥐구멍에도 볕들 날 있다'라는 뜻의 every dog has its day는 지금 살펴본 것들과 아무 관련이 없습니다. 그 표현의 유래는《햄릿》입니다.

Let Hercules
himself do what he may,
The cat will mew and
dog will have his day.
제아무리 헤라클레스가
용을 쓴다 해도
고양이는 야옹거리고
개는 자기 날을 누릴
테니까.

Dog Star를 로마에서는 Canicula개라고 했습니다(프랑스에서는 지금도 폭염을 canicule('카니퀼')이라고 부릅니다 – 원주). 그리스에서는 개의 날이 너무 덥다고 해서 Sirius타는 듯한라고 했고, 가끔 Cyon개이라고도 했습니다. 그래서 시리우스 바로 앞에 뜨는 별은 오늘날까지 Procyon프로키온이라 불립니다. 그리고 그리스어에서 '개'를 뜻하는 그 cyon이 바로 영어 단어 cynic냉소적인의 어원입니다.

Cynical Dogs

냉소적인 개

Cynics키니코스 학파, 견유학파는 고대 그리스 철학의 한 학파였습니다. 창시자는 안티스테네스였고, 대표 철학자는 그의 제자 디오게네스였습니다.

디오게네스는 어느 모로 보나 괴짜였습니다. 아테네 시장 바닥에서 통 속에 든 채로 살았고, 대낮에 램프를 들고 다니며 정직한 사람을 찾고 있다고 했습니다. 그가 가진 유일한 물건은 물 마실 때 쓰는 잔이었습니다. 그런데 어느 날 농부가 두 손으로 물을 떠서 마시는 것을 보고는 바로 잔을 내버렸습니다. 그의 최후에 대해서는 여러 설이 있지만, 한 가지 설에 따르면 숨을 일부러 참아서 죽었다고 합니다.

cynic은 '개와 같은(doglike)'이라는 뜻이었습니다. 디오게네스 학파가 '개 학파'로 불린 이유는 무엇이었을까요?

아테네 근교에는 순수 아테네인 혈통이 아닌 사람들이 이용할 수 있는 gymnasion('김나시온')이 하나 있었습니다. 고대 그리스에서 김나시온이라는 곳은 오늘날 gymnasium체육관의 조상이지만 좀 차이가 있었습니다. 일단 실내가 아니라 실외였습니다. 오늘날처럼 평행봉과 매트가 놓인 건물이 아니라, 녹지 속의 공터와 비슷했습니다. 물론 김나시온에서도 체육 훈련은 했습니다. 그냥 한 것이 아니라 벌거벗고 했습니다. 그리스어 gymnasium의 어원인 gymnazein은 '알몸으로 훈련하다'라는 뜻이었고, 그 어원인 gymnos는 '벌거벗은'을 뜻했습니다. 하지만 벌거벗은 사내들에 너무 신경만 쓰지 않는다면(그리스 철학자 중엔 그게 좀 어려운 사람이 많았습니다만), 김나시온은 사교와 토론과 철학 교육의 장이기도 했습니다. 디오게네스가 가르치던 김나시온은 '흰색 개의 김나지움'을 뜻하는 Cynosarge라는 이름으로 불렸습니다. 그런 이름이 붙은 이유는 언젠가 흰색 개 한 마리가 그곳에서 고기 한 점을 물고 도망가 제물을 훼손했기 때문입니다.

디오게네스는 아테네 출신이 아니었기에 그 '흰색 개의 김나시온'에서 가르칠 수밖에 없었습니다. 굶주려 떠돌던 개 한 마리 덕분에 철학 학파의 이름이 '개 학파'가 되어버린 셈입니다. 또 그렇다면 냉소적인 여자(cynical female)는 어원적으로 보면 bitch암캐(욕)가 된다는 결론이 나옵니다.

Greek Education and Fastchild

그리스 교육과 '빠른 아이'

키니코스 학파가 '개 학파'였다면, 스토아 학파는 '현관 학파'였습니다. 스토아 학파를 창시한 제논 Zeno은 '스토아 포이킬레(Stoa Poikile)'라는 아테네의 대강당에서 제자들을 가르쳤는데, 그 이름이 '색칠한 현관'을 뜻했거든요. 플라톤이 제자들을 가르친 곳은 아카데메이아(Akademeia)라는 정원이었습니다. 그곳이 모든 academy전문학교의 조상이지요.

알다시피 아테네인들은 엄청 철학적인 사람들이었습니다. 그렇게 된 데는 교육제도가 한몫했습니다. 그리스에서는 아이(paedo)에게 학문의 총체적 사이클(cylos)을 가르쳤거든요. 그 결과 학생들은 해박한(en-cyclo-paedic) 지식을 갖게 되었습니다.

로마인들은 그리스 아이들이 그렇게 온갖 다양한 과목을 배우는 것에 굉장히 감탄했고, 그래서 자기들은 encyclopaedia백과사전라는 책을 열심히

썼습니다. 세상 모든 주제에 대한 설명을 수록한 책이었지요. 그 후로 2000년이 지나 인터넷이 발명되었습니다.

1994년에는 워드 커닝햄이라는 사람이 서로 연관된 웹페이지를 아주 쉽고 아주 빠르게 만드는 방식을 고안해냈습니다. 너무나 빠른 방식이었기에 그 이름을 wikiwikiweb이라고 했습니다. wiki는 하와이어로 '빠른'이라는 뜻이고 두 번 반복해 wikiwiki라고 하면 '엄청 빠른'이라는 뜻이거든요.

그런데 wikiwiki는 아무래도 발음하기가 좀 번거로워서 일상적으로는 그냥 wiki라고 하게 되었습니다. 그러던 2001년, 래리 생어가 wiki 방식을 이용해 사용자들이 공동으로 만드는 웹 기반 백과사전이라는 아이디어를 생각해냈습니다. 그 이름을 wiki와 encyclopedia를 결합해 Wikipedia라고 했습니다. 하지만 Wikipedia의 뜻이 '빠른 아이(Fastchild)'라는 사실을 아는 사람은 많지 않습니다. 더군다나 어원적으로 볼 때 'Wikipedia를 좋아하는 사람'은 곧 Wikipedophile위키소아성애자이라는 사실을 아는 사람은 더더욱 소수에 불과하겠지요.

Cybermen

사이버와 버추얼

요즘은 이름에 wiki니 cyber니 virtual이니 하는 말이 붙지 않으면 알아주지를 않습니다. 그런 타이틀이 없는 사람은 그냥 구질구질한 현실 속에서나 살아야겠지요. 다만 인류가 이미 수천 년간 그렇게 살았지만 성공한 사람은 아무도 없습니다.

Cyberspace사이버 공간는 cybersquatter도메인 사냥꾼들과 cyberpunk사이버펑크족들이 뒤엉켜 cybersex사이버 섹스를 벌이는 난장판입니다. 설상

VIRTUAL

가상으로 이 cyber라는 것이 대체 무슨 뜻인지 아는 사람은 거의 없습니다. 그 뜻을 알게 되면 cyberpunk들은 충격받을지도 모릅니다. cyber는 '통제받는'이라는 뜻이거든요. 다시 말해 'governed'와 같은 어원에서 나온 말입니다.

1940년대에 노버트 위너라는 사람이 있었는데, 생명체나 기계 장치에서 통신과 제어가 이루어지는 원리를 연구하고 있었습니다. 위너는 자신이 연구하는 분야를 가리켜 '키잡이'를 뜻하는 그리스어를 변형해 cybernetics라고 불렀습니다. 키잡이는 배의 키를 조종하지요. 그리스어 동사로는 cubernan한다고 했습니다. 거기에 착안해 로마인들은 통치자가 국가라는 배를 gubernan한다고 했습니다. 그 'b'가 현대 영어에서는 'v'로 바뀌어 governor통치자가 되었지만 governor의 형용사형은 지금도 여전히 gubernatorial입니다.

그런가 하면 punk는 20세기 초 미국에서 동성애자, 특히 늙고 완고한 부랑자를 상대해주는 유순한 소년을 가리키는 말이었습니다. 그러다가 일반적인 욕이 되었고, 1970년대에 시끄러운 록 음악가들이 punk를 자신들의 정체성으로 자처하면서 펑크 록(punk rock)과 주류 문화에 반대하는 펑크 문화(punk subculture)가 일어났습니다. 하지만

REALITY

어원학자라면 cyberpunk라는 단어를 들여다보면서 이 '통제받는 동성애자'들이 뭘 어떻게 한다는 건가 하고 고개를 갸우뚱할 만합니다.

의미가 완전히 바뀐 단어는 또 있으니 바로 virtual입니다. virtual reality가상 현실는 현실인 듯 현실이 아니지요. virtually real한 것이니

'사실상 현실'이라고도 할 수 있겠습니다만, 어디까지나 현실은 아닙니다. virtually pregnant가상 임신한 것이 진짜 임신일 수 없지요. 하지만 어원학자들의 불만은 가상 현실에서 '고결한(virtuous)' 행동은 눈을 씻고 봐도 찾기 어렵다는 점입니다.

"A is virtually B"라는 말은 원래 A와 B가 같은 virtue효능를 갖는다는 뜻이었습니다. 물론 여기서 virtue는 도덕적인 것뿐 아니라 물리적인 것도 아우르는 개념입니다. "I am virtually asleep" 하면 실제로 자는 건 아니지만 자는 것과 똑같은 신체적 효과를 내고 있다는 말이지요. virtue가 선한 것만 뜻하지도 않습니다. virtuoso torturer이라고 하면 '고도의 고문 기술자'이니 선한 것과는 거리가 멀지요. 그런 중립적 의미의 virtue는 오늘날에도 'by virtue of…덕분에'라는 표현 속에 살아 있습니다.

그래서 '부정행위 덕분에' 뭔가를 이뤘다면 by virtue of dishonesty라고 할 수 있지만, 예전에는 virtue는 한때 아주 훌륭한 것만을 뜻했습니다. 용기, 힘, 정직, 너그러움 같은 '미덕'을 말하는데, 오늘날 virtual reality 속에서는 찾아보기 힘든 품성들입니다. 고대에는 어떤 사람의 칭찬할 만한 품성을 모두 virtue라고 했는데 정확히 말하자면 '사람'이 아니라 '남자'라고 해야 합니다.

여자는 virtuous할 수 없었거든요. Virtue란 '남자에게 마땅히 있어야 할 것'이었습니다. 라틴어에서 남자를 vir라 했고, virtus는 '남자다움'을 뜻했으니까요. 다시 말해 virtue는 기본적으로 virility사내다움와 똑같은 것이었습니다.

그래서 여자가 virtuous해지려면 '남자다운 여자'가 되는 수밖에 없었는데, 그것도 권할 만한 일은 아니었습니다. 남자다운 여자라면 당당하게 자기 의견을 가질 테고, 심지어 그 의견을 입 밖에 낼 테지요. 그러면 virago괄괄한 여자, 왈가닥가 됩니다.

사실 virago가 더 예전에는 '영웅적인 여자'를 뜻했습니다만, 그것도 성차별적이긴 마찬가지입니다. 영웅성은 본래 남자다운 특성이라는 생각이 깔려 있으니까요. 사실 언어라는 게 어떻게 손쓸 도리가 없을 만큼 성차별적입니다. 로마 사람들이 일터에서 일하는 여성들을 어떻게 생각했는지만 봐도 명백히 드러납니다.

Turning Trix

돈 버는 여자

많은 사람이 meretricious라는 묘하게 생긴 단어의 뜻을 오해하곤 합니다. merit장점, 공적 비스무리하게 생겼고 merit은 좋은 것이니, 아마 meritable칭찬받을 만한과 비슷한 뜻이겠거니 짐작하기 쉽습니다.

그런데 그렇지 않습니다. meretricious의 뜻은 '겉만 번지르르한, 요란스러운, 천박한'입니다. 하지만 meretricious의 어근 'meret'은 merit과 똑같은 라틴어에서 비롯된 게 맞습니다. 유일한 차이점은, 여기서 공적을 세우는 사람이 여자라는 겁니다.

로마 사람들은 어떤 사람이 여자라는 것을 밝히고 싶으면 단어 끝에 'trix'를 붙였습니다. 지금은 거의 사라진 습관이지만, 그렇게 만들어진 단어가 지금도 간혹 눈에 띕니다. 여자 비행사를 aviatrix, 여자 편집자를 editrix라고 하는 경우가 있고, 돈을 받고 가학·피학성 성행위에서 주도적 역할을 하는 여자를 dominatrix도미나트릭스라고 합니다.

예전에는 trix가 붙은 단어가 더 많았지만(가령 여자 미용사를 뜻하는 tonstrix) 차츰 쓰지 않게 되었지요. 하지만 고대 로마에서는 여자가 직업을 갖는 것 자체를 달가워하지 않았습니다. 아닌 게 아니라, 로마에서 거의 유일하게 직업이 있었던 여자는 사창가 앞에 서서 손님을 유혹하는 여자였습니다. 그리고 라틴어로 '앞에 선'을 뜻하는 말이 pro-stitutio였습니다. prostitute매춘부의 기원입니다.

이는 젊은 여자로서 돈을 벌 수 있는 거의 유일한 방법이었습니다. '돈을 벌다'를 뜻하는 라틴어는 merere였습니다. 남자가 돈을 벌어 생계를 책임지면 그것은 곧 merit이었고 meritable한 일이었지요. '벌 만큼 벌고 퇴역한 군인'은 emeritus라고 하기도 했습니다. emeritus professor명예교수의 어원입니다.

군인은 남자이니 그럴 만했습니다. 하지만 여자가 돈을 벌면 'meretrix('메레트릭스')'라고 했고, meretrix라면 보나마나 '창녀(tart)'였습니다. 그래서 오늘날까지도 meretricious는 '천박한(tarty)'을 뜻하게 되었습니다.

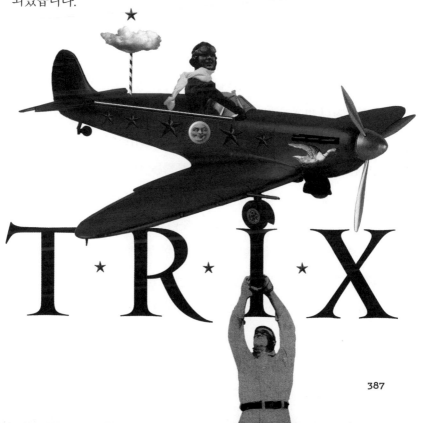

Amateur Lovers

아마추어의 사랑

meretricious의 반대말은 의외로 테니스라는 스포츠 속에 숨어 있습니다. 그리고 내친김에 진정한 사랑이란 무엇인지도 알아봅시다. 우선 tennis라는 단어부터 짚고 넘어가야겠지요. 일단 우리가 테니스로 알고 있는 스포츠의 이름은 사실 tennis가 아닙니다. 정확한 이름은 sphairistike('스페어리스티키')입니다.

현대 테니스 규칙을 만든 사람은 1890년대 월터 클롭턴 윙필드 소령이었습니다. 물론 테니스는 그전에도 치긴 해서, 셰익스피어의 작품에도 몇 번 등장합니다만, 왕족들이나 궁정에서 즐기는 운동이었습니다. 그러다가 19세기에 잔디 깎는 기계가 발명되고 나서야 일반 사람들이 잔디 위에서 치게 되었습니다. 그전까지 궁정에서 하던 tennis라는 운동의 이름은 '받으시오!'를 뜻하는 프랑스어 tenez에서 온 것이었는데, 윙필드 소령은 그것과 구분되는 새로운 이름을 주창하고 싶었습니다. 그래서 sphairistike라는 이름을 생각해냈는데, 고대 그리스어로 '공을 다루는 기술'이라는 뜻이었습니다.

스페어리스티키는 큰 인기를 얻었지만, 문제가 하나 있었으니, 그 이름을 도대체 어떻게 발음해야 하는지 알 수 없었던 겁니다. 끝의 '-tike'를 '타이크'로 읽어야 하는지, '티케이'로 읽어야 하는지 영 불분

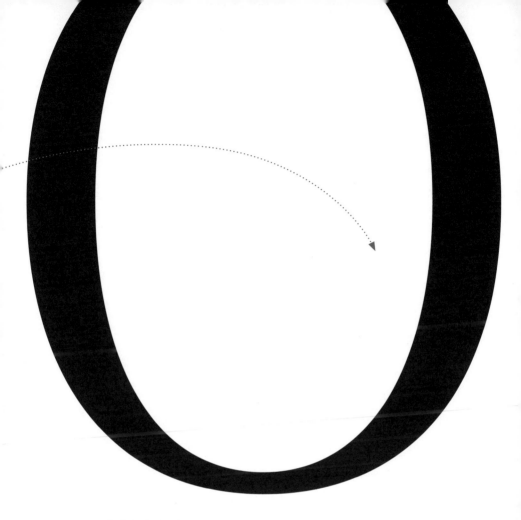

명했습니다. 사실 맞는 발음은 '티키'였지만 그렇게 읽는 사람은 하나도 없었습니다. 그래서 사람들은 이름이 왜 이렇게 혀를 꼬아야 하냐면서 월터 클롭턴 윙필드 소령이 만든 그리스어 이름이고 나발이고 그냥 lawn tennis라 부르기로 했습니다.

윙필드 소령은 옛 테니스의 점수 체계를 그대로 유지했는데, 진정한 사랑에 대한 교훈이 바로 거기에 숨어 있었습니다. 테니스에서 0점을 뜻하는 love는 0이 달걀과 닮았기 때문에 '달걀'을 뜻하는 프랑스어 l'oeuf('뢰프')가 변한 것이라는 이야기를 들어봤을 겁니다. 잘못된 속설입니다(크리켓에서는 맞는 말입니다. 크리켓에서는 0점을 '오리알', 즉 duck's egg라고 부르다가 이것이 줄어서 duck이 되었습니다 - 원주). love는 원래 nothing 입니다. 사랑으로 하는 일은 아무 대가 없이 하니까요(If you do something *for love*, you do it *for nothing*). 돈을 보고 결혼하는 사람도 있고, 집안을 보고 결혼하는 사람도 있지요. 사랑만 보고 결혼하는 사람은? 아무것도 보지 않습니다. 사랑은 무無일 수밖에 없습니다. 그래서 love 는 nothing의 유의어가 되었고, 1742년 무렵에는 이미 각종 게임과 스포츠에서 love를 0점으로 간주하고 있었습니다. 알려진 문헌상의 최초 언급은 카드 게임의 일종인 휘스트에서 그렇게 점수를 지칭한 것입니다.

그러므로 테니스의 '러브'는 매춘과 정확히 반대되는 말입니다. amateur의 순수한 사랑을 찬미하는 말이니까요. amateur는 본래 '사랑하는 자'로, 그 어원은 라틴어로 '사랑'을 뜻하는 amare입니다. 거기서 amiable정감 있는, amorous연정의, paramour내연의 연인 같은 말들이 나오기도 했습니다. 내연의 연인을 위해 하는 일은 당연히 돈을 청구하지 않겠지요. amateur의 본래 뜻은 1863년까지도 자연스럽게 쓰여서, 누군가가 자기는 '멜론을 그리 좋아하지 않는다'라는 뜻으로 "not an amateur of melons"라고 적은 글도 있습니다.

amateur아마추어와 professional프로의 차이는 다른 게 아니라 좋아서 하는 사람과 돈 벌려고 하는 사람의 차이입니다. 그래서 불행히도 모든 연인은 amateurish미숙한할 수밖에 없습니다. 그건 어쩔 수가 없습니다. 어원적으로 피할 수 없는 숙명입니다.

사랑은 돈보다 훨씬 좋은 것입니다. 돈은 두려워해야 할 대상이지요. 'money'의 뜻 자체가 그렇습니다.

Dirty Money

무서운 돈

돈은 괴물이나 마찬가지입니다. 적어도 어원적으로는 그렇습니다. 둘다 라틴어 'monere('모네레')'에서 유래했거든요. 둘의 연관성은 비록 우연에서 비롯되었지만, 그래도 의미심장합니다.

　monere는 라틴어로 '경고하다'를 뜻했지요. 지금도 premonition은 '사전 경고', 더 나아가 '불길한 예감'을 뜻합니다. 고대 사람들은 무시무시한 짐승들이 곧 재앙의 전조라고 생각했습니다. 즉 황제가 서거하거나 전쟁에서 크게 지거나 하는 일이 있기 직전에는 켄타우로스니 그리핀이니 스핑크스니 하는 동물들이 어디에선가 갑자기 나타나 눈앞에 돌아다닌다고 믿었습니다. 그래서 그렇게 한 몸에 두 동물이 합쳐진 괴상한 생명체를 가리켜 '경고'를 뜻하는 monstrum이라 불렀고, 이것이 오늘날 monster괴물가 되었습니다.

　하지만 경고해줄 무언가가 필요한데 켄타우로스가 없다면 거위도 쓸 만합니다. 오늘날에도 거위를 경비용으로 키울 정도로, 거위는 침입자를 발견하면 맹렬히 소리를 질러댈 뿐 아니라 성질도 꽤 사납습니다. 잘못해서 거위 성질을 건드렸다 하면 한바탕 크게 싸울 각오를 해야 하지요. 로마인들은 카피톨리누스 언덕에서 거위를 경비용으로 키웠습니다. 그러다가 기원전 390년 갈리아인이 로마에 쳐들어왔을 때 거위 덕을 톡톡히 보았다고 합니다. 탄복한 로마인들은 감사의 마음으로 신전을 지었습니다. 그런데 배은망덕하게 신전을 거위들에게 바칠 생각은 하지 않고 경고의 여신 유노(Juno)에게 바쳤습니다. 유노의 별칭은 유노 모네타(Juno Moneta)였습니다.

　유노 모네타 신전 바로 옆에는 로마의 화폐 주조소가 있었습니다. 아니면 신전의 일부 공간에서 화폐가 주조되었을 수도 있습니다. 확실한 건 아무도 모르고, 문헌에도 상당히 모호하게 표현되어 있습니다. 한 가지 확실한 건 로마의 화폐 주조소가 신전의 이름에서 따왔다는 것입니다. 그래서 그 이름이 모네타(Moneta)였는데, 오늘날 영어에서도 모음은 다 바뀌었지만 여전히 '조폐국'을 mint라고 합니다.

　로마의 모네타(Moneta)에서 찍어낸 것은 역시 모네타(moneta)였습니다. 문자 그대로는 '경고'의 뜻이었지요. 그 단어는 프랑스에 건너가 t가 탈락되었고, 영어에 건너올 때는 이미 money가 되어 있었습니다. 하지만 영어에서 '돈과 관련된'을 뜻하는 형용사 monetary의 형태에는 여전히 그 모네타 신전과 사나운 거위의 흔적이 선명히 남아 있습니다.

　돈이 괴물이 된 것은 사실 지리적으로 가까워서 비롯된 우연에 불과합니다. 어쩌면 돈이란 그리 나쁜 게 아니고, 걱정은 기우인지도 모릅니다. 그러니 너무 무서워하지 마세요. 편한 마음으로 '죽음의 서약 (death-pledge)'에 사인하면 됩니다. 아차, 말이 잘못 나왔네요. '모기지(mortgage)'를 말한 거였습니다.

MONEY

Death-pledges

죽음의 서약

주택담보대출, 즉 모기지(mortgage)를 한 번이라도 이용해봤다면 *mort*gage가 문자 그대로 '죽음의 서약'이라는 말에 그리 놀라지 않을 겁니다. 혹시 *mort*uary영안실를 담보로 잡았으면 그 말이 더 생생하게 와닿긴 하겠지만요. mort란 죽음이니, 인간은 죽음을 향해 다가가는 *mort*al한 존재이고, 이 세상에서 확실한 건 죽음과 모기지 대출밖에 없습니다.

주택담보대출이 '죽음의 서약'이라는 이름이 된 것은 두 가지 방법으로 소멸되기 때문입니다. 대출금을 다 갚으면 계약이 소멸되고 집은 내 것이 됩니다. 하지만 그런 해피엔딩은 요즘처럼 힘겹고 곤궁한 시대에 기대하기 어렵지요. 대출금을 갚지 못하면 그래도 계약이 소멸되고 집은 압류됩니다. 1628년에 쓰인《영국법 제요Institutes of the Laws of England》에는 그 원리가 상당히 굴욕적인(mortifying) 문구로 설명되어 있습니다.

이것이 모기지mortgage라 불리는 이유는, 정한 기일에 채무자가

그 금액을 지불할지 여부에 의문이 있는 바, 만약 지불하지 않는다면 지불을 조건으로 담보로 잡혔던 땅이 압류되어 채무자에게서 소실되며 be dead, 또한 만약 지불한다면 담보물이 채권자에게서 소실되기 be dead 때문인 것으로 보인다.

영어 단어 속에는 죽음의 그림자가 은근히 많이 숨어 있습니다. executive임원, 집행부와 executioner사형집행인가 비슷하게 생겼다는 생각은 많이들 해봤을 텐데요. 두 단어는 어떻게 연관된 걸까요? 장의사가 그저 장례를 '맡아서(undertake)' undertaker가 된 것처럼 사형집행인은 그저 형을 '집행해서(execute)' executioner가 된 것일까요? 아닙니다. 사형을 뜻하는 법률 용어는 원래 execute to death로, 프랑스어 exécuter à mort를 그대로 옮긴 것이었습니다. 그러니까 '죽을 때까지 (형을) 실시'라는 뜻이었지요.

mort가 또 숨어 있는 단어는 caput끝장난, 결딴난입니다. 수도사들은 삶의 유한성(mortality)을 잊지 않기 위해 해골을 골똘히 응시하는 수련을 하곤 했습니다. 그때 쓰는 해골을 '죽은 머리'를 뜻하는 caput mortuum이라고 했습니다. 그 caput mortuum의 원소유자는 물론 이미 'caput' 상태였음은 말할 필요도 없겠지요. 너무 끔찍해서 scream blue murder고래고래 소리를 지르다 하고 싶을지도 모르겠네요. 그 표현은 '푸른 죽음'을 뜻하는 프랑스어 mort bleu('모르 블뢰')를 그대로 옮긴 것이고, 또 그것은 '하느님의 죽음'을 뜻하는 mort dieu('모르 디외')를 완곡하게 말한 것입니다.

한편 mortgage의 gage는 훨씬 밝은 느낌입니다. 그 뜻은 다름 아닌 '서약'으로, 우리가 사랑에 빠져 'get engaged약혼하다' 할 때의 바로 그 gage입니다. 그런가 하면 gage는 'wage war전쟁을 벌이다' 할 때의 wage와도 밀접한 관련이 있습니다.

Wagering War

전쟁의 약속

동사 wage는 'wage war'의 형태로만 거의 쓰입니다. 다른 목적어를 갖다 붙이면 어딘가 다 이상합니다. 사실 wage war라는 표현은 들여다보면 볼수록 이상합니다. '임금'을 뜻하는 wage와는 무슨 관계가 있을까요? wage dispute임금 분쟁라든지 wage slave임금 노예(임금 노동자를 비관적으로 이르는 말)의 해방과 관계가 있을까요? 네, 다 관계가 있고, 심지

어 wager내기돈, 내기, 걸다와도 관계가 있습니다. 그 배경은 14세기로 거슬러 올라갑니다.

wage는 원래 '보증, 담보'를 뜻했습니다. wage란 사실 mortgage와 engagement에 들어 있는 gage를 조금 다르게 발음한 형태였습니다 (중세 사람들은 g와 w를 바꾸어 발음한 경우가 많았습니다. guarantee와 warranty가 둘 다 '보증'을 뜻하게 된 것도 그래서입니다-원주). 약속을 확실히 하기 위해 미리 내놓는 돈이나 물건이었지요. 그렇다면 여기서 현대어 wager가 나온 이유는 쉽게 이해됩니다. 노름꾼들이 미리 내놓는 돈이 곧 wager내기돈이지요. 그리고 '보증금'으로 주던 wage가 세월이 흘러 결국 '임금'이 된 것도 이해하기 어렵지 않습니다. 하지만 '전쟁을 wage한다'는 표현은 어떻게 나왔을까요? 그건 '결투 재판(trial by combat)'에서 유래했습니다.

중세에는 법적인 다툼을 결투로 해결하는 방식이 꽤 괜찮게 여겨졌습니다. 물론 누군가가 죽어야 해결되는 데다가 그게 공정한 해결이라는 보장도 없었지만, 적어도 변호사 비용은 아낄 수 있었습니다.

그래서 무언가가 부당하고 억울한 사람은 gage 또는 wage, 즉 '약속을 지키겠다는 증표'를 던지고 상대방에게 결투를 신청했습니다. 이런 행위를 라틴어로 vadiare duellum, 프랑스어로는 gager bataille라고 했습니다. 영어로는 wage battle이었습니다. '결투를 약속하다'라는 뜻이지요.

물론 war는 아니고 battle이었습니다. 어디까지나 개인 간의 분쟁을 무력으로 해결하는 방식을 가리키는 법률 용어였으니까요. 다시 말해, 죽기를 각오한 싸움(mortal combat)에 개인의 몸을 내거는 (wager) 행위를 이르는 말이었습니다. 하지만 이 '결투를 약속한다'는 말이 '결투를 벌인다'는 뜻으로 차츰 쓰이게 된 것은 이해하기 어렵지 않습니다.

그러다가 나라 간에 의견이 맞지 않을 때도 서로 wage war전쟁을 벌이다 하기 시작하여 오늘에 이릅니다. 이렇게 wage의 뜻이 확대된 현상을 가리켜 'wage inflation임금 인플레이션'이라고 말해도 누가 뭐라 할 사람은 없겠지요.

Strapped for Cash

돈에 쪼들리다

우리가 늘 strapped for cash돈에 쪼들리는 상태인 건 왜일까요?

strapped for cash는 사실 좋은 것입니다. 높은 곳에서 떨어지는 사람은 뭐든 붙들어야 하니, 그때 strap끈은 요긴하지요. 물에 빠졌을 때도 누가 strap을 던져주면 다행입니다. 빚의 바다에 빠져 허우적거릴 때도 누군가 strap을 던져준다면 참 고마운 일이지요. 물론 그래도 빚을 진 상태입니다만, strapped for cash면 무일푼보다 나은 상태입니다.

재미있게도 똑같은 발상의 은유가 또 있습니다. 오늘날은 은행이 파산 위기에 처하면 정부가 구명줄을 던져줍니다.

INE LIFELINE LIFELINE LIFELINE LIF

즉 throw a lifeline구제해주다이라는 표현을 쓰지요. 그러면 은행은 살아나지만 그래도 strapped for cash 상태이긴 합니다.

한편 bank은행는 '벤치'를 뜻하는 옛 이탈리아어입니다. 옛날에는 대금업자들이 시장에 벤치를 놓고 그 뒤에 앉아서 거래를 했거든요.

대금업자가 약속한 조건을 이행하지 못하면 사람들이 벤치를 부수어 못 쓰게 했습니다. '부서진 벤치'를 옛 이탈리아어로 banca-rotta라고 했는데, 거기서 bankrupt파산한가 유래했습니다.

Fast Bucks and Dead Ones

사슴 가죽

지금까지 봤듯이 돈에는 늘 죽음이나 위험, 파괴가 따릅니다. 어원을 탐구하다 보면 돈이란 너무 끔찍스러우니 애초에 세상에 나오지 말아야 하지 않았나 하는 생각마저 듭니다. 사실 돈 없이도 사회는 돌아갈 수 있습니다. 지금은 'fast buck쉽게 벌리는 돈'의 땅인 미국에서도, 유럽에서 식민지 개척자들이 건너오기 전까지는 돈 같은 것이 쓰이지 않았으니까요.

물론 돈이 아예 없었다고는 할 수 없습니다. 북동부 해안 지역에서는 조개껍질을 예쁘게 가공한 '왐펌'이라는 것을 목걸이처럼 엮어서 썼고, 멕시코에서는 카카오 콩을 물물교환의 표준 단위로 썼습니다. 하지만 엄밀한 의미에서 돈이 쓰이지 않은 것은 맞습니다. 동전도 없었고 지폐도 없었던 건 사실이니까요.

그래서 식민지 이주자들은 교역할 때 애를 먹었습니다. 원주민들에게 동전이나 지폐를 내밀면 눈살을 찌푸리거나 어리둥절할 뿐이었습니다. 그딴 것을 가지고 어디에 쓰겠습니까? 목에 걸 수도 없고, 코코아 한 잔도 못 만드는 아무런 쓸데없는 물건에 불과했지요.

처음에는 담배를 가지고 교역을 시도했습니다. 담배는 동전보다는 훨씬 의미가 있었습니다. 담배로는 peace pipe평화의 담뱃대(아메리카 원주

민들이 화친의 상징으로 돌려 피우던 담뱃대)라는 것도 피울 수 있었고, 멕시코산 카카오 콩과 섞어 피우는 것도 괜찮았습니다. 그렇지만 담배는 무게로 달아야 하는 데다가 부피가 커서 주고받기가 번거로웠습니다. 그리고 수확량이 들쭉날쭉하다 보니 가치가 갑자기 뛰거나 떨어지는 일이 잦았습니다. 게다가 담배는 보관할 창고도 필요했습니다.

결국 담배를 포기하고, 누구나 익히 알고 귀히 여기는 또 다른 물품을 교역 수단으로 삼았습니다. 바로 사슴 가죽(deerskin 또는 buckskin)이었습니다. 사슴 가죽은 말안장에 얹을 수도 있고, 얇고 가벼우며, 필요에 따라서는 보온이나 방한에 쓸 수도 있습니다. 사슴 가죽은 곧 북미에서 물물교환의 표준 단위로 쓰였습니다. 물물교환의 표준 단위라면 사실 돈이나 다름없지요. 그리하여 buckskin, 줄여서 buck이 교역 수단으로 자리 잡았습니다.

그럼 이제 그 buck과 연관이 많은 콘래드 와이저라는 사람의 이야기를 해볼 차례입니다. 와이저는 1696년 독일에서 태어났지만, 개신교 집안이었기에 박해를 피해 1709년에 가족이 영국으로 떠나야 했습니다. 와이저 가족은 런던 교외의 난민촌에 수용되어 있다가 이주민이 한창 필요하던 미국 허드슨강 유역의 식민지로 송환되었습니다. 1712년 콘래드가 열여섯 살 때, 그의 아버지는 굉장히 특이하게도 아들을 이로쿼이족의 한 갈래인 모호크족에게 보내 반년 동안 함께 살게 했습니다. 콘래드는 이로쿼이어와 그들의 관습을 배운 덕분에, 영국 외교관이 되어 아메리카 원주민 부족들과 협력하는 일을 맡으며 혁혁한 공을 세웁니다.

콘래드 와이저는 자녀를 열넷이나 두었음에도 일할 시간이 있었는지, 영국과 구시렁거리는 부족들 사이에 중요한 조약을 맺을 때마다 거의 항상 협상을 맡았고, 원주민들에게 '당신들의 진짜 적은 프랑스'라고 열심히 설득했습니다. 1748년에는 이로쿼이어를 쓰는 다섯 부족의 연합인 이른바 '5족 연맹'과 협상을 벌이러 오하이오로 갔습니다. 그때 그는 몇 가지 임무를 맡았습니다. 하나는 식민지 이주민 몇 명이 피살된 사건과 관련해 서로 오해를 풀고 화해하는 것이었습니다. 그 일은 잘 풀렸습니다. 부족 평의회 대표들은 그에게 이렇게 말했습니다.

> …그 사건은 악령이 저지른 일로써 참으로 지탄받을 일이오. 우리 백성들이 우리 형제들[영국인]에게 그런 일을 하리라고는 전혀 생각하지 못했소. 그러므로 우리는 그대들의 몸에 악령의 기운으로 꽂혔던 도끼를 뽑겠으며(remove our Hatchet), 우리 형제 뉴욕과 펜실베이니아 주지사께서는 그 도끼가 바닥 모를 깊은 구렁에 묻힐 수 있도록(that the thing may be buried in the bottomless Pit) 최대한 노력을 베풀어주시기를 희망하오.

이 기록은 bury the hatchet, 즉 문자 그대로 '도끼를 묻다'라는 표현이 오늘날의 '화해하다'라는 뜻으로 거의 처음 등장한 사례입니다. 그러나 그다음 안건은 그리 만만치 않았는데, 럼주와 관련된 건이었습니다. '영국은 오하이오 인디언들에게 럼주 판매를 중단해달라'는 요구가 나왔던 겁니다. 그에 대해 와이저는 이렇게 답했습니다.

> …그대들은 의견이 모이는 법이 없소. 달라

는 사람도 있고, 주지 말라는 사람도 있고(매우 소수이지만), 그런가 하면 더 싸게 달라는 사람도 있소. 그 마지막 의견이 그대들의 속마음이라고 믿소. (이때 좌중 웃음.) 그러므로 그대의 형제들은 이미 그대들의 읍에서 위스키 한 통을 무조건 5달러에(for 5 Bucks) 팔 것을 명령해놓았소. 만일 위스키 파는 상인이 그 값에 팔지 않겠다고 하면, 그냥 빼앗아 공짜로 마셔도 좋소.

이것이 바로 'buck'이 미국의 화폐 단위를 가리키는 말로 쓰인 첫 사례입니다. 이 협상은 왐펌 띠 하나를 건네면서 순조롭게 마무리되었습니다. 미국 무역 입장에서는 좋은 소식이었지만, 미국 사슴 입장에서는 나쁜 소식이었지요. 하지만 미국 사슴의 수난은 거기서 그치지 않습니다. 사슴 가죽으로 성이 차지 않은 미국인들은, 이제 사슴뿔로도 관용구를 만들고 맙니다.

The Buck Stops Here

사슴의 종착점

pass the buck책임을 떠넘기다이라는 표현은 달러 지폐를 옆 사람에게 넘
긴다는 의미에서 나왔을까요? 그건 아닙니다. 달러 지폐를 넘긴다고
책임이 넘어갈 것 같지는 않습니다. 그 표현 속의 'buck'과 달러를 뜻
하는 'buck'의 유일한 공통점은 '죽은 사슴'이라는 점입니다.

물론 죽은 사슴 한 마리를 통째로 넘긴다는 얘기는 아닙니다. 그것
도 너무 이상하겠지요. 죽은 사슴의 또 다른 부위를 넘긴다는 말입
니다.

사슴은 영어에서 팔자가 사납습니다. 내장이 (굴욕을 삼키며 먹는)
'humble pie'의 속으로 쓰이기도 하고, 가죽이 화폐로 쓰이기도 합니
다. 그렇게 여기저기에 쓰이고 몇 개 남지 않은 부위 중 하나가 뿔입
니다. 옛말에 '버리지 않으면 다 쓸 데가 있다 (Waste not, want not)'고
했던가요.

사슴뿔은 칼자루로 쓰면 모양이 아주 근사합니다. 그리고 칼은 쓸
모가 많지요. 사슴고기를 썰 수도 있고, 사슴을 또 한 마리 잡으면 가
죽을 벗겨서 돈을 쉽게 벌(make a fast buck) 수도 있습니다. 그런가 하
면 포커를 칠 때도 요긴하게 쓰입니다. 카드를 분배해주는 사람, 즉
딜러dealer가 누구인지 확실히 표시하기 위해 그 사람 바로 앞 테이블

에 칼을 꽂아두는 겁니다.

물론 가구를 아끼는 사람이라면 그렇게 안 하겠지만, 서부 개척 시대의 거친 미국인들은 그런 것쯤 신경 쓰지 않았습니다. pass the buck이라는 표현이 처음 언급된 문헌은, 1856년 캔자스 분쟁 중에 이른바 '보더 러피언border ruffians'(주경州境 깡패, 미주리주와 캔자스주의 경계를 넘나들며 노예제 지지 활동을 극렬하게 벌였던 사람들입니다)으로 불리던 무리의 일원이 쓴 일기입니다. 일기의 주인은 대원들과 산길을 이동하다가 지세가 험한 Buck Creek 사슴 개울이라는 곳에 다다랐을 때 "저 '벅'을 포커 칠 때처럼 '패스'할 수 있으면 얼마나 좋을까 하는 생각이 들었다(we think how gladly would we 'pass' the Buck as at 'poker')"라고 적었습니다.

언뜻 좀 이상하게 생각되는 것이, 포커에서 딜러는 다른 사람보다 약간 유리한 법입니다. 하지만 서부시대의 보더 러피언들이 포커 칠 때는 딜러가 아마도 총 맞을 가능성이 컸을 겁니다. 게임 중에 누가 꼼수를 부린다면 그건 아마도 딜러일 테니, 딜러를 쏴 죽이는 게 정답이었겠지요.

그래서 사람들은 계속 pass the buck했고, 계속 넘어가던 buck은 1940년대에 마침내 오클라호마 엘리노의 한 교도소에서 멈췄습니다. 교도소장이 모든 책임은 자기에게 최종적으로 있다고 선언한 겁니다. 카드는 자기가 돌릴 테니, 수감자들은 카드를 받기만 하라고 했습니다. 그 점을 확실히 하기 위해 사무실에 "THE BUCK STOPS HERE(최종 책임은 내가 진다)"라는 문구를 적어서 두었습니다.

물론 buck은 거기에서 멈추지 않았습니다. 교도소장 위에는 주정부가 있었고 주정부 위에는 연방정부가 있었으며 연방정부 위에는

'THE BUCK STOPS HERE'

대통령이 있었지요. buck이 더 이상 넘어갈 수 없는 명실상부한 종착점은 바로 대통령이었습니다. 마침 오클라호마의 교도소를 방문했던 해리 트루먼 대통령의 보좌관도 그 점을 잘 알고 있었습니다. 그는 교도소장이 적어놓은 문구를 보고 감탄한 나머지 똑같은 명패를 만들어 대통령에게 선물했습니다. 트루먼은 집무실 책상에 그 명패를 올려두었고, 이로써 그 표현은 유명해졌습니다.

그런데 buck은 무조건 사슴일까요? 꼭 그렇지는 않습니다.

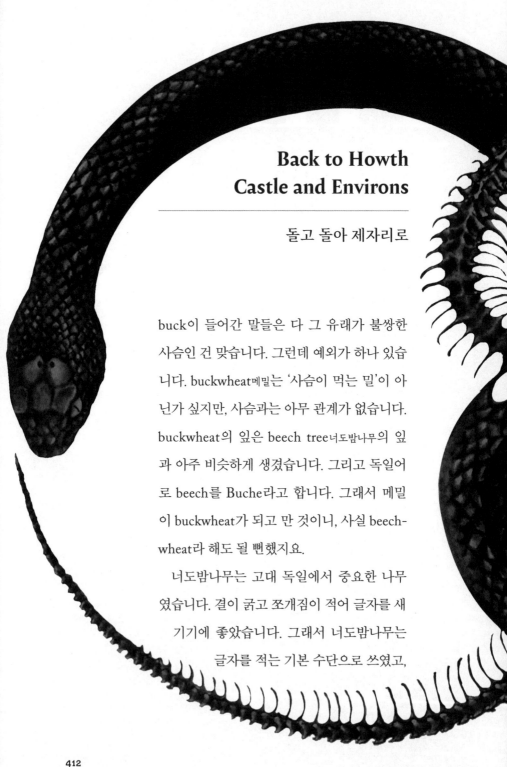

Back to Howth Castle and Environs

돌고 돌아 제자리로

buck이 들어간 말들은 다 그 유래가 불쌍한
사슴인 건 맞습니다. 그런데 예외가 하나 있습
니다. buckwheat메밀는 '사슴이 먹는 밀'이 아
닌가 싶지만, 사슴과는 아무 관계가 없습니다.
buckwheat의 잎은 beech tree너도밤나무의 잎
과 아주 비슷하게 생겼습니다. 그리고 독일어
로 beech를 Buche라고 합니다. 그래서 메밀
이 buckwheat가 되고 만 것이니, 사실 beech-
wheat라 해도 될 뻔했지요.

　너도밤나무는 고대 독일에서 중요한 나무
였습니다. 결이 굵고 쪼개짐이 적어 글자를 새
기기에 좋았습니다. 그래서 너도밤나무는
글자를 적는 기본 수단으로 쓰였고,

고대 고지 독일어로 buche 또는 bok라 불
렸습니다.

양피지라는 신식 물건이 나무 대신 쓰이게 된 후
에도 독일인들은 옛 이름을 그대로 썼고, 영국인들
도 그랬습니다. bok는 boc을 거쳐 book이 되었습
니다.

지금 보고 계신 것이 바로 book책입니다. 영어에
는 book이 들어간 희한한 표현이 참 많습니다. cook
the books라고 하면 책을 구워 익힌다는 것인데 뜻
은 '장부를 조작하다'가 됩니다. bring someone to
book이라고 하면 누군가를 책 앞으로 끌고 온다는
것이니 '문책하다'가 되고, throw the book at some-
one은 누군가의 면상에 책을 던지는 것이니 '엄벌
을 내리다'가 됩니다. take a leaf out of someone's
book은 문자 그대로 따지면 남의 책에서 한 장을 뜯
어간다는 것이지만 뜻은…(18쪽에서 계속)

퀴즈

루이스 캐럴의 《거울 나라의 앨리스Through the Looking Glass, and What Alice Found There》를 보면 험프티 덤프티가 앨리스에게 "이거야말로 영광이지(There's glory for you)"라고 말하는 장면이 나옵니다.

> "'영광'이라니 무슨 말인지 모르겠어요." 앨리스가 말했다.
>
> 험프티 덤프티가 가소롭다는 듯 웃었다. "당연히 모르겠지. 내가 얘기를 안 해줬으니까. '이거야말로 기막히게 결정적인 논거다', 이 말씀이야!"
>
> "하지만 '영광'이라는 말에 '기막히게 결정적인 논거'라는 뜻은 없잖아요." 앨리스가 대꾸했다.
>
> 험프티 덤프티가 코웃음을 치면서 말했다. "내가 어떤 단어를 쓸 때는, 내가 의도한 딱 그 의미를 뜻하는 거야. 그 이상도, 그 이하도 아니라고."
>
> 앨리스가 말했다. "문제는, 아저씨 마음대로 단어에 그렇게 여러 뜻을 가지게 해도 되느냐는 거지요."

그럼에도 불구하고 인간으로 태어나 이 서글픈 세상에서 누릴 수 있는 최고의 기쁨은 주변 사람이 쓰는 말의 잘못을 지적해주면서 으스대는 것이고, 저는 사전을 찾아보는 데 세월을 너무 많이 보낸 사람인지라, 여기 목록을 하나 준비해봤습니다. 우리가 흔히 쓰는 영어 단어와 그 실제 사전적 정의를 적어본 것입니다.

burgeon급성장하다: 싹트다

blueprint미래상: 공장에 보내는 최종 도면, 청사진

backlash반발: 맞물린 톱니바퀴의 회전 방향이 바뀔 때마다 장치가 잠시 작동을 멈추는 구간

celibate금욕하는: 결혼하지 않은

compendium전서, 총서: 개요

condone용납하다: 용서하다

coruscate재치가 번뜩이다: 간헐적으로 빛나다

decimate몰살시키다: 10퍼센트만큼 줄이다

enormity막대함: 범죄

effete유약한: 소진된

fulsome칭찬이 과한: 도가 지나친

jejune유치한: 만족스럽지 못한

noisome역겨운: 짜증스러운

nauseous속이 메스꺼운: 구역질 나게 하는

pleasantry인사치레: 농담

pristine새것 같은: 원래 그대로의

refute반박하다: 철저히 논박하다

restive안절부절못하는: 움직이려고 하지 않는

scurrilous악의적인: 외설적인

swathe기다란 땅: 낫을 한 번 휘둘러 풀을 벤 자리

   지금까지 함께 어원 여행을 하면서 잘 살펴보았듯이 단어가 어디서 유래했는지, 그리고 단어가 어떤 뜻으로 변할지는 아무리 봐도 종잡을 수가 없습니다. 그러니 그 당혹스러움을 좀 더 맛볼 수 있도록 퀴즈를 몇 가지 준비해보았습니다. 단어의 유래 또는 의미 변화를 한 번 맞혀보세요.

   우선 유명한 사람들 이름부터 시작해볼까요. 그런데 이름을 먼저 알려드리면 재미없고요, 이름의 '어원적 의미'를 제시하겠습니다. 예를 들어서 제가 'God of war and man of peace(전쟁의 신이자 평화의 사나이)'라고 문제를 내면, 바로 저, Mark Forsyth마크 포사이스가 정답이 됩니다. 왜냐하면 Mark는 로마 신화에 나오는 전쟁의 신 Mars마르스에서 유래했고, Forsyth는 게일어로 '평화의 사나이'를 뜻하거든요. 이해했나요? 좋습니다. 그럼 가볼까요.

지난 100년간 이름을 알린 정치인

(1) 복되고 잘생기고 비뚤어진 자(미국 대통령)

(2) 용감한 양배추(유럽 정치인)

(3) 오두막에 사는 고귀한 늑대(제2차 세계대전 주요

인물)

(4) 하느님이 못생긴 얼굴을 사랑하셨다(미국

대통령)

(5) 모술(Mosul)에서 온 복 받은 자(제2차 세계대전

주요 인물)

음악가

(1) 신은 진흙투성이로 돌아다니는 늑대를 사랑하신다(작곡가, 힌트: wolf)

(2) 나의 프랑스 소녀(여성 팝 스타, 힌트: my lady)

(3) 채소밭의 시끄러운 전쟁(작곡가, 힌트: 시끄러워도 잘 못 들었던 사람)

(4) 문신한 창던지기 선수(여성 팝 스타, 힌트: spear)

(5) 사제의 뜰에 사는 난쟁이(남성 록 스타, 힌트: 미들네임은 Aaron)

연예인

(1) 승리한 염소치기(여배우, 힌트: 새끼 염소)

(2) 크리스마스 의원(여배우, 힌트: 묘하게도 이스라엘 사람임)

(3) 잔인한 쌍둥이(남배우, 힌트: 미사일의 일종)

(4) 피의 여울에 뜬 달(슈퍼모델, 힌트: _____ ford)

(5) 암소들 사이에서 듣는 자(TV, 힌트: cow_____)

(1) 어린 Richard의 남편(19세기 소설가)

(2) 선한 기독교인(20세기 소설가)

(3) 남성적 경이(17세기 시인)

(4) 평화로운 땅의 팬티 만드는 사람(14세기 시인)

(5) 조그만 외국 뱀(20세기 소설가)

그럼 이제 세계의 수도 여행을 간단히 떠나볼까요. 도시 이름의 원래 뜻을 제시할 테니, 현대의 이름을 맞히면 됩니다. 예를 들어 제가 'Place of the Bad Smell(냄새가 고약한 곳)'이라고 문제를 내면, "아, 그건 오지브와족 언어로 Shika Konk를 말하는 거고, 그게 Chicago가 되었지" 하고 맞히면 됩니다. 쉽지요? 좀 더 쉽게 답을 찾을 수 있도록 각국의 수도만 대상으로 하겠습니다.

유럽

(1) 상인의 항구

(2) 걸어서 건널 수 없는 강가에 있는 곳

(3) 지혜

(4) 연기 자욱한 만

(5) 검은 웅덩이

아프리카

(1) 세 도시

(2) 승리한

(3) 새 꽃

(4) 시원한 강물이 있는 곳

(5) 코끼리 코끝

_____
아시아

(1) 혼탁한 합류점

(2) 현대적인

(3) 정원

(4) 닻

(5) 가젤의 아버지

_____
아메리카

(1) 순풍

(2) 나는 산을 보았다

(3) 평화

(4) 물고기가 많은 곳

(5) 상인들

마지막으로 객관식 문제입니다. 다음에 제시된 단어의 정확한 어원
은 무엇일까요?

1. clue   ⓐ 실뭉치
  단서   ⓑ 마스터키

          ⓒ 연애편지

2. karaoke
가라오케

   ⓐ 일본어로 '물속에서 노래하기'

   ⓑ 일본어로 '울부짖음'

   ⓒ 일본어로 '비어 있는 오케스트라'

3. slogan
슬로건

   ⓐ 알곤킨족의 기도

   ⓑ 켈트족의 돌격 함성

   ⓒ 러시아어로 '반복'

4. boudoir
내실內室

   ⓐ 프랑스어로 '토라지는 방'

   ⓑ 프랑스어로 '총기실'

   ⓒ 프랑스어로 '관음증 환자'

5. grocer
식료품 잡화상

   ⓐ 무더기로 사는 사람(one who buys in gross)

   ⓑ 직접 재배하는 사람(one who grows his own)

   ⓒ 지독하게 뚱뚱한 사람(one who is grossly fat)

6. hotbed
온상, 소굴

   ⓐ 중세의 고문 방법

   ⓑ 빅토리아 시대의 치료법

   ⓒ 덮개로 덮은 꽃밭

7. bollard
볼라드, 자동차
진입차단용 말뚝

   ⓐ 나무 몸통

   ⓑ 크리켓 공

   ⓒ 코르넬리우스 볼라드 박사(Dr Cornelius Bollard)

8. kiosk
가판대

ⓐ 아즈텍어로 '우산'

ⓑ 터키어로 '궁전'

ⓒ 버마어로 '오두막'

9. quarantine
(전염병을 막기 위한)
격리

ⓐ 40일

ⓑ 질문 시간

ⓒ 유사 감옥

10. bigot
편협한 사람

ⓐ 고대 영어로 '하느님에 의한(by God)'

ⓑ 고대 영어로 '가시'

ⓒ 고대 영어로 '돌담'

11. thesaurus
유의어 사전

ⓐ 그리스 신화의 수수께끼 내는 도마뱀

ⓑ 보물 상자

ⓒ 테세우스(Theseus)의 책

12. beetle
딱정벌레

ⓐ 무는 녀석(little biter)

ⓑ 작은 콩(little bean)

ⓒ 작은 벌(little bee)

13. aardvark
땅돼지

ⓐ 스와힐리어로 '할머니'

ⓑ 네덜란드어로 '땅돼지'

ⓒ 크로아티아어로 '예수'

14. pundit   ⓐ 힌디어로 '현인'
    전문가   ⓑ 아일랜드어로 '상담사'

                   ⓒ 에스키모 민족이 믿는 수수께끼의 신

15. wing it   ⓐ 엔진이 고장난 채로 비행하다
    즉흥적으로 하다   ⓑ 닭고기의 날개 부위만 먹다

                   ⓒ 배우가 무대 양옆의 대기 공간(wings)에서 대사를
                      외우다

16. quiz   ⓐ 라틴어로 '누구인가?'
    퀴즈   ⓑ 힌디어로 '주인 없는 물건'

                   ⓒ 중국어로 '탈출'

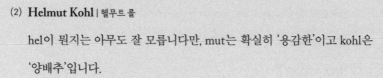

퀴즈 정답

유명한 사람들

지난 100년간 이름을 알린 정치인

(1) **Barack Hussein Obama** | 버락 후세인 오바마

Barack은 스와힐리어로 '복된', Hussein은 아랍어로 '잘생긴', Obama는 돌루오어(빅토리아호 지역에 사는 루오족의 언어)로 '비뚤어진'입니다.

(2) **Helmut Kohl** | 헬무트 콜

hel이 뭔지는 아무도 잘 모릅니다만, mut는 확실히 '용감한'이고 kohl은 '양배추'입니다.

(3) **Adolf Hitler** | 아돌프 히틀러

adolf는 '고귀한 늑대'를 뜻하는 edel wolf에서 왔고, hitler는 '오두막(hut)'에 사는 사람인 것으로 보입니다.

(4) **John F. Kennedy** | 존 F. 케네디

John의 어원인 라틴어 Johannes는 '여호와가 총애하셨다'를 뜻하는 히브리어 y'hohanan에서 왔습니다. Kennedy는 '못생긴 머리'를 뜻하는 아일랜드어 O Cinnéide에서 왔습니다.

(5) **Benito Mussolini** | 베니토 무솔리니

Benito는 '복 받은'을 뜻하고, Mussolini는 직물의 종류인 '모슬린'을 뜻합니다. 조상이 모슬린 상인이었나 봅니다. 그런데 모슬린을 뜻하는 이탈

리아어 mussolina는 그 직물을 만들던 이라크의 도시 모술에서 유래했습니다.

음악가

(1) **Wolfgang Amadeus Mozart** | 볼프강 아마데우스 모차르트

Wolfgang은 독일어로 '돌아다니는 늑대', Amadeus는 라틴어로 '신(deus)에게 사랑받는(ama)'이고, Mozart는 '진흙 속에서 뒹굴다'를 뜻하는 알레만어 motzen에서 왔습니다. motzen은 원래 지저분한 사람을 부르는 욕이었습니다.

(2) **Madonna Ciccone** | 마돈나 치코네

Ma donna는 이탈리아어로 'my lady'입니다. Ciccone는 Cicco의 지대사指大辭인데, Cicco는 Francesco의 지소사指小辭이니 '어린 Francis'라는 뜻이고, Francis는 '프랑스인'입니다.

(3) **Ludwig van Beethoven** | 루트비히 판 베토벤

lud는 '시끄러운', wig는 '전쟁'을 뜻하고, beet hoven은 채소 '비트'를 키우는 '밭'입니다.

(4) **Britney Spears** | 브리트니 스피어스

Britney는 'British'를 뜻하는 성이고, Britain은 원래 '문신한 사람들'을 뜻하는 prittanoi에서 왔습니다. Spears는 spearman(창 쓰는 사람)을 줄인 말입니다.

(5) **Elvis Presley** | 엘비스 프레슬리

Elvis는 아마도 바이킹 신화에 나오는 난쟁이 Alvis에서 온 것으로 보입니다. Presley는 Priestly의 다른 형태로, '사제(priest)의 땅에 사는 자'를 뜻합니다.

연예인

(1) **Nicole Kidman** | 니콜 키드먼

Nicole은 Nicholas의 여성형이고, Nicholas는 그리스어 nike laos에서 왔습니다. nike는 '승리(운동화 상표 맞습니다)', laos는 '사람들'을 뜻합니다. kidman은 '새끼 염소(kid goats)'를 치는 사람입니다.

(2) **Natalie Portman** | 내털리 포트먼

Natalie는 natal(출생의)과 어원이 같은 말로, '예수 탄생일'을 뜻하는 dies natalis에서 왔습니다. portmann은 고대 영어에서 읍민 중 선출되어 성읍의 행정을 맡은 이를 뜻했습니다.

(3) **Tom Cruise** | 톰 크루즈

Thomas는 '쌍둥이'를 뜻하는 셈어 toma에서 왔고, Cruise는 '맹렬한' 또는 '잔인한(cruel)'을 뜻하는 중세 영어 crus에서 왔습니다.

(4) **Cindy Crawford** | 신디 크로퍼드

Cindy는 Cynthia의 다른 형태이고, Cynthia는 아르테미스 여신의 별명으로서 '달'을 뜻했습니다. craw 또는 cru는 게일어로 '피'를 뜻했고, ford는 말 그대로 '여울(ford)'입니다.

(5) **Simon Cowell** | 사이먼 코웰

Simon은 똑같은 철자의 고대 그리스 이름 Simon('들창코를 가진'의 뜻)과 헷갈리기 쉽습니다. 하지만 기독교 이름 Simon은 그리스 이름 Symeon에서 왔고, 이는 성경에 나오는 히브리 이름이자 '듣기'를 뜻하는 shim'on에서 왔습니다. Cowell은 '암소 들판'을 뜻합니다.

작가

(1) **Charles Dickens** | 찰스 디킨스

Charles는 '남자, 남편'을 뜻하는 독일어 karl에서 왔습니다. Dickens는 Richard의 준말인 Dick의 지소사입니다.

(2) **Agatha Christie** | 애거사 크리스티

Agathos는 고대 그리스어로 '선善'을 뜻했습니다. Christie는 '기독교인 (Christian)'을 뜻합니다.

(3) **Andrew Marvell** | 앤드루 마벌

Andreios는 고대 그리스어로 '남자다운'을 뜻했습니다. Marvell은 '경이 (marvel)'를 뜻합니다.

(4) **Geoffrey Chaucer** | 제프리 초서

Geoffrey의 어원인 라틴어 Gaufridus는 고대 독일어로 '땅'을 뜻하는 gewi와 '평화로운'을 뜻하는 fridu에서 왔습니다. Chaucer는 '쇼스 (chausses) 만드는 사람'을 뜻하는 고대 프랑스어 chaucier에서 왔습니다. 쇼스는 아랫도리에 입는 거의 모든 의복을 두루 가리켰습니다.

(5) **Evelyn Waugh** | 에벌린 워

Evelyn은 Eve의 이중 지소사이므로 '아주 작은 Eve'입니다. 성경에 나오는 Eve, 즉 hawah는 히브리어로 '살았던 여자'를 뜻하는 havah에서 왔다고 합니다. 하지만 그건 민간어원인 듯하고, 이 단어는 아람어(예수와 제자들이 사용한 언어)로 '뱀'을 뜻하는 haya와 의심스러우리만큼 많이 닮았습니다. Waugh는 아마 고대 영어로 '이방인'을 뜻한 wahl에서 온 듯합니다.

수도

유럽

(1) **Copenhagen** | 코펜하겐

(2) **London** | 런던

(3) **Sofia** | 소피아(아테네Athens는 지혜의 여신 아테나Athena의 이름을 딴 것이니 아테네라고 답했다면 반은 맞았다고 할 수 있습니다)

(4) **Reykjavik** | 레이캬비크

(5) **Dublin** | 더블린

아프리카

(1) **Tripoli** | 트리폴리

(2) **Cairo** | 카이로

(3) **Addis Ababa** | 아디스아바바

(4) **Nairobi** | 나이로비

(5) **Khartoum** | 하르툼

아시아

(1) **Kuala Lumpur** | 쿠알라룸푸르

(2) **Tehran** | 테헤란

(3) **Riyadh** | 리야드

(4) **Ankara** | 앙카라

(5) **Abu Dhabi** | 아부다비

아메리카

(1) **Buenos Aires** | 부에노스아이레스

(2) **Montevideo** | 몬테비데오

(3) **La Paz** | 라파스

(4) **Panama** | 파나마

(5) **Ottawa** | 오타와

객관식

1. ⓐ 실뭉치

2. ⓒ 일본어로 '비어 있는 오케스트라'

3. ⓑ 켈트족의 돌격 함성

4. ⓐ 프랑스어로 '토라지는 방'

5. ⓐ 무더기로 사는 사람(one who buys in gross)

6. ⓒ 덮개로 덮은 꽃밭

7. ⓐ 나무 몸통

8. ⓑ 터키어로 '궁전'

9. ⓐ 40일

10. ⓐ 고대 영어로 '하느님에 의한(by God)'

11. ⓑ 보물 상자

12. ⓐ 무는 녀석(little biter)

13. ⓑ 네덜란드어로 '땅돼지'

14. ⓐ 힌디어로 '현인'

15. ⓒ 배우가 무대 양옆의 대기 공간(wings)에서 대사를 외우다

16. ⓐ 라틴어로 '누구인가?'

주요 참고 문헌

이 책은 내용이 내용이니만큼 참고 문헌 목록을 제대로 수록하려면 지면이 본문의 두 배는 필요합니다. 그래서 종이를 아끼기 위해 수록하지 않았습니다.

하지만 이 책의 모든 내용은 제가 문헌과 대조해 확인했음을 말씀드립니다. 확인 작업에 주로 사용한 문헌은 다음과 같습니다.

《The Oxford English Dictionary》(옥스퍼드 영어 사전)

《The Oxford Dictionary of Place Names》(옥스퍼드 지명 사전)

《The Oxford Dictionary of English Surnames(Reany & Wilson)》(옥스퍼드 영국 성씨 사전)

《The Dictionary of Idioms》 by Linda and Roger Flavell(관용구 사전)

《The Dictionary of National Biography》(영국 인명 사전)

《Brewer's Dictionary of Phrase and Fable》(브루어 관용구 및 우화 사전)

다음은 참고한 웹사이트입니다.

The Online Etymology Dictionary(온라인 어원 사전)

Phrases.org.uk

그리고(신중에 신중을 기해 참고했습니다),

Wikipedia(일명 'Fastchild')

안타깝지만 위의 문헌 간에 의견이 일치하지 않는 부분도 많습니다. 그런 경우 서로 다른 주장들을 모두 일일이 소개하기보다는, 그중에서 제가 가장 그럴듯하다고 생각하는 것을 하나 골라 설명했습니다.

참고 문헌은 특별한 이유가 없으면 위에 열거한 순서대로 높은 신뢰도를 부여했습니다. 하지만 좋은 인용문이 실려 있는 경우는 그쪽의 손을 들어주었습니다.

이 책에 실은 인용문 중에는 어느 참고 문헌에도 나와 있지 않은 것도 있는데, 그런 것들은 모두 제가 직접 찾아낸 것입니다. 혹시 제가 멋대로 지어낸 게 아닌가 하고 고개를 갸우뚱하는 학자분들도 있을 수 있으니, 해당 출처를 밝히면 아래와 같습니다.

'draw a blank': Arthur Wilson, 《The History of Great Britain》(1643)

'blank cheque': Charles Ganilh, 《An Inquiry into the Various Systems of Political Economy》(1812)

'talk cold turkey': Clifford Raymond, 《One of Three》(1919)

'crap', 'number one': J. Churchill Esq, 《Poems in Two Volumes》(1801)

'Dr Placebo': Robert Pierce, 《Bath Memoirs》(1697)

Alexander Sutherland, 《Attempts to Revive Antient Medical Doctrines》(1763) 등에서 재인용함.

'pass the buck': William Phillips, 《The Conquest of Kansas》(1856)

지은이 **마크 포사이스**Mark Forsyth

작가이자 언론인, 교정인, 대필 작가, 시시콜콜 따지기 전문가다. 세례 선물로《옥스 퍼드 영어 사전》을 받은 후로 줄기차게 한길만 걸었다. 2009년에는 블로그 'Inky Fool'을 개설하여 산처럼 쌓인 쓸데없는 지식을 말 많은 세상과 나누고 있다.

옮긴이 **홍한결**

서울대 화학공학과와 한국외대 통번역대학원을 나와 책 번역가로 일하고 있다. 쉽 게 읽히고 오래 두고 보고 싶은 책을 만들고 싶어 한다. 옮긴 책으로《파묻힌 거인》, 《스토리만이 살길》,《어른의 문답법》,《신의 화살》,《인듀어런스》,《진실의 흑역사》, 《인간의 흑역사》,《당신의 특별한 우울》등이 있다.

그림과 함께 걸어 다니는 어원 사전

모든 영어 단어에는 이야기가 있다

펴낸날 초판 1쇄 2023년 7월 17일
　　　 초판 2쇄 2023년 12월 24일
지은이 마크 포사이스
옮긴이 홍한결
펴낸이 이주애, 홍영완
편집장 최혜리
편집3팀 이소연, 장종철, 강민우
편집 양혜영, 박효주, 김하영, 문주영, 홍은비, 김혜원, 이정미
디자인 기조숙, 윤소정, 박아형, 김주연
마케팅 김태윤, 정혜인
해외기획 정미현
경영지원 박소현
펴낸곳 (주)윌북　출판등록 제 2006-000017호
주소 10881 경기도 파주시 광인사길 217
전화 031-955-3777　팩스 031-955-3778
홈페이지 willbookspub.com
블로그 blog.naver.com/willbooks　포스트 post.naver.com/willbooks
트위터 @onwillbooks　인스타그램 @willbooks_pub

ISBN 979-11-5581-623-3 (03740)